말씀
묵상

동네세메줄성경

창세기/출애굽기/레위기

1

지형은

지형은 목사는 서울신학대학교(B.A.), 연세대학교 연합신학대학원(Th.M.)을 거쳐 독일 보훔대학교(Ruhr Universität Bochum)에서 교회사 및 교리사 전공으로 경건주의를 연구하여 박사학위(Dr.theol.)를 받았다. 서울과 강원도 오대산 자락에서 목회하며 목사 안수를 받고 독일 유학 중에도 도르트문트에 있는 교회를 담임했다. 지금은 말씀삶공동체 성락성결교회에서 목회하고 있다. 기독교대한성결교회 총회장을 지냈으며, 현재 한국기독교목회자협의회 대표회장, 희망친구 기아대책 이사장으로 섬기고 있다. 말씀이 삶이 되는 일을 소명으로 끌어안고 헌신하고 있다.

말씀묵상 동네세메줄성경 1

창세기/출애굽기/레위기

2023년 1월 30일 개정판 1쇄
2023년 6월 25일 개정판 2쇄

엮은이 지형은
펴낸이 서진한
펴낸곳 대한기독교서회

등록 1967년 8월 26일 제1967-000002호
주소 서울시 강남구 테헤란로103길 14(삼성동)
전화 출판국 02-553-0873~4, 영업국 02-553-3343
팩스 출판국 02-3453-1639, 영업국 02-555-7721
e-mail editor@clsk.org
http://www.clsk.org
facebook.com/clskbooks
instagram.com/clsk1890

책번호 2350
ISBN 978-89-511-2110-4 04230
978-89-511-2120-3(전10권)

The Christian Literature Society of Korea, Seoul
Printed in Korea

* 책값은 뒤표지에 있습니다.

동 네 세 메 줄
그라미 모 모 모 긋기

말씀
묵상

동네세메줄성경

창세기/출애굽기/레위기

1

대한기독교서회

말씀이 삶이 되며

하나님의 말씀이 우리 삶으로 이어지면서 하나님의 뜻이 이루어진다. 존재하는 모든 것을 창조하시고 구원하시는 삼위일체 하나님께서 말씀을 통해 당신의 뜻을 이루신다. 요한복음 1장 1-18절 본문이 이를 선포한다. 말씀 자체이신 하나님의 독생자가 사람 몸을 입고 참 빛으로 세상에 오셨다. 사람이 되신 하나님이시다. 그분, '성육하신 말씀' 예수 그리스도가 하나님을 보여주셨다. 그분을 통해 삼위일체 하나님을 만나서 생명을 얻는 것이 구원이다.

예수 그리스도가 산상설교의 본문인 마태복음 6장에서 친히 문구까지 가르쳐주신 기도가 주기도문이다. 이 기도문의 중심은 하늘 아버지의 이름이 거룩히 여김을 받고 그 나라가 우리가 사는 세상에 임하도록 기도하라는 것이다. 이것이 이루어지는 구체적인 방법이 중요하다. 아버지의 뜻이 사람 삶의 일상과 사회와 역사에서 이루어지는 것이다. 그 뜻이 유일하고 완결된 삼위일체 하나님의 계시인 신구약성경에서 구체적으로 드러났다. '기록된 말씀'이다.

마태복음 28장 18-20절에는 예수 그리스도가 승천하시면서 주신 엄중한 명령이 기록되어 있다. 말씀을 가르쳐 지키게 하라, 곧 말씀이 삶이 되게 하라는 것이다. 말씀을 지키도록 가르치려면 가르치는 사람이 먼저 말씀을 배워 삶으로 순명(殉命)해야 한다. 신명기 6장 4절 이하의 명령처럼 남에게 가르치기 전에 자신이 먼저 말씀대로 살아야 한다. 예수 그리스도를 닮도록 가르쳐 지키게 하는 것을 시야에서 놓치면 그 가르침은 기독교적이지 않다. 성경 말씀이 '선포되는 말씀'으로 늘 살아 움직이면서 기독교 신앙이 존재한다.

말씀이 삶이 되게 하는 방법이 예수 그리스도의 삶과 사역에서 드러났다. 그리스도에 관한 아주 오랜 가르침인 빌립보서 2장 5절 이하의 본문은 그리스도의 자기 비움을 복음의 핵심으로 전한다. 하나님의 본체이신 예수 그리스도가 십자가에서 죽기까지 자신을 낮추어 '비우셨다.' 하나님께서 예수님을 만물 위에 높여 존재하는 모든 것이 그분의 이름에 무릎을 꿇도록 '채우셨다.' 이제 모든 사람이 그분을 주님으로 고백하며, 그분은 구원의 선물을 세상에 '나누어주신다.' 이 본문의 내용을 비움, 채움, 나눔으로 정리할 수 있다.

에베소서 4장 7-10절에도 이 가르침이 나온다. 바울은 시편 68편 18절을 묵상하면서 높은 곳으로 오르는 개선장군의 행진을, 땅 아래 낮은 곳에서 하늘 위로 오르시면서 만물을 충만하게 하시는 그리스도의 사역으로 해석한다. 예수 그리스도는 내려오심, 오르심, 나누어주심, 곧 비움과 채움과 나눔으로 당신의 몸인 교회 공동체를 세우신다. 신앙의 시작은 자신을 비우는 것인데 전통적인 용어로는 회개이다. 거기에 그리스

도로 채워지는 성화의 은혜가 이어진다. 이렇게 값없이 받은 구원의 선물을 다른 사람과 나누며 사랑으로 세상을 섬긴다.

창세기 12장 1-4절에는 하나님께서 아브라함을 부르신 사건이 기록되어 있다. 떠나라는 1절의 명령, 아브라함을 복 자체가 되게 하시겠다는 2절의 약속, 아브라함을 통해 세상의 모든 사람이 복을 받을 것이라는 3절의 축복은 비움과 채움과 나눔으로 이해할 수 있다. 아브라함은 예수 그리스도의 오심과 그 사역에서 떼려야 뗄 수 없이 연결된 인물이다. 그리스도의 오심에 관한 예언은 구체적으로 아브라함으로부터 시작된다. 아브라함의 소명에서 핵심은 비움, 채움, 나눔이다. 이 가르침이 예수 그리스도의 사역에서 완성된다.

말씀이 삶이 되신 성육신 사건이 지금 여기 우리 삶에서 살아 움직이기를 기도한다. 그럴 때 비로소 교회는 교회다워지고 그리스도인은 그리스도인다워질 것이다. 하나님의 말씀이 우리 삶으로 이어지면서 그리스도인의 일상과 인격이 변해야 한다. 여기에 사회와 역사의 변혁이 연결되면서 하나님 나라가 이루어진다. 2,000년의 교회 역사에서 교회는 늘 개혁되어 왔으며 그 힘은 복음의 말씀이었다. 오늘날의 교회 공동체는 다시금 말씀으로 돌아가야 한다. 이 일에 『동네세메줄성경』이 주님이 타신 어린 나귀처럼 쓰이기를 바란다.

2023년 1월

지형은

●■▲ 차례

동네세메줄성경 1

서문 4

1 창세기 1장 1절-11장 26절 9

2 창세기 11장 27절-25장 18절 35

3 창세기 25장 19절-36장 43절 73

4 창세기 37장 1절-50장 26절 113

5 출애굽기 1장 1절-15장 21절 159

6 출애굽기 15장 22절-24장 18절 203

7 출애굽기 25장 1절-40장 38절 231

8 레위기 1장-16장 279

9 레위기 17장-27장 329

동네세메줄성경 구성 366

○□△메줄
동 네 세 메 줄

동네세메줄성경 1

1

창세기

1장 1절-11장 26절

창세기 1장

1태초에 하나님이 천지를 창조하시
니라 2땅이 혼돈하고 공허하며 흑암이
깊음 위에 있고 하나님의 영은 수면 위
에 운행하시니라 3하나님이 이르시되
빛이 있으라 하시니 빛이 있었고 4빛이
하나님이 보시기에 좋았더라 하나님이
빛과 어둠을 나누사 5하나님이 빛을 낮
이라 부르시고 어둠을 밤이라 부르시
니라 저녁이 되고 아침이 되니 이는 첫
째 날이니라

6하나님이 이르시되 물 가운데에 궁
창이 있어 물과 물로 나뉘라 하시고 7하
나님이 궁창을 만드사 궁창 아래의 물
과 궁창 위의 물로 나뉘게 하시니 그대
로 되니라 8하나님이 궁창을 하늘이라
부르시니라 저녁이 되고 아침이 되니
이는 둘째 날이니라

9하나님이 이르시되 천하의 물이 한
곳으로 모이고 뭍이 드러나라 하시니
그대로 되니라 10하나님이 뭍을 땅이
라 부르시고 모인 물을 바다라 부르시
니 하나님이 보시기에 좋았더라 11하나
님이 이르시되 땅은 풀과 씨 맺는 채소
와 각기 종류대로 씨 가진 열매 맺는 나
무를 내라 하시니 그대로 되어 12땅이
풀과 각기 종류대로 씨 맺는 채소와 각
기 종류대로 씨 가진 열매 맺는 나무를
내니 하나님이 보시기에 좋았더라 13저
녁이 되고 아침이 되니 이는 셋째 날이
니라

14하나님이 이르시되 하늘의 궁창에
광명체들이 있어 낮과 밤을 나뉘게 하
고 그것들로 징조와 계절과 날과 해를
이루게 하라 15또 광명체들이 하늘의
궁창에 있어 땅을 비추라 하시니 그대
로 되니라 16하나님이 두 큰 광명체를
만드사 큰 광명체로 낮을 주관하게 하
시고 작은 광명체로 밤을 주관하게 하
시며 또 별들을 만드시고 17하나님이
그것들을 하늘의 궁창에 두어 땅을 비
추게 하시며 18낮과 밤을 주관하게 하
시고 빛과 어둠을 나뉘게 하시니 하나
님이 보시기에 좋았더라 19저녁이 되고
아침이 되니 이는 넷째 날이니라

20하나님이 이르시되 물들은 생물을
번성하게 하라 땅 위 하늘의 궁창에는
새가 날으라 하시고 21하나님이 큰 바
다 짐승들과 물에서 번성하여 움직이
는 모든 생물을 그 종류대로, 날개 있
는 모든 새를 그 종류대로 창조하시니
하나님이 보시기에 좋았더라 22하나님
이 그들에게 복을 주시며 이르시되 생
육하고 번성하여 여러 바닷물에 충만
하라 새들도 땅에 번성하라 하시니라
23저녁이 되고 아침이 되니 이는 다섯
째 날이니라

24하나님이 이르시되 땅은 생물을 그
종류대로 내되 가축과 기는 것과 땅의
짐승을 종류대로 내라 하시니 그대로
되니라 25하나님이 땅의 짐승을 그 종
류대로, 가축을 그 종류대로, 땅에 기

▢ 비움

침묵으로 기도하며 나를 비웁니다. 성령의 임재를 구하며, 죄를 회개하며, 마음의 걱정이나 복잡한 생각을 내려놓습니다. 삼위일체 하나님께 가는 길이 다시금 열립니다.

■ 채움

말씀이 나를 가득 채웁니다. 성령의 이끄심에 따라 본문을 관찰하며 깨닫고, 그것을 내 마음에 새겨 내 삶과 세계에 연결합니다. 묵상한 말씀이 삶이 되도록 기도합니다.

나눔

말씀대로 살아갑니다. 오늘 그리고 앞으로 내가 실천할 것들을 구체적으로 적습니다. 가정과 교회, 사회와 오늘의 세계에서 어떻게 말씀이 작동될 것인지 적고 실행합니다.

는 모든 것을 그 종류대로 만드시니 하
나님이 보시기에 좋았더라 26하나님이
이르시되 우리의 형상을 따라 우리의
모양대로 우리가 사람을 만들고 그들
로 바다의 물고기와 하늘의 새와 가축
과 온 땅과 땅에 기는 모든 것을 다스리
게 하자 하시고 27하나님이 자기 형상
곧 하나님의 형상대로 사람을 창조하
시되 남자와 여자를 창조하시고 28하나
님이 그들에게 복을 주시며 하나님이
그들에게 이르시되 생육하고 번성하
여 땅에 충만하라, 땅을 정복하라, 바
다의 물고기와 하늘의 새와 땅에 움직
이는 모든 생물을 다스리라 하시니라
29하나님이 이르시되 내가 온 지면의
씨 맺는 모든 채소와 씨 가진 열매 맺
는 모든 나무를 너희에게 주노니 너희
의 먹을 거리가 되리라 30또 땅의 모든
짐승과 하늘의 모든 새와 생명이 있어
땅에 기는 모든 것에게는 내가 모든 푸
른 풀을 먹을 거리로 주노라 하시니 그
대로 되니라 31하나님이 지으신 그 모
든 것을 보시니 보시기에 심히 좋았더
라 저녁이 되고 아침이 되니 이는 여섯
째 날이니라

창세기 2장

1천지와 만물이 다 이루어지니라 2하
나님이 그가 하시던 일을 일곱째 날에
마치시니 그가 하시던 모든 일을 그치
고 일곱째 날에 안식하시니라 3하나님
이 그 일곱째 날을 복되게 하사 거룩하
게 하셨으니 이는 하나님이 그 창조하
시며 만드시던 모든 일을 마치시고 그
날에 안식하셨음이니라

4이것이 천지가 창조될 때에 하늘과
땅의 내력이니 여호와 하나님이 땅과
하늘을 만드시던 날에 5여호와 하나님
이 땅에 비를 내리지 아니하셨고 땅을
갈 사람도 없었으므로 들에는 초목이
아직 없었고 밭에는 채소가 나지 아니
하였으며 6안개만 땅에서 올라와 온 지
면을 적셨더라 7여호와 하나님이 땅의
흙으로 사람을 지으시고 생기를 그 코
에 불어넣으시니 사람이 생령이 되니
라 8여호와 하나님이 동방의 에덴에 동
산을 창설하시고 그 지으신 사람을 거
기 두시니라 9여호와 하나님이 그 땅에
서 보기에 아름답고 먹기에 좋은 나무
가 나게 하시니 동산 가운데에는 생명
나무와 선악을 알게 하는 나무도 있더
라 10강이 에덴에서 흘러 나와 동산을
적시고 거기서부터 갈라져 네 근원이
되었으니 11첫째의 이름은 비손이라 금
이 있는 하윌라 온 땅을 둘렀으며 12그
땅의 금은 순금이요 그 곳에는 베델리
엄과 호마노도 있으며 13둘째 강의 이
름은 기혼이라 구스 온 땅을 둘렀고
14셋째 강의 이름은 힛데겔이라 앗수
르 동쪽으로 흘렀으며 넷째 강은 유브
라데더라 15여호와 하나님이 그 사람을
이끌어 에덴 동산에 두어 그것을 경작
하며 지키게 하시고 16여호와 하나님
이 그 사람에게 명하여 이르시되 동산
각종 나무의 열매는 네가 임의로 먹되

비움

침묵으로 기도하며 나를 비웁니다. 성령의 임재를 구하며, 죄를 회개하며, 마음의 걱정이나 복잡한 생각을 내려놓습니다. 삼위일체 하나님께 가는 길이 다시금 열립니다.

채움

말씀이 나를 가득 채웁니다. 성령의 이끄심에 따라 본문을 관찰하며 깨닫고, 그것을 내 마음에 새겨 내 삶과 세계에 연결합니다. 묵상한 말씀이 삶이 되도록 기도합니다.

나눔

말씀대로 살아갑니다. 오늘 그리고 앞으로 내가 실천할 것들을 구체적으로 적습니다. 가정과 교회, 사회와 오늘의 세계에서 어떻게 말씀이 작동될 것인지 적고 실행합니다.

17선악을 알게 하는 나무의 열매는 먹
지 말라 네가 먹는 날에는 반드시 죽으
리라 하시니라

18여호와 하나님이 이르시되 사람이
혼자 사는 것이 좋지 아니하니 내가 그
를 위하여 돕는 배필을 지으리라 하시
니라 19여호와 하나님이 흙으로 각종
들짐승과 공중의 각종 새를 지으시고
아담이 무엇이라고 부르나 보시려고
그것들을 그에게로 이끌어 가시니 아
담이 각 생물을 부르는 것이 곧 그 이
름이 되었더라 20아담이 모든 가축과
공중의 새와 들의 모든 짐승에게 이름
을 주니라 아담이 돕는 배필이 없으므
로 21여호와 하나님이 아담을 깊이 잠
들게 하시니 잠들매 그가 그 갈빗대 하
나를 취하고 살로 대신 채우시고 22여
호와 하나님이 아담에게서 취하신 그
갈빗대로 여자를 만드시고 그를 아담
에게로 이끌어 오시니 23아담이 이르
되 이는 내 뼈 중의 뼈요 살 중의 살이
라 이것을 남자에게서 취하였은즉 여
자라 부르리라 하니라 24이러므로 남자
가 부모를 떠나 그의 아내와 합하여 둘
이 한 몸을 이룰지로다 25아담과 그의
아내 두 사람이 벌거벗었으나 부끄러
워하지 아니하니라

창세기 3장

1그런데 뱀은 여호와 하나님이 지으
신 들짐승 중에 가장 간교하니라 뱀이
여자에게 물어 이르되 하나님이 참으
로 너희에게 동산 모든 나무의 열매를
먹지 말라 하시더냐 2여자가 뱀에게 말
하되 동산 나무의 열매를 우리가 먹을
수 있으나 3동산 중앙에 있는 나무의 열
매는 하나님의 말씀에 너희는 먹지도
말고 만지지도 말라 너희가 죽을까 하
노라 하셨느니라 4뱀이 여자에게 이르
되 너희가 결코 죽지 아니하리라 5너희
가 그것을 먹는 날에는 너희 눈이 밝아
져 하나님과 같이 되어 선악을 알 줄 하
나님이 아심이니라 6여자가 그 나무를
본즉 먹음직도 하고 보암직도 하고 지
혜롭게 할 만큼 탐스럽기도 한 나무인
지라 여자가 그 열매를 따먹고 자기와
함께 있는 남편에게도 주매 그도 먹은
지라 7이에 그들의 눈이 밝아져 자기들
이 벗은 줄을 알고 무화과나무 잎을 엮
어 치마로 삼았더라 8그들이 그 날 바람
이 불 때 동산에 거니시는 여호와 하나
님의 소리를 듣고 아담과 그의 아내가
여호와 하나님의 낯을 피하여 동산 나
무 사이에 숨은지라 9여호와 하나님이
아담을 부르시며 그에게 이르시되 네
가 어디 있느냐 10이르되 내가 동산에
서 하나님의 소리를 듣고 내가 벗었으
므로 두려워하여 숨었나이다 11이르시
되 누가 너의 벗었음을 네게 알렸느냐
내가 네게 먹지 말라 명한 그 나무 열매
를 네가 먹었느냐 12아담이 이르되 하
나님이 주셔서 나와 함께 있게 하신 여
자 그가 그 나무 열매를 내게 주므로 내
가 먹었나이다 13여호와 하나님이 여자
에게 이르시되 네가 어찌하여 이렇게

☐ 비움

침묵으로 기도하며 나를 비웁니다. 성령의 임재를 구하며, 죄를 회개하며, 마음의 걱정이나 복잡한 생각을 내려놓습니다. 삼위일체 하나님께 가는 길이 다시금 열립니다.

■ 채움

말씀이 나를 가득 채웁니다. 성령의 이끄심에 따라 본문을 관찰하며 깨닫고, 그것을 내 마음에 새겨 내 삶과 세계에 연결합니다. 묵상한 말씀이 삶이 되도록 기도합니다.

나눔

말씀대로 살아갑니다. 오늘 그리고 앞으로 내가 실천할 것들을 구체적으로 적습니다. 가정과 교회, 사회와 오늘의 세계에서 어떻게 말씀이 작동될 것인지 적고 실행합니다.

하였느냐 여자가 이르되 뱀이 나를 꾀
므로 내가 먹었나이다 [14]여호와 하나님
이 뱀에게 이르시되 네가 이렇게 하였
으니 네가 모든 가축과 들의 모든 짐승
보다 더욱 저주를 받아 배로 다니고 살
아 있는 동안 흙을 먹을지니라 [15]내가
너로 여자와 원수가 되게 하고 네 후손
도 여자의 후손과 원수가 되게 하리니
여자의 후손은 네 머리를 상하게 할 것
이요 너는 그의 발꿈치를 상하게 할 것
이니라 하시고 [16]또 여자에게 이르시되
내가 네게 임신하는 고통을 크게 더하
리니 네가 수고하고 자식을 낳을 것이
며 너는 남편을 원하고 남편은 너를 다
스릴 것이니라 하시고 [17]아담에게 이르
시되 네가 네 아내의 말을 듣고 내가 네
게 먹지 말라 한 나무의 열매를 먹었은
즉 땅은 너로 말미암아 저주를 받고 너
는 네 평생에 수고하여야 그 소산을 먹
으리라 [18]땅이 네게 가시덤불과 엉겅퀴
를 낼 것이라 네가 먹을 것은 밭의 채소
인즉 [19]네가 흙으로 돌아갈 때까지 얼
굴에 땀을 흘려야 먹을 것을 먹으리니
네가 그것에서 취함을 입었음이라 너
는 흙이니 흙으로 돌아갈 것이니라 하
시니라 [20]아담이 그의 아내의 이름을
하와라 불렀으니 그는 모든 산 자의 어
머니가 됨이더라 [21]여호와 하나님이 아
담과 그의 아내를 위하여 가죽옷을 지
어 입히시니라

[22]여호와 하나님이 이르시되 보라 이
사람이 선악을 아는 일에 우리 중 하나
같이 되었으니 그가 그의 손을 들어 생
명 나무 열매도 따먹고 영생할까 하노
라 하시고 [23]여호와 하나님이 에덴 동
산에서 그를 내보내어 그의 근원이 된
땅을 갈게 하시니라 [24]이같이 하나님이
그 사람을 쫓아내시고 에덴 동산 동쪽
에 그룹들과 두루 도는 불 칼을 두어 생
명 나무의 길을 지키게 하시니라

창세기 4장

[1]아담이 그의 아내 하와와 동침하
매 하와가 임신하여 가인을 낳고 이르
되 내가 여호와로 말미암아 득남하였
다 하니라 [2]그가 또 가인의 아우 아벨
을 낳았는데 아벨은 양 치는 자였고 가
인은 농사하는 자였더라 [3]세월이 지난
후에 가인은 땅의 소산으로 제물을 삼
아 여호와께 드렸고 [4]아벨은 자기도 양
의 첫 새끼와 그 기름으로 드렸더니 여
호와께서 아벨과 그의 제물은 받으셨
으나 [5]가인과 그의 제물은 받지 아니하
신지라 가인이 몹시 분하여 안색이 변
하니 [6]여호와께서 가인에게 이르시되
네가 분하여 함은 어찌 됨이며 안색이
변함은 어찌 됨이냐 [7]네가 선을 행하면
어찌 낯을 들지 못하겠느냐 선을 행하
지 아니하면 죄가 문에 엎드려 있느니
라 죄가 너를 원하나 너는 죄를 다스릴
지니라 [8]가인이 그의 아우 아벨에게 말
하고 그들이 들에 있을 때에 가인이 그
의 아우 아벨을 쳐죽이니라 [9]여호와께
서 가인에게 이르시되 네 아우 아벨이
어디 있느냐 그가 이르되 내가 알지 못

☐ 비움

침묵으로 기도하며 나를 비웁니다. 성령의 임재를 구하며, 죄를 회개하며, 마음의 걱정이나 복잡한 생각을 내려놓습니다. 삼위일체 하나님께 가는 길이 다시금 열립니다.

채움

말씀이 나를 가득 채웁니다. 성령의 이끄심에 따라 본문을 관찰하며 깨닫고, 그것을 내 마음에 새겨 내 삶과 세계에 연결합니다. 묵상한 말씀이 삶이 되도록 기도합니다.

나눔

말씀대로 살아갑니다. 오늘 그리고 앞으로 내가 실천할 것들을 구체적으로 적습니다. 가정과 교회, 사회와 오늘의 세계에서 어떻게 말씀이 작동될 것인지 적고 실행합니다.

하나이다 내가 내 아우를 지키는 자니
이까 10이르시되 네가 무엇을 하였느
냐 네 아우의 핏소리가 땅에서부터 내
게 호소하느니라 11땅이 그 입을 벌려
네 손에서부터 네 아우의 피를 받았은
즉 네가 땅에서 저주를 받으리니 12네
가 밭을 갈아도 땅이 다시는 그 효력을
네게 주지 아니할 것이요 너는 땅에서
피하며 유리하는 자가 되리라 13가인이
여호와께 아뢰되 내 죄벌이 지기가 너
무 무거우니이다 14주께서 오늘 이 지
면에서 나를 쫓아내시온즉 내가 주의
낯을 뵈옵지 못하리니 내가 땅에서 피
하며 유리하는 자가 될지라 무릇 나를
만나는 자마다 나를 죽이겠나이다 15여
호와께서 그에게 이르시되 그렇지 아
니하다 가인을 죽이는 자는 벌을 칠 배
나 받으리라 하시고 가인에게 표를 주
사 그를 만나는 모든 사람에게서 죽임
을 면하게 하시니라

16가인이 여호와 앞을 떠나서 에덴
동쪽 놋 땅에 거주하더니 17아내와 동
침하매 그가 임신하여 에녹을 낳은지
라 가인이 성을 쌓고 그의 아들의 이름
으로 성을 이름하여 에녹이라 하니라
18에녹이 이랏을 낳고 이랏은 므후야
엘을 낳고 므후야엘은 므드사엘을 낳
고 므드사엘은 라멕을 낳았더라 19라멕
이 두 아내를 맞이하였으니 하나의 이
름은 아다요 하나의 이름은 씰라였더
라 20아다는 야발을 낳았으니 그는 장
막에 거주하며 가축을 치는 자의 조상
이 되었고 21그의 아우의 이름은 유발
이니 그는 수금과 퉁소를 잡는 모든 자
의 조상이 되었으며 22씰라는 두발가인
을 낳았으니 그는 구리와 쇠로 여러 가
지 기구를 만드는 자요 두발가인의 누
이는 나아마였더라 23라멕이 아내들에
게 이르되

아다와 씰라여 내 목소리를 들으라 라
멕의 아내들이여 내 말을 들으라 나의
상처로 말미암아 내가 사람을 죽였고
나의 상함으로 말미암아 소년을 죽였
도다 24가인을 위하여는 벌이 칠 배일
진대 라멕을 위하여는 벌이 칠십칠 배
이리로다

하였더라

25아담이 다시 자기 아내와 동침하매
그가 아들을 낳아 그의 이름을 셋이라
하였으니 이는 하나님이 내게 가인이
죽인 아벨 대신에 다른 씨를 주셨다 함
이며 26셋도 아들을 낳고 그의 이름을
에노스라 하였으며 그 때에 사람들이
비로소 여호와의 이름을 불렀더라

창세기 5장

1이것은 아담의 계보를 적은 책이니
라 하나님이 사람을 창조하실 때에 하
나님의 모양대로 지으시되 2남자와 여
자를 창조하셨고 그들이 창조되던 날
에 하나님이 그들에게 복을 주시고 그
들의 이름을 사람이라 일컬으셨더라
3아담은 백삼십 세에 자기의 모양 곧 자
기의 형상과 같은 아들을 낳아 이름을

□ 비움

침묵으로 기도하며 나를 비웁니다. 성령의 임재를 구하며, 죄를 회개하며, 마음의 걱정이나 복잡한 생각을 내려놓습니다. 삼위일체 하나님께 가는 길이 다시금 열립니다.

■ 채움

말씀이 나를 가득 채웁니다. 성령의 이끄심에 따라 본문을 관찰하며 깨닫고, 그것을 내 마음에 새겨 내 삶과 세계에 연결합니다. 묵상한 말씀이 삶이 되도록 기도합니다.

나눔

말씀대로 살아갑니다. 오늘 그리고 앞으로 내가 실천할 것들을 구체적으로 적습니다. 가정과 교회, 사회와 오늘의 세계에서 어떻게 말씀이 작동될 것인지 적고 실행합니다.

셋이라 하였고 4아담은 셋을 낳은 후 팔
백 년을 지내며 자녀들을 낳았으며 5그
는 구백삼십 세를 살고 죽었더라

6셋은 백오 세에 에노스를 낳았고 7에
노스를 낳은 후 팔백칠 년을 지내며 자
녀들을 낳았으며 8그는 구백십이 세를
살고 죽었더라

9에노스는 구십 세에 게난을 낳았고
10게난을 낳은 후 팔백십오 년을 지내
며 자녀들을 낳았으며 11그는 구백오
세를 살고 죽었더라

12게난은 칠십 세에 마할랄렐을 낳았
고 13마할랄렐을 낳은 후 팔백사십 년
을 지내며 자녀들을 낳았으며 14그는
구백십 세를 살고 죽었더라

15마할랄렐은 육십오 세에 야렛을 낳
았고 16야렛을 낳은 후 팔백삼십 년을
지내며 자녀를 낳았으며 17그는 팔백구
십오 세를 살고 죽었더라

18야렛은 백육십이 세에 에녹을 낳았
고 19에녹을 낳은 후 팔백 년을 지내며
자녀들을 낳았으며 20그는 구백육십이
세를 살고 죽었더라

21에녹은 육십오 세에 므두셀라를 낳
았고 22므두셀라를 낳은 후 삼백 년을
하나님과 동행하며 자녀들을 낳았으며
23그는 삼백육십오 세를 살았더라 24에
녹이 하나님과 동행하더니 하나님이
그를 데려가시므로 세상에 있지 아니
하였더라

25므두셀라는 백팔십칠 세에 라멕을
낳았고 26라멕을 낳은 후 칠백팔십이
년을 지내며 자녀를 낳았으며 27그는
구백육십구 세를 살고 죽었더라

28라멕은 백팔십이 세에 아들을 낳고
29이름을 노아라 하여 이르되 여호와께
서 땅을 저주하시므로 수고롭게 일하
는 우리를 이 아들이 안위하리라 하였
더라 30라멕은 노아를 낳은 후 오백구
십오 년을 지내며 자녀들을 낳았으며
31그는 칠백칠십칠 세를 살고 죽었더라

32노아는 오백 세 된 후에 셈과 함과
야벳을 낳았더라

창세기 6장

1사람이 땅 위에 번성하기 시작할 때
에 그들에게서 딸들이 나니 2하나님
의 아들들이 사람의 딸들의 아름다움
을 보고 자기들이 좋아하는 모든 여자
를 아내로 삼는지라 3여호와께서 이르
시되 나의 영이 영원히 사람과 함께 하
지 아니하리니 이는 그들이 육신이 됨
이라 그러나 그들의 날은 백이십 년이
되리라 하시니라 4당시에 땅에는 네피
림이 있었고 그 후에도 하나님의 아들
들이 사람의 딸들에게로 들어와 자식
을 낳았으니 그들은 용사라 고대에 명

☐ 비움

침묵으로 기도하며 나를 비웁니다. 성령의 임재를 구하며, 죄를 회개하며, 마음의 걱정이나 복잡한 생각을 내려놓습니다. 삼위일체 하나님께 가는 길이 다시금 열립니다.

■ 채움

말씀이 나를 가득 채웁니다. 성령의 이끄심에 따라 본문을 관찰하며 깨닫고, 그것을 내 마음에 새겨 내 삶과 세계에 연결합니다. 묵상한 말씀이 삶이 되도록 기도합니다.

나눔

말씀대로 살아갑니다. 오늘 그리고 앞으로 내가 실천할 것들을 구체적으로 적습니다. 가정과 교회, 사회와 오늘의 세계에서 어떻게 말씀이 작동될 것인지 적고 실행합니다.

성이 있는 사람들이었더라

5여호와께서 사람의 죄악이 세상에
가득함과 그의 마음으로 생각하는 모
든 계획이 항상 악할 뿐임을 보시고 6땅
위에 사람 지으셨음을 한탄하사 마음
에 근심하시고 7이르시되 내가 창조한
사람을 내가 지면에서 쓸어버리되 사
람으로부터 가축과 기는 것과 공중의
새까지 그리하리니 이는 내가 그것들
을 지었음을 한탄함이니라 하시니라
8그러나 노아는 여호와께 은혜를 입었
더라

9이것이 노아의 족보니라 노아는 의
인이요 당대에 완전한 자라 그는 하나
님과 동행하였으며 10세 아들을 낳았으
니 셈과 함과 야벳이라 11그 때에 온 땅
이 하나님 앞에 부패하여 포악함이 땅
에 가득한지라 12하나님이 보신즉 땅이
부패하였으니 이는 땅에서 모든 혈육
있는 자의 행위가 부패함이었더라

13하나님이 노아에게 이르시되 모든
혈육 있는 자의 포악함이 땅에 가득하
므로 그 끝 날이 내 앞에 이르렀으니 내
가 그들을 땅과 함께 멸하리라 14너는
고페르 나무로 너를 위하여 방주를 만
들되 그 안에 칸들을 막고 역청을 그 안
팎에 칠하라 15네가 만들 방주는 이러
하니 그 길이는 삼백 규빗, 너비는 오십
규빗, 높이는 삼십 규빗이라 16거기에
창을 내되 위에서부터 한 규빗에 내고
그 문은 옆으로 내고 상 중 하 삼층으
로 할지니라 17내가 홍수를 땅에 일으
켜 무릇 생명의 기운이 있는 모든 육체
를 천하에서 멸절하리니 땅에 있는 것
들이 다 죽으리라 18그러나 너와는 내
가 내 언약을 세우리니 너는 네 아들들
과 네 아내와 네 며느리들과 함께 그 방
주로 들어가고 19혈육 있는 모든 생물
을 너는 각기 암수 한 쌍씩 방주로 이끌
어들여 너와 함께 생명을 보존하게 하
되 20새가 그 종류대로, 가축이 그 종류
대로, 땅에 기는 모든 것이 그 종류대로
각기 둘씩 네게로 나아오리니 그 생명
을 보존하게 하라 21너는 먹을 모든 양
식을 네게로 가져다가 저축하라 이것
이 너와 그들의 먹을 것이 되리라 22노
아가 그와 같이 하여 하나님이 자기에
게 명하신 대로 다 준행하였더라

창세기 7장

1여호와께서 노아에게 이르시되 너
와 네 온 집은 방주로 들어가라 이 세
대에서 네가 내 앞에 의로움을 내가 보
았음이니라 2너는 모든 정결한 짐승은
암수 일곱씩, 부정한 것은 암수 둘씩을
네게로 데려오며 3공중의 새도 암수 일
곱씩을 데려와 그 씨를 온 지면에 유전
하게 하라 4지금부터 칠 일이면 내가 사
십 주야를 땅에 비를 내려 내가 지은 모
든 생물을 지면에서 쓸어버리리라 5노
아가 여호와께서 자기에게 명하신 대
로 다 준행하였더라

비움

침묵으로 기도하며 나를 비웁니다. 성령의 임재를 구하며, 죄를 회개하며, 마음의 걱정이나 복잡한 생각을 내려놓습니다. 삼위일체 하나님께 가는 길이 다시금 열립니다.

채움

말씀이 나를 가득 채웁니다. 성령의 이끄심에 따라 본문을 관찰하며 깨닫고, 그것을 내 마음에 새겨 내 삶과 세계에 연결합니다. 묵상한 말씀이 삶이 되도록 기도합니다.

나눔

말씀대로 살아갑니다. 오늘 그리고 앞으로 내가 실천할 것들을 구체적으로 적습니다. 가정과 교회, 사회와 오늘의 세계에서 어떻게 말씀이 작동될 것인지 적고 실행합니다.

6홍수가 땅에 있을 때에 노아가 육백
세라 7노아는 아들들과 아내와 며느리
들과 함께 홍수를 피하여 방주에 들어
갔고 8정결한 짐승과 부정한 짐승과 새
와 땅에 기는 모든 것은 9하나님이 노
아에게 명하신 대로 암수 둘씩 노아에
게 나아와 방주로 들어갔으며 10칠 일
후에 홍수가 땅에 덮이니 11노아가 육
백 세 되던 해 둘째 달 곧 그 달 열이렛
날이라 그 날에 큰 깊음의 샘들이 터지
며 하늘의 창문들이 열려 12사십 주야
를 비가 땅에 쏟아졌더라

13곧 그 날에 노아와 그의 아들 셈,
함, 야벳과 노아의 아내와 세 며느리
가 다 방주로 들어갔고 14그들과 모든
들짐승이 그 종류대로, 모든 가축이 그
종류대로, 땅에 기는 모든 것이 그 종
류대로, 모든 새가 그 종류대로 15무릇
생명의 기운이 있는 육체가 둘씩 노아
에게 나아와 방주로 들어갔으니 16들어
간 것들은 모든 것의 암수라 하나님이
그에게 명하신 대로 들어가매 여호와
께서 그를 들여보내고 문을 닫으시니
라 17홍수가 땅에 사십 일 동안 계속된
지라 물이 많아져 방주가 땅에서 떠올
랐고 18물이 더 많아져 땅에 넘치매 방
주가 물 위에 떠 다녔으며 19물이 땅에
더욱 넘치매 천하의 높은 산이 다 잠겼
더니 20물이 불어서 십오 규빗이나 오
르니 산들이 잠긴지라 21땅 위에 움직
이는 생물이 다 죽었으니 곧 새와 가축
과 들짐승과 땅에 기는 모든 것과 모든
사람이라 22육지에 있어 그 코에 생명
의 기운의 숨이 있는 것은 다 죽었더라
23지면의 모든 생물을 쓸어버리시니 곧
사람과 가축과 기는 것과 공중의 새까
지라 이들은 땅에서 쓸어버림을 당하
였으되 오직 노아와 그와 함께 방주에
있던 자들만 남았더라 24물이 백오십
일을 땅에 넘쳤더라

창세기 8장

1하나님이 노아와 그와 함께 방주에
있는 모든 들짐승과 가축을 기억하사
하나님이 바람을 땅 위에 불게 하시매
물이 줄어들었고 2깊음의 샘과 하늘의
창문이 닫히고 하늘에서 비가 그치매
3물이 땅에서 물러가고 점점 물러가서
백오십 일 후에 줄어들고 4일곱째 달 곧
그 달 열이렛날에 방주가 아라랏 산에
머물렀으며 5물이 점점 줄어들어 열째
달 곧 그 달 초하룻날에 산들의 봉우리
가 보였더라

6사십 일을 지나서 노아가 그 방주에
낸 창문을 열고 7까마귀를 내놓으매 까
마귀가 물이 땅에서 마르기까지 날아
왕래하였더라 8그가 또 비둘기를 내놓
아 지면에서 물이 줄어들었는지를 알
고자 하매 9온 지면에 물이 있으므로 비
둘기가 발 붙일 곳을 찾지 못하고 방주
로 돌아와 그에게로 오는지라 그가 손
을 내밀어 방주 안 자기에게로 받아들
이고 10또 칠 일을 기다려 다시 비둘기
를 방주에서 내놓으매 11저녁때에 비둘

☐ 비움

침묵으로 기도하며 나를 비웁니다. 성령의 임재를 구하며, 죄를 회개하며, 마음의 걱정이나 복잡한 생각을 내려놓습니다. 삼위일체 하나님께 가는 길이 다시금 열립니다.

■ 채움

말씀이 나를 가득 채웁니다. 성령의 이끄심에 따라 본문을 관찰하며 깨닫고, 그것을 내 마음에 새겨 내 삶과 세계에 연결합니다. 묵상한 말씀이 삶이 되도록 기도합니다.

나눔

말씀대로 살아갑니다. 오늘 그리고 앞으로 내가 실천할 것들을 구체적으로 적습니다. 가정과 교회, 사회와 오늘의 세계에서 어떻게 말씀이 작동될 것인지 적고 실행합니다.

기가 그에게로 돌아왔는데 그 입에 감
람나무 새 잎사귀가 있는지라 이에 노
아가 땅에 물이 줄어든 줄을 알았으며
12또 칠 일을 기다려 비둘기를 내놓으
매 다시는 그에게로 돌아오지 아니하
였더라

13육백일 년 첫째 달 곧 그 달 초하
룻날에 땅 위에서 물이 걷힌지라 노아
가 방주 뚜껑을 제치고 본즉 지면에서
물이 걷혔더니 14둘째 달 스무이렛날에
땅이 말랐더라 15하나님이 노아에게 말
씀하여 이르시되 16너는 네 아내와 네
아들들과 네 며느리들과 함께 방주에
서 나오고 17너와 함께 한 모든 혈육 있
는 생물 곧 새와 가축과 땅에 기는 모든
것을 다 이끌어내라 이것들이 땅에서
생육하고 땅에서 번성하리라 하시매
18노아가 그 아들들과 그의 아내와 그
며느리들과 함께 나왔고 19땅 위의 동
물 곧 모든 짐승과 모든 기는 것과 모든
새도 그 종류대로 방주에서 나왔더라

20노아가 여호와께 제단을 쌓고 모든
정결한 짐승과 모든 정결한 새 중에서
제물을 취하여 번제로 제단에 드렸더
니 21여호와께서 그 향기를 받으시고
그 중심에 이르시되 내가 다시는 사람
으로 말미암아 땅을 저주하지 아니하
리니 이는 사람의 마음이 계획하는 바
가 어려서부터 악함이라 내가 전에 행
한 것 같이 모든 생물을 다시 멸하지 아
니하리니 22땅이 있을 동안에는 심음과
거둠과 추위와 더위와 여름과 겨울과
낮과 밤이 쉬지 아니하리라

창세기 9장

1하나님이 노아와 그 아들들에게 복
을 주시며 그들에게 이르시되 생육하
고 번성하여 땅에 충만하라 2땅의 모든
짐승과 공중의 모든 새와 땅에 기는 모
든 것과 바다의 모든 물고기가 너희를
두려워하며 너희를 무서워하리니 이것
들은 너희의 손에 붙였음이니라 3모든
산 동물은 너희의 먹을 것이 될지라 채
소 같이 내가 이것을 다 너희에게 주노
라 4그러나 고기를 그 생명 되는 피째
먹지 말 것이니라 5내가 반드시 너희의
피 곧 너희의 생명의 피를 찾으리니 짐
승이면 그 짐승에게서, 사람이나 사람
의 형제면 그에게서 그의 생명을 찾으
리라 6다른 사람의 피를 흘리면 그 사
람의 피도 흘릴 것이니 이는 하나님이
자기 형상대로 사람을 지으셨음이니라
7너희는 생육하고 번성하며 땅에 가득
하여 그 중에서 번성하라 하셨더라

8하나님이 노아와 그와 함께 한 아들
들에게 말씀하여 이르시되 9내가 내 언
약을 너희와 너희 후손과 10너희와 함
께 한 모든 생물 곧 너희와 함께 한 새
와 가축과 땅의 모든 생물에게 세우리
니 방주에서 나온 모든 것 곧 땅의 모든
짐승에게니라 11내가 너희와 언약을 세
우리니 다시는 모든 생물을 홍수로 멸
하지 아니할 것이라 땅을 멸할 홍수가

☐ 비움

침묵으로 기도하며 나를 비웁니다. 성령의 임재를 구하며, 죄를 회개하며, 마음의 걱정이나 복잡한 생각을 내려놓습니다. 삼위일체 하나님께 가는 길이 다시금 열립니다.

■ 채움

말씀이 나를 가득 채웁니다. 성령의 이끄심에 따라 본문을 관찰하며 깨닫고, 그것을 내 마음에 새겨 내 삶과 세계에 연결합니다. 묵상한 말씀이 삶이 되도록 기도합니다.

나눔

말씀대로 살아갑니다. 오늘 그리고 앞으로 내가 실천할 것들을 구체적으로 적습니다. 가정과 교회, 사회와 오늘의 세계에서 어떻게 말씀이 작동될 것인지 적고 실행합니다.

다시 있지 아니하리라 12하나님이 이르시되 내가 나와 너희와 및 너희와 함께 하는 모든 생물 사이에 대대로 영원히 세우는 언약의 증거는 이것이니라 13내가 내 무지개를 구름 속에 두었나니 이것이 나와 세상 사이의 언약의 증거니라 14내가 구름으로 땅을 덮을 때에 무지개가 구름 속에 나타나면 15내가 나와 너희와 및 육체를 가진 모든 생물 사이의 내 언약을 기억하리니 다시는 물이 모든 육체를 멸하는 홍수가 되지 아니할지라 16무지개가 구름 사이에 있으리니 내가 보고 나 하나님과 모든 육체를 가진 땅의 모든 생물 사이의 영원한 언약을 기억하리라 17하나님이 노아에게 또 이르시되 내가 나와 땅에 있는 모든 생물 사이에 세운 언약의 증거가 이것이라 하셨더라

18방주에서 나온 노아의 아들들은 셈과 함과 야벳이며 함은 가나안의 아버지라 19노아의 이 세 아들로부터 사람들이 온 땅에 퍼지니라

20노아가 농사를 시작하여 포도나무를 심었더니 21포도주를 마시고 취하여 그 장막 안에서 벌거벗은지라 22가나안의 아버지 함이 그의 아버지의 하체를 보고 밖으로 나가서 그의 두 형제에게 알리매 23셈과 야벳이 옷을 가져다가 자기들의 어깨에 메고 뒷걸음쳐 들어가서 그들의 아버지의 하체를 덮었으며 그들이 얼굴을 돌이키고 그들의 아버지의 하체를 보지 아니하였더라 24노아가 술이 깨어 그의 작은 아들이 자기에게 행한 일을 알고 25이에 이르되

가나안은 저주를 받아 그의 형제의
종들의 종이 되기를 원하노라

하고 26또 이르되

셈의 하나님 여호와를 찬송하리로다
가나안은 셈의 종이 되고 27하나님이
야벳을 창대하게 하사 셈의 장막에
거하게 하시고 가나안은 그의 종이
되게 하시기를 원하노라

하였더라

28홍수 후에 노아가 삼백오십 년을 살았고 29그의 나이가 구백오십 세가 되어 죽었더라

창세기 10장

1노아의 아들 셈과 함과 야벳의 족보는 이러하니라 홍수 후에 그들이 아들들을 낳았으니 2야벳의 아들은 고멜과 마곡과 마대와 야완과 두발과 메섹과 디라스요 3고멜의 아들은 아스그나스와 리밧과 도갈마요 4야완의 아들은 엘리사와 달시스와 깃딤과 도다님이라 5이들로부터 여러 나라 백성으로 나뉘어서 각기 언어와 종족과 나라대로 바닷가의 땅에 머물렀더라

6함의 아들은 구스와 미스라임과 붓과 가나안이요 7구스의 아들은 스바와 하윌라와 삽다와 라아마와 삽드가요 라아마의 아들은 스바와 드단이며 8구

☐ 비움

침묵으로 기도하며 나를 비웁니다. 성령의 임재를 구하며, 죄를 회개하며, 마음의 걱정이나 복잡한 생각을 내려놓습니다. 삼위일체 하나님께 가는 길이 다시금 열립니다.

채움

말씀이 나를 가득 채웁니다. 성령의 이끄심에 따라 본문을 관찰하며 깨닫고, 그것을 내 마음에 새겨 내 삶과 세계에 연결합니다. 묵상한 말씀이 삶이 되도록 기도합니다.

나눔

말씀대로 살아갑니다. 오늘 그리고 앞으로 내가 실천할 것들을 구체적으로 적습니다. 가정과 교회, 사회와 오늘의 세계에서 어떻게 말씀이 작동될 것인지 적고 실행합니다.

스가 또 니므롯을 낳았으니 그는 세상
에 첫 용사라 9그가 여호와 앞에서 용감
한 사냥꾼이 되었으므로 속담에 이르
기를 아무는 여호와 앞에 니므롯 같이
용감한 사냥꾼이로다 하더라 10그의 나
라는 시날 땅의 바벨과 에렉과 악갓과
갈레에서 시작되었으며 11그가 그 땅에
서 앗수르로 나아가 니느웨와 르호보
딜과 갈라와 12및 니느웨와 갈라 사이
의 레센을 건설하였으니 이는 큰 성읍
이라 13미스라임은 루딤과 아나밈과 르
하빔과 납두힘과 14바드루심과 가슬루
힘과 갑도림을 낳았더라 (가슬루힘에
게서 블레셋이 나왔더라)

15가나안은 장자 시돈과 헷을 낳고
16또 여부스 족속과 아모리 족속과 기
르가스 족속과 17히위 족속과 알가 족
속과 신 족속과 18아르왓 족속과 스말
족속과 하맛 족속을 낳았더니 이 후로
가나안 자손의 족속이 흩어져 나아갔
더라 19가나안의 경계는 시돈에서부터
그랄을 지나 가사까지와 소돔과 고모
라와 아드마와 스보임을 지나 라사까
지였더라 20이들은 함의 자손이라 각기
족속과 언어와 지방과 나라대로였더라

21셈은 에벨 온 자손의 조상이요 야벳
의 형이라 그에게도 자녀가 출생하였으
니 22셈의 아들은 엘람과 앗수르와 아
르박삿과 룻과 아람이요 23아람의 아들
은 우스와 훌과 게델과 마스며 24아르
박삿은 셀라를 낳고 셀라는 에벨을 낳
았으며 25에벨은 두 아들을 낳고 하나
의 이름을 벨렉이라 하였으니 그 때에
세상이 나뉘었음이요 벨렉의 아우의 이
름은 욕단이며 26욕단은 알모닷과 셀렙
과 하살마웻과 예라와 27하도람과 우살
과 디글라와 28오발과 아비마엘과 스바
와 29오빌과 하윌라와 요밥을 낳았으
니 이들은 다 욕단의 아들이며 30그들
이 거주하는 곳은 메사에서부터 스발
로 가는 길의 동쪽 산이었더라 31이들
은 셈의 자손이니 그 족속과 언어와 지
방과 나라대로였더라

32이들은 그 백성들의 족보에 따르면
노아 자손의 족속들이요 홍수 후에 이
들에게서 그 땅의 백성들이 나뉘었더
라

창세기 11장

1온 땅의 언어가 하나요 말이 하나였
더라 2이에 그들이 동방으로 옮기다가
시날 평지를 만나 거기 거류하며 3서로
말하되 자, 벽돌을 만들어 견고히 굽자
하고 이에 벽돌로 돌을 대신하며 역청
으로 진흙을 대신하고 4또 말하되 자,
성읍과 탑을 건설하여 그 탑 꼭대기를
하늘에 닿게 하여 우리 이름을 내고 온
지면에 흩어짐을 면하자 하였더니 5여
호와께서 사람들이 건설하는 그 성읍
과 탑을 보려고 내려오셨더라 6여호와
께서 이르시되 이 무리가 한 족속이요
언어도 하나이므로 이같이 시작하였으
니 이 후로는 그 하고자 하는 일을 막

비움

침묵으로 기도하며 나를 비웁니다. 성령의 임재를 구하며, 죄를 회개하며, 마음의 걱정이나 복잡한 생각을 내려놓습니다. 삼위일체 하나님께 가는 길이 다시금 열립니다.

채움

말씀이 나를 가득 채웁니다. 성령의 이끄심에 따라 본문을 관찰하며 깨닫고, 그것을 내 마음에 새겨 내 삶과 세계에 연결합니다. 묵상한 말씀이 삶이 되도록 기도합니다.

나눔

말씀대로 살아갑니다. 오늘 그리고 앞으로 내가 실천할 것들을 구체적으로 적습니다. 가정과 교회, 사회와 오늘의 세계에서 어떻게 말씀이 작동될 것인지 적고 실행합니다.

을 수 없으리로다 7자, 우리가 내려가
서 거기서 그들의 언어를 혼잡하게 하
여 그들이 서로 알아듣지 못하게 하자
하시고 8여호와께서 거기서 그들을 온
지면에 흩으셨으므로 그들이 그 도시
를 건설하기를 그쳤더라 9그러므로 그
이름을 바벨이라 하니 이는 여호와께
서 거기서 온 땅의 언어를 혼잡하게 하
셨음이니라 여호와께서 거기서 그들을
온 지면에 흩으셨더라

10셈의 족보는 이러하니라 셈은 백
세 곧 홍수 후 이 년에 아르박삿을 낳
았고 11아르박삿을 낳은 후에 오백 년
을 지내며 자녀를 낳았으며 12아르박삿
은 삼십오 세에 셀라를 낳았고 13셀라
를 낳은 후에 사백삼 년을 지내며 자녀
를 낳았으며 14셀라는 삼십 세에 에벨
을 낳았고 15에벨을 낳은 후에 사백삼
년을 지내며 자녀를 낳았으며 16에벨
은 삼십사 세에 벨렉을 낳았고 17벨렉
을 낳은 후에 사백삼십 년을 지내며 자
녀를 낳았으며 18벨렉은 삼십 세에 르
우를 낳았고 19르우를 낳은 후에 이백
구 년을 지내며 자녀를 낳았으며 20르
우는 삼십이 세에 스룩을 낳았고 21스
룩을 낳은 후에 이백칠 년을 지내며 자
녀를 낳았으며 22스룩은 삼십 세에 나
홀을 낳았고 23나홀을 낳은 후에 이백
년을 지내며 자녀를 낳았으며 24나홀
은 이십구 세에 데라를 낳았고 25데라
를 낳은 후에 백십구 년을 지내며 자녀
를 낳았으며 26데라는 칠십 세에 아브
람과 나홀과 하란을 낳았더라

☐ 비움

침묵으로 기도하며 나를 비웁니다. 성령의 임재를 구하며, 죄를 회개하며, 마음의 걱정이나 복잡한 생각을 내려놓습니다. 삼위일체 하나님께 가는 길이 다시금 열립니다.

■ 채움

말씀이 나를 가득 채웁니다. 성령의 이끄심에 따라 본문을 관찰하며 깨닫고, 그것을 내 마음에 새겨 내 삶과 세계에 연결합니다. 묵상한 말씀이 삶이 되도록 기도합니다.

▦ 나눔

말씀대로 살아갑니다. 오늘 그리고 앞으로 내가 실천할 것들을 구체적으로 적습니다. 가정과 교회, 사회와 오늘의 세계에서 어떻게 말씀이 작동될 것인지 적고 실행합니다.

ㅇㅁㅿ메줄
동 네 세 메 줄

동네세메줄성경 1

2

창세기

11장 27절–25장 18절

창세기 11장

27데라의 족보는 이러하니라 데라
는 아브람과 나홀과 하란을 낳고 하란
은 롯을 낳았으며 28하란은 그 아비 데
라보다 먼저 고향 갈대아인의 우르에
서 죽었더라 29아브람과 나홀이 장가
들었으니 아브람의 아내의 이름은 사
래며 나홀의 아내의 이름은 밀가니 하
란의 딸이요 하란은 밀가의 아버지이
며 또 이스가의 아버지더라 30사래는
임신하지 못하므로 자식이 없었더라
31데라가 그 아들 아브람과 하란의 아
들인 그의 손자 롯과 그의 며느리 아브
람의 아내 사래를 데리고 갈대아인의
우르를 떠나 가나안 땅으로 가고자 하
더니 하란에 이르러 거기 거류하였으
며 32데라는 나이가 이백오 세가 되어
하란에서 죽었더라

창세기 12장

1여호와께서 아브람에게 이르시되 너
는 너의 고향과 친척과 아버지의 집을
떠나 내가 네게 보여 줄 땅으로 가라
2내가 너로 큰 민족을 이루고 네게 복
을 주어 네 이름을 창대하게 하리니 너
는 복이 될지라 3너를 축복하는 자에게
는 내가 복을 내리고 너를 저주하는 자
에게는 내가 저주하리니 땅의 모든 족
속이 너로 말미암아 복을 얻을 것이라
하신지라 4이에 아브람이 여호와의 말
씀을 따라갔고 롯도 그와 함께 갔으며
아브람이 하란을 떠날 때에 칠십오 세
였더라 5아브람이 그의 아내 사래와 조
카 롯과 하란에서 모은 모든 소유와 얻
은 사람들을 이끌고 가나안 땅으로 가
려고 떠나서 마침내 가나안 땅에 들어
갔더라 6아브람이 그 땅을 지나 세겜
땅 모레 상수리나무에 이르니 그 때에
가나안 사람이 그 땅에 거주하였더라
7여호와께서 아브람에게 나타나 이르
시되 내가 이 땅을 네 자손에게 주리
라 하신지라 자기에게 나타나신 여호
와께 그가 그 곳에서 제단을 쌓고 8거
기서 벧엘 동쪽 산으로 옮겨 장막을 치
니 서쪽은 벧엘이요 동쪽은 아이라 그
가 그 곳에서 여호와께 제단을 쌓고 여
호와의 이름을 부르더니 9점점 남방으
로 옮겨갔더라

10그 땅에 기근이 들었으므로 아브
람이 애굽에 거류하려고 그리로 내려
갔으니 이는 그 땅에 기근이 심하였
음이라 11그가 애굽에 가까이 이르렀
을 때에 그의 아내 사래에게 말하되 내
가 알기에 그대는 아리따운 여인이라
12애굽 사람이 그대를 볼 때에 이르기
를 이는 그의 아내라 하여 나는 죽이
고 그대는 살리리니 13원하건대 그대
는 나의 누이라 하라 그러면 내가 그대
로 말미암아 안전하고 내 목숨이 그대
로 말미암아 보존되리라 하니라 14아
브람이 애굽에 이르렀을 때에 애굽 사
람들이 그 여인이 심히 아리따움을 보
았고 15바로의 고관들도 그를 보고 바
로 앞에서 칭찬하므로 그 여인을 바로
의 궁으로 이끌어들인지라 16이에 바

비움

침묵으로 기도하며 나를 비웁니다. 성령의 임재를 구하며, 죄를 회개하며, 마음의 걱정이나 복잡한 생각을 내려놓습니다. 삼위일체 하나님께 가는 길이 다시금 열립니다.

채움

말씀이 나를 가득 채웁니다. 성령의 이끄심에 따라 본문을 관찰하며 깨닫고, 그것을 내 마음에 새겨 내 삶과 세계에 연결합니다. 묵상한 말씀이 삶이 되도록 기도합니다.

나눔

말씀대로 살아갑니다. 오늘 그리고 앞으로 내가 실천할 것들을 구체적으로 적습니다. 가정과 교회, 사회와 오늘의 세계에서 어떻게 말씀이 작동될 것인지 적고 실행합니다.

로가 그로 말미암아 아브람을 후대하
므로 아브람이 양과 소와 노비와 암수
나귀와 낙타를 얻었더라 17여호와께서
아브람의 아내 사래의 일로 바로와 그
집에 큰 재앙을 내리신지라 18바로가
아브람을 불러서 이르되 네가 어찌하
여 나에게 이렇게 행하였느냐 네가 어
찌하여 그를 네 아내라고 내게 말하지
아니하였느냐 19네가 어찌 그를 누이라
하여 내가 그를 데려다가 아내를 삼게
하였느냐 네 아내가 여기 있으니 이제
데려가라 하고 20바로가 사람들에게 그
의 일을 명하매 그들이 그와 함께 그의
아내와 그의 모든 소유를 보내었더라

창세기 13장

1아브람이 애굽에서 그와 그의 아내
와 모든 소유와 롯과 함께 네게브로 올
라가니 2아브람에게 가축과 은과 금
이 풍부하였더라 3그가 네게브에서부
터 길을 떠나 벧엘에 이르며 벧엘과 아
이 사이 곧 전에 장막 쳤던 곳에 이르
니 4그가 처음으로 제단을 쌓은 곳이라
그가 거기서 여호와의 이름을 불렀더
라 5아브람의 일행 롯도 양과 소와 장
막이 있으므로 6그 땅이 그들이 동거하
기에 넉넉하지 못하였으니 이는 그들
의 소유가 많아서 동거할 수 없었음이
니라 7그러므로 아브람의 가축의 목자
와 롯의 가축의 목자가 서로 다투고 또
가나안 사람과 브리스 사람도 그 땅에
거주하였는지라 8아브람이 롯에게 이
르되 우리는 한 친족이라 나나 너나 내
목자나 네 목자나 서로 다투게 하지 말
자 9네 앞에 온 땅이 있지 아니하냐 나
를 떠나가라 네가 좌하면 나는 우하고
네가 우하면 나는 좌하리라 10이에 롯
이 눈을 들어 요단 지역을 바라본즉 소
알까지 온 땅에 물이 넉넉하니 여호와
께서 소돔과 고모라를 멸하시기 전이
었으므로 여호와의 동산 같고 애굽 땅
과 같았더라 11그러므로 롯이 요단 온
지역을 택하고 동으로 옮기니 그들이
서로 떠난지라 12아브람은 가나안 땅
에 거주하였고 롯은 그 지역의 도시들
에 머무르며 그 장막을 옮겨 소돔까지
이르렀더라 13소돔 사람은 여호와 앞에
악하며 큰 죄인이었더라

14롯이 아브람을 떠난 후에 여호와께
서 아브람에게 이르시되 너는 눈을 들
어 너 있는 곳에서 북쪽과 남쪽 그리고
동쪽과 서쪽을 바라보라 15보이는 땅을
내가 너와 네 자손에게 주리니 영원히
이르리라 16내가 네 자손이 땅의 티끌
같게 하리니 사람이 땅의 티끌을 능히
셀 수 있을진대 네 자손도 세리라 17너
는 일어나 그 땅을 종과 횡으로 두루 다
녀 보라 내가 그것을 네게 주리라 18이
에 아브람이 장막을 옮겨 헤브론에 있
는 마므레 상수리 수풀에 이르러 거주
하며 거기서 여호와를 위하여 제단을
쌓았더라

창세기 14장

1당시에 시날 왕 아므라벨과 엘라살

☐ 비움

침묵으로 기도하며 나를 비웁니다. 성령의 임재를 구하며, 죄를 회개하며, 마음의 걱정이나 복잡한 생각을 내려놓습니다. 삼위일체 하나님께 가는 길이 다시금 열립니다.

■ 채움

말씀이 나를 가득 채웁니다. 성령의 이끄심에 따라 본문을 관찰하며 깨닫고, 그것을 내 마음에 새겨 내 삶과 세계에 연결합니다. 묵상한 말씀이 삶이 되도록 기도합니다.

나눔

말씀대로 살아갑니다. 오늘 그리고 앞으로 내가 실천할 것들을 구체적으로 적습니다. 가정과 교회, 사회와 오늘의 세계에서 어떻게 말씀이 작동될 것인지 적고 실행합니다.

왕 아리옥과 엘람 왕 그돌라오멜과 고
임 왕 디달이 2소돔 왕 베라와 고모라
왕 비르사와 아드마 왕 시납과 스보임
왕 세메벨과 벨라 곧 소알 왕과 싸우니
라 3이들이 다 싯딤 골짜기 곧 지금의
염해에 모였더라 4이들이 십이 년 동안
그돌라오멜을 섬기다가 제십삼년에 배
반한지라 5제십사년에 그돌라오멜과
그와 함께 한 왕들이 나와서 아스드롯
가르나임에서 르바 족속을, 함에서 수
스 족속을, 사웨 기랴다임에서 엠 족속
을 치고 6호리 족속을 그 산 세일에서
쳐서 광야 근방 엘바란까지 이르렀으
며 7그들이 돌이켜 엔미스밧 곧 가데스
에 이르러 아말렉 족속의 온 땅과 하사
손다말에 사는 아모리 족속을 친지라
8소돔 왕과 고모라 왕과 아드마 왕과 스
보임 왕과 벨라 곧 소알 왕이 나와서 싯
딤 골짜기에서 그들과 전쟁을 하기 위
하여 진을 쳤더니 9엘람 왕 그돌라오멜
과 고임 왕 디달과 시날 왕 아므라벨과
엘라살 왕 아리옥 네 왕이 곧 그 다섯
왕과 맞서니라 10싯딤 골짜기에는 역청
구덩이가 많은지라 소돔 왕과 고모라
왕이 달아날 때에 그들이 거기 빠지고
그 나머지는 산으로 도망하매 11네 왕
이 소돔과 고모라의 모든 재물과 양식
을 빼앗아 가고 12소돔에 거주하는 아
브람의 조카 롯도 사로잡고 그 재물까
지 노략하여 갔더라

13도망한 자가 와서 히브리 사람 아
브람에게 알리니 그 때에 아브람이 아
모리 족속 마므레의 상수리 수풀 근처
에 거주하였더라 마므레는 에스골의
형제요 또 아넬의 형제라 이들은 아브
람과 동맹한 사람들이더라 14아브람이
그의 조카가 사로잡혔음을 듣고 집에
서 길리고 훈련된 자 삼백십팔 명을 거
느리고 단까지 쫓아가서 15그와 그의
가신들이 나뉘어 밤에 그들을 쳐부수
고 다메섹 왼편 호바까지 쫓아가 16모
든 빼앗겼던 재물과 자기의 조카 롯과
그의 재물과 또 부녀와 친척을 다 찾아
왔더라

17아브람이 그돌라오멜과 그와 함께
한 왕들을 쳐부수고 돌아올 때에 소돔
왕이 사웨 골짜기 곧 왕의 골짜기로 나
와 그를 영접하였고 18살렘 왕 멜기세
덱이 떡과 포도주를 가지고 나왔으니
그는 지극히 높으신 하나님의 제사장
이었더라 19그가 아브람에게 축복하여
이르되 천지의 주재이시요 지극히 높
으신 하나님이여 아브람에게 복을 주
옵소서 20너희 대적을 네 손에 붙이신
지극히 높으신 하나님을 찬송할지로다
하매 아브람이 그 얻은 것에서 십분의
일을 멜기세덱에게 주었더라 21소돔 왕
이 아브람에게 이르되 사람은 내게 보
내고 물품은 네가 가지라 22아브람이
소돔 왕에게 이르되 천지의 주재이시
요 지극히 높으신 하나님 여호와께 내
가 손을 들어 맹세하노니 23네 말이 내
가 아브람으로 치부하게 하였다 할까
하여 네게 속한 것은 실 한 오라기나 들

☐ 비움

침묵으로 기도하며 나를 비웁니다. 성령의 임재를 구하며, 죄를 회개하며, 마음의 걱정이나 복잡한 생각을 내려놓습니다. 삼위일체 하나님께 가는 길이 다시금 열립니다.

■ 채움

말씀이 나를 가득 채웁니다. 성령의 이끄심에 따라 본문을 관찰하며 깨닫고, 그것을 내 마음에 새겨 내 삶과 세계에 연결합니다. 묵상한 말씀이 삶이 되도록 기도합니다.

나눔

말씀대로 살아갑니다. 오늘 그리고 앞으로 내가 실천할 것들을 구체적으로 적습니다. 가정과 교회, 사회와 오늘의 세계에서 어떻게 말씀이 작동될 것인지 적고 실행합니다.

메끈 한 가닥도 내가 가지지 아니하리
라 24오직 젊은이들이 먹은 것과 나와
동행한 아넬과 에스골과 마므레의 분
깃을 제할지니 그들이 그 분깃을 가질
것이니라

창세기 15장

1이 후에 여호와의 말씀이 환상 중에
아브람에게 임하여 이르시되 아브람아
두려워하지 말라 나는 네 방패요 너의
지극히 큰 상급이니라 2아브람이 이르
되 주 여호와여 무엇을 내게 주시려 하
나이까 나는 자식이 없사오니 나의 상
속자는 이 다메섹 사람 엘리에셀이니
이다 3아브람이 또 이르되 주께서 내
게 씨를 주지 아니하셨으니 내 집에서
길린 자가 내 상속자가 될 것이니이다
4여호와의 말씀이 그에게 임하여 이르
시되 그 사람이 네 상속자가 아니라 네
몸에서 날 자가 네 상속자가 되리라 하
시고 5그를 이끌고 밖으로 나가 이르시
되 하늘을 우러러 뭇별을 셀 수 있나 보
라 또 그에게 이르시되 네 자손이 이와
같으리라 6아브람이 여호와를 믿으니
여호와께서 이를 그의 의로 여기시고
7또 그에게 이르시되 나는 이 땅을 네게
주어 소유를 삼게 하려고 너를 갈대아
인의 우르에서 이끌어 낸 여호와니라
8그가 이르되 주 여호와여 내가 이 땅을
소유로 받을 것을 무엇으로 알리이까
9여호와께서 그에게 이르시되 나를 위
하여 삼 년 된 암소와 삼 년 된 암염소
와 삼 년 된 숫양과 산비둘기와 집비둘
기 새끼를 가져올지니라 10아브람이 그
모든 것을 가져다가 그 중간을 쪼개고
그 쪼갠 것을 마주 대하여 놓고 그 새는
쪼개지 아니하였으며 11솔개가 그 사체
위에 내릴 때에는 아브람이 쫓았더라

12해 질 때에 아브람에게 깊은 잠이
임하고 큰 흑암과 두려움이 그에게 임
하였더니 13여호와께서 아브람에게 이
르시되 너는 반드시 알라 네 자손이 이
방에서 객이 되어 그들을 섬기겠고 그
들은 사백 년 동안 네 자손을 괴롭히리
니 14그들이 섬기는 나라를 내가 징벌
할지며 그 후에 네 자손이 큰 재물을 이
끌고 나오리라 15너는 장수하다가 평안
히 조상에게로 돌아가 장사될 것이요
16네 자손은 사대 만에 이 땅으로 돌아
오리니 이는 아모리 족속의 죄악이 아
직 가득 차지 아니함이니라 하시더니
17해가 져서 어두울 때에 연기 나는 화
로가 보이며 타는 횃불이 쪼갠 고기 사
이로 지나더라 18그 날에 여호와께서
아브람과 더불어 언약을 세워 이르시
되 내가 이 땅을 애굽 강에서부터 그 큰
강 유브라데까지 네 자손에게 주노니
19곧 겐 족속과 그니스 족속과 갓몬 족
속과 20헷 족속과 브리스 족속과 르바
족속과 21아모리 족속과 가나안 족속과
기르가스 족속과 여부스 족속의 땅이
니라 하셨더라

창세기 16장

1아브람의 아내 사래는 출산하지 못

□ 비움

침묵으로 기도하며 나를 비웁니다. 성령의 임재를 구하며, 죄를 회개하며, 마음의 걱정이나 복잡한 생각을 내려놓습니다. 삼위일체 하나님께 가는 길이 다시금 열립니다.

■ 채움

말씀이 나를 가득 채웁니다. 성령의 이끄심에 따라 본문을 관찰하며 깨닫고, 그것을 내 마음에 새겨 내 삶과 세계에 연결합니다. 묵상한 말씀이 삶이 되도록 기도합니다.

나눔

말씀대로 살아갑니다. 오늘 그리고 앞으로 내가 실천할 것들을 구체적으로 적습니다. 가정과 교회, 사회와 오늘의 세계에서 어떻게 말씀이 작동될 것인지 적고 실행합니다.

하였고 그에게 한 여종이 있으니 애굽
사람이요 이름은 하갈이라 [2]사래가 아
브람에게 이르되 여호와께서 내 출산을
허락하지 아니하셨으니 원하건대 내 여
종에게 들어가라 내가 혹 그로 말미암
아 자녀를 얻을까 하노라 하매 아브람
이 사래의 말을 들으니라 [3]아브람의 아
내 사래가 그 여종 애굽 사람 하갈을 데
려다가 그 남편 아브람에게 첩으로 준
때는 아브람이 가나안 땅에 거주한 지
십 년 후였더라 [4]아브람이 하갈과 동침
하였더니 하갈이 임신하매 그가 자기의
임신함을 알고 그의 여주인을 멸시한지
라 [5]사래가 아브람에게 이르되 내가 받
는 모욕은 당신이 받아야 옳도다 내가
나의 여종을 당신의 품에 두었거늘 그
가 자기의 임신함을 알고 나를 멸시하
니 당신과 나 사이에 여호와께서 판단
하시기를 원하노라 [6]아브람이 사래에
게 이르되 당신의 여종은 당신의 수중
에 있으니 당신의 눈에 좋을 대로 그에
게 행하라 하매 사래가 하갈을 학대하
였더니 하갈이 사래 앞에서 도망하였더
라 [7]여호와의 사자가 광야의 샘물 곁 곧
술 길 샘 곁에서 그를 만나 [8]이르되 사
래의 여종 하갈아 네가 어디서 왔으며
어디로 가느냐 그가 이르되 나는 내 여
주인 사래를 피하여 도망하나이다 [9]여
호와의 사자가 그에게 이르되 네 여주
인에게로 돌아가서 그 수하에 복종하
라 [10]여호와의 사자가 또 그에게 이르
되 내가 네 씨를 크게 번성하여 그 수가
많아 셀 수 없게 하리라 [11]여호와의 사
자가 또 그에게 이르되 네가 임신하였
은즉 아들을 낳으리니 그 이름을 이스
마엘이라 하라 이는 여호와께서 네 고
통을 들으셨음이니라 [12]그가 사람 중에
들나귀 같이 되리니 그의 손이 모든 사
람을 치겠고 모든 사람의 손이 그를 칠
지며 그가 모든 형제와 대항해서 살리
라 하니라 [13]하갈이 자기에게 이르신
여호와의 이름을 나를 살피시는 하나
님이라 하였으니 이는 내가 어떻게 여
기서 나를 살피시는 하나님을 뵈었는
고 함이라 [14]이러므로 그 샘을 브엘라
해로이라 불렀으며 그것은 가데스와 베
렛 사이에 있더라

[15]하갈이 아브람의 아들을 낳으매 아
브람이 하갈이 낳은 그 아들을 이름하
여 이스마엘이라 하였더라 [16]하갈이 아
브람에게 이스마엘을 낳았을 때에 아
브람이 팔십육 세였더라

창세기 17장

[1]아브람이 구십구 세 때에 여호와께
서 아브람에게 나타나서 그에게 이르
시되 나는 전능한 하나님이라 너는 내
앞에서 행하여 완전하라 [2]내가 내 언약
을 나와 너 사이에 두어 너를 크게 번성
하게 하리라 하시니 [3]아브람이 엎드렸
더니 하나님이 또 그에게 말씀하여 이
르시되 [4]보라 내 언약이 너와 함께 있으
니 너는 여러 민족의 아버지가 될지라
[5]이제 후로는 네 이름을 아브람이라 하
지 아니하고 아브라함이라 하리니 이

비움

침묵으로 기도하며 나를 비웁니다. 성령의 임재를 구하며, 죄를 회개하며, 마음의 걱정이나 복잡한 생각을 내려놓습니다. 삼위일체 하나님께 가는 길이 다시금 열립니다.

채움

말씀이 나를 가득 채웁니다. 성령의 이끄심에 따라 본문을 관찰하며 깨닫고, 그것을 내 마음에 새겨 내 삶과 세계에 연결합니다. 묵상한 말씀이 삶이 되도록 기도합니다.

나눔

말씀대로 살아갑니다. 오늘 그리고 앞으로 내가 실천할 것들을 구체적으로 적습니다. 가정과 교회, 사회와 오늘의 세계에서 어떻게 말씀이 작동될 것인지 적고 실행합니다.

는 내가 너를 여러 민족의 아버지가 되
게 함이니라 6내가 너로 심히 번성하게
하리니 내가 네게서 민족들이 나게 하
며 왕들이 네게로부터 나오리라 7내가
내 언약을 나와 너 및 네 대대 후손 사
이에 세워서 영원한 언약을 삼고 너와
네 후손의 하나님이 되리라 8내가 너와
네 후손에게 네가 거류하는 이 땅 곧 가
나안 온 땅을 주어 영원한 기업이 되게
하고 나는 그들의 하나님이 되리라

9하나님이 또 아브라함에게 이르시
되 그런즉 너는 내 언약을 지키고 네 후
손도 대대로 지키라 10너희 중 남자는
다 할례를 받으라 이것이 나와 너희와
너희 후손 사이에 지킬 내 언약이니라
11너희는 포피를 베어라 이것이 나와
너희 사이의 언약의 표징이니라 12너
희의 대대로 모든 남자는 집에서 난 자
나 또는 너희 자손이 아니라 이방 사람
에게서 돈으로 산 자를 막론하고 난 지
팔 일 만에 할례를 받을 것이라 13너희
집에서 난 자든지 너희 돈으로 산 자든
지 할례를 받아야 하리니 이에 내 언약
이 너희 살에 있어 영원한 언약이 되려
니와 14할례를 받지 아니한 남자 곧 그
포피를 베지 아니한 자는 백성 중에서
끊어지리니 그가 내 언약을 배반하였
음이니라

15하나님이 또 아브라함에게 이르시
되 네 아내 사래는 이름을 사래라 하지
말고 사라라 하라 16내가 그에게 복을
주어 그가 네게 아들을 낳아 주게 하며
내가 그에게 복을 주어 그를 여러 민족
의 어머니가 되게 하리니 민족의 여러
왕이 그에게서 나리라 17아브라함이 엎
드려 웃으며 마음속으로 이르되 백 세
된 사람이 어찌 자식을 낳을까 사라는
구십 세니 어찌 출산하리요 하고 18아
브라함이 이에 하나님께 아뢰되 이스
마엘이나 하나님 앞에 살기를 원하나
이다 19하나님이 이르시되 아니라 네
아내 사라가 네게 아들을 낳으리니 너
는 그 이름을 이삭이라 하라 내가 그와
내 언약을 세우리니 그의 후손에게 영
원한 언약이 되리라 20이스마엘에 대
하여는 내가 네 말을 들었나니 내가 그
에게 복을 주어 그를 매우 크게 생육하
고 번성하게 할지라 그가 열두 두령을
낳으리니 내가 그를 큰 나라가 되게 하
려니와 21내 언약은 내가 내년 이 시기
에 사라가 네게 낳을 이삭과 세우리라
22하나님이 아브라함과 말씀을 마치시
고 그를 떠나 올라가셨더라

23이에 아브라함이 하나님이 자기에
게 말씀하신 대로 이 날에 그 아들 이
스마엘과 집에서 태어난 모든 자와 돈
으로 산 모든 자 곧 아브라함의 집 사
람 중 모든 남자를 데려다가 그 포피를
베었으니 24아브라함이 그의 포피를 벤
때는 구십구 세였고 25그의 아들 이스
마엘이 그의 포피를 벤 때는 십삼 세였
더라 26그 날에 아브라함과 그 아들 이
스마엘이 할례를 받았고 27그 집의 모

비움

침묵으로 기도하며 나를 비웁니다. 성령의 임재를 구하며, 죄를 회개하며, 마음의 걱정이나 복잡한 생각을 내려놓습니다. 삼위일체 하나님께 가는 길이 다시금 열립니다.

채움

말씀이 나를 가득 채웁니다. 성령의 이끄심에 따라 본문을 관찰하며 깨닫고, 그것을 내 마음에 새겨 내 삶과 세계에 연결합니다. 묵상한 말씀이 삶이 되도록 기도합니다.

나눔

말씀대로 살아갑니다. 오늘 그리고 앞으로 내가 실천할 것들을 구체적으로 적습니다. 가정과 교회, 사회와 오늘의 세계에서 어떻게 말씀이 작동될 것인지 적고 실행합니다.

든 남자 곧 집에서 태어난 자와 돈으로
이방 사람에게서 사온 자가 다 그와 함
께 할례를 받았더라

창세기 18장

1여호와께서 마므레의 상수리나무
들이 있는 곳에서 아브라함에게 나타
나시니라 날이 뜨거울 때에 그가 장막
문에 앉아 있다가 2눈을 들어 본즉 사
람 셋이 맞은편에 서 있는지라 그가 그
들을 보자 곧 장막 문에서 달려나가 영
접하며 몸을 땅에 굽혀 3이르되 내 주
여 내가 주께 은혜를 입었사오면 원하
건대 종을 떠나 지나가지 마시옵고 4물
을 조금 가져오게 하사 당신들의 발을
씻으시고 나무 아래에서 쉬소서 5내가
떡을 조금 가져오리니 당신들의 마음
을 상쾌하게 하신 후에 지나가소서 당
신들이 종에게 오셨음이니이다 그들이
이르되 네 말대로 그리하라 6아브라함
이 급히 장막으로 가서 사라에게 이르
되 속히 고운 가루 세 스아를 가져다가
반죽하여 떡을 만들라 하고 7아브라함
이 또 가축 떼 있는 곳으로 달려가서 기
름지고 좋은 송아지를 잡아 하인에게
주니 그가 급히 요리한지라 8아브라함
이 엉긴 젖과 우유와 하인이 요리한 송
아지를 가져다가 그들 앞에 차려 놓고
나무 아래에 모셔 서매 그들이 먹으니
라 9그들이 아브라함에게 이르되 네 아
내 사라가 어디 있느냐 대답하되 장막
에 있나이다 10그가 이르시되 내년 이
맘때 내가 반드시 네게로 돌아오리니
네 아내 사라에게 아들이 있으리라 하
시니 사라가 그 뒤 장막 문에서 들었더
라 11아브라함과 사라는 나이가 많아
늙었고 사라에게는 여성의 생리가 끊
어졌는지라 12사라가 속으로 웃고 이르
되 내가 노쇠하였고 내 주인도 늙었으
니 내게 무슨 즐거움이 있으리요 13여
호와께서 아브라함에게 이르시되 사라
가 왜 웃으며 이르기를 내가 늙었거늘
어떻게 아들을 낳으리요 하느냐 14여호
와께 능하지 못한 일이 있겠느냐 기한
이 이를 때에 내가 네게로 돌아오리니
사라에게 아들이 있으리라 15사라가 두
려워서 부인하여 이르되 내가 웃지 아
니하였나이다 이르시되 아니라 네가
웃었느니라

16그 사람들이 거기서 일어나서 소돔
으로 향하고 아브라함은 그들을 전송
하러 함께 나가니라 17여호와께서 이르
시되 내가 하려는 것을 아브라함에게
숨기겠느냐 18아브라함은 강대한 나라
가 되고 천하 만민은 그로 말미암아 복
을 받게 될 것이 아니냐 19내가 그로 그
자식과 권속에게 명하여 여호와의 도
를 지켜 의와 공도를 행하게 하려고 그
를 택하였나니 이는 나 여호와가 아브
라함에게 대하여 말한 일을 이루려 함
이니라 20여호와께서 또 이르시되 소돔
과 고모라에 대한 부르짖음이 크고 그
죄악이 심히 무거우니 21내가 이제 내
려가서 그 모든 행한 것이 과연 내게 들
린 부르짖음과 같은지 그렇지 않은지

☐ 비움

침묵으로 기도하며 나를 비웁니다. 성령의 임재를 구하며, 죄를 회개하며, 마음의 걱정이나 복잡한 생각을 내려놓습니다. 삼위일체 하나님께 가는 길이 다시금 열립니다.

■ 채움

말씀이 나를 가득 채웁니다. 성령의 이끄심에 따라 본문을 관찰하며 깨닫고, 그것을 내 마음에 새겨 내 삶과 세계에 연결합니다. 묵상한 말씀이 삶이 되도록 기도합니다.

■ 나눔

말씀대로 살아갑니다. 오늘 그리고 앞으로 내가 실천할 것들을 구체적으로 적습니다. 가정과 교회, 사회와 오늘의 세계에서 어떻게 말씀이 작동될 것인지 적고 실행합니다.

내가 보고 알려 하노라

22그 사람들이 거기서 떠나 소돔으로
향하여 가고 아브라함은 여호와 앞에
그대로 섰더니 23아브라함이 가까이 나
아가 이르되 주께서 의인을 악인과 함
께 멸하려 하시나이까 24그 성 중에 의
인 오십 명이 있을지라도 주께서 그 곳
을 멸하시고 그 오십 의인을 위하여 용
서하지 아니하시리이까 25주께서 이같
이 하사 의인을 악인과 함께 죽이심은
부당하오며 의인과 악인을 같이 하심
도 부당하니이다 세상을 심판하시는
이가 정의를 행하실 것이 아니니이까
26여호와께서 이르시되 내가 만일 소돔
성읍 가운데에서 의인 오십 명을 찾으
면 그들을 위하여 온 지역을 용서하리
라 27아브라함이 대답하여 이르되 나는
티끌이나 재와 같사오나 감히 주께 아
뢰나이다 28오십 의인 중에 오 명이 부
족하다면 그 오 명이 부족함으로 말미
암아 온 성읍을 멸하시리이까 이르시
되 내가 거기서 사십오 명을 찾으면 멸
하지 아니하리라 29아브라함이 또 아
뢰어 이르되 거기서 사십 명을 찾으시
면 어찌 하려 하시나이까 이르시되 사
십 명으로 말미암아 멸하지 아니하리
라 30아브라함이 이르되 내 주여 노하
지 마시옵고 말씀하게 하옵소서 거기
서 삼십 명을 찾으시면 어찌 하려 하시
나이까 이르시되 내가 거기서 삼십 명
을 찾으면 그리하지 아니하리라 31아브
라함이 또 이르되 내가 감히 내 주께 아
뢰나이다 거기서 이십 명을 찾으시면
어찌 하려 하시나이까 이르시되 내가
이십 명으로 말미암아 그리하지 아니
하리라 32아브라함이 또 이르되 주는
노하지 마옵소서 내가 이번만 더 아뢰
리이다 거기서 십 명을 찾으시면 어찌
하려 하시나이까 이르시되 내가 십 명
으로 말미암아 멸하지 아니하리라 33여
호와께서 아브라함과 말씀을 마치시고
가시니 아브라함도 자기 곳으로 돌아
갔더라

창세기 19장

1저녁 때에 그 두 천사가 소돔에 이
르니 마침 롯이 소돔 성문에 앉아 있다
가 그들을 보고 일어나 영접하고 땅에
엎드려 절하며 2이르되 내 주여 돌이켜
종의 집으로 들어와 발을 씻고 주무시
고 일찍이 일어나 갈 길을 가소서 그들
이 이르되 아니라 우리가 거리에서 밤
을 새우리라 3롯이 간청하매 그제서야
돌이켜 그 집으로 들어오는지라 롯이
그들을 위하여 식탁을 베풀고 무교병
을 구우니 그들이 먹으니라 4그들이 눕
기 전에 그 성 사람 곧 소돔 백성들이
노소를 막론하고 원근에서 다 모여 그
집을 에워싸고 5롯을 부르고 그에게 이
르되 오늘 밤에 네게 온 사람들이 어디
있느냐 이끌어 내라 우리가 그들을 상
관하리라 6롯이 문 밖의 무리에게로 나
가서 뒤로 문을 닫고 7이르되 청하노니
내 형제들아 이런 악을 행하지 말라 8내
게 남자를 가까이 하지 아니한 두 딸이

비움

침묵으로 기도하며 나를 비웁니다. 성령의 임재를 구하며, 죄를 회개하며, 마음의 걱정이나 복잡한 생각을 내려놓습니다. 삼위일체 하나님께 가는 길이 다시금 열립니다.

채움

말씀이 나를 가득 채웁니다. 성령의 이끄심에 따라 본문을 관찰하며 깨닫고, 그것을 내 마음에 새겨 내 삶과 세계에 연결합니다. 묵상한 말씀이 삶이 되도록 기도합니다.

나눔

말씀대로 살아갑니다. 오늘 그리고 앞으로 내가 실천할 것들을 구체적으로 적습니다. 가정과 교회, 사회와 오늘의 세계에서 어떻게 말씀이 작동될 것인지 적고 실행합니다.

있노라 청하건대 내가 그들을 너희에
게로 이끌어 내리니 너희 눈에 좋을 대
로 그들에게 행하고 이 사람들은 내 집
에 들어왔은즉 이 사람들에게는 아무
일도 저지르지 말라 9그들이 이르되 너
는 물러나라 또 이르되 이 자가 들어와
서 거류하면서 우리의 법관이 되려 하
는도다 이제 우리가 그들보다 너를 더
해하리라 하고 롯을 밀치며 가까이 가
서 그 문을 부수려고 하는지라 10그 사
람들이 손을 내밀어 롯을 집으로 끌어
들이고 문을 닫고 11문 밖의 무리를 대
소를 막론하고 그 눈을 어둡게 하니 그
들이 문을 찾느라고 헤매었더라

12그 사람들이 롯에게 이르되 이 외
에 네게 속한 자가 또 있느냐 네 사위
나 자녀나 성 중에 네게 속한 자들을 다
성 밖으로 이끌어 내라 13그들에 대한
부르짖음이 여호와 앞에 크므로 여호
와께서 이 곳을 멸하시려고 우리를 보
내셨나니 우리가 멸하리라 14롯이 나가
서 그 딸들과 결혼할 사위들에게 말하
여 이르기를 여호와께서 이 성을 멸하
실 터이니 너희는 일어나 이 곳에서 떠
나라 하되 그의 사위들은 농담으로 여
겼더라 15동틀 때에 천사가 롯을 재촉
하여 이르되 일어나 여기 있는 네 아내
와 두 딸을 이끌어 내라 이 성의 죄악
중에 함께 멸망할까 하노라 16그러나
롯이 지체하매 그 사람들이 롯의 손과
그 아내의 손과 두 딸의 손을 잡아 인도
하여 성 밖에 두니 여호와께서 그에게
자비를 더하심이었더라 17그 사람들이
그들을 밖으로 이끌어 낸 후에 이르되
도망하여 생명을 보존하라 돌아보거나
들에 머물지 말고 산으로 도망하여 멸
망함을 면하라 18롯이 그들에게 이르되
내 주여 그리 마옵소서 19주의 종이 주
께 은혜를 입었고 주께서 큰 인자를 내
게 베푸사 내 생명을 구원하시오나 내
가 도망하여 산에까지 갈 수 없나이다
두렵건대 재앙을 만나 죽을까 하나이
다 20보소서 저 성읍은 도망하기에 가
깝고 작기도 하오니 나를 그 곳으로 도
망하게 하소서 이는 작은 성읍이 아니
니이까 내 생명이 보존되리이다 21그가
그에게 이르되 내가 이 일에도 네 소원
을 들었은즉 네가 말하는 그 성읍을 멸
하지 아니하리니 22그리로 속히 도망하
라 네가 거기 이르기까지는 내가 아무
일도 행할 수 없노라 하였더라 그러므
로 그 성읍 이름을 소알이라 불렀더라

23롯이 소알에 들어갈 때에 해가 돋
았더라 24여호와께서 하늘 곧 여호와께
로부터 유황과 불을 소돔과 고모라에
비같이 내리사 25그 성들과 온 들과 성
에 거주하는 모든 백성과 땅에 난 것을
다 엎어 멸하셨더라 26롯의 아내는 뒤
를 돌아보았으므로 소금 기둥이 되었
더라 27아브라함이 그 아침에 일찍이
일어나 여호와 앞에 서 있던 곳에 이르
러 28소돔과 고모라와 그 온 지역을 향
하여 눈을 들어 연기가 옹기 가마의 연
기같이 치솟음을 보았더라

비움

침묵으로 기도하며 나를 비웁니다. 성령의 임재를 구하며, 죄를 회개하며, 마음의 걱정이나 복잡한 생각을 내려놓습니다. 삼위일체 하나님께 가는 길이 다시금 열립니다.

채움

말씀이 나를 가득 채웁니다. 성령의 이끄심에 따라 본문을 관찰하며 깨닫고, 그것을 내 마음에 새겨 내 삶과 세계에 연결합니다. 묵상한 말씀이 삶이 되도록 기도합니다.

나눔

말씀대로 살아갑니다. 오늘 그리고 앞으로 내가 실천할 것들을 구체적으로 적습니다. 가정과 교회, 사회와 오늘의 세계에서 어떻게 말씀이 작동될 것인지 적고 실행합니다.

29하나님이 그 지역의 성을 멸하실
때 곧 롯이 거주하는 성을 엎으실 때
에 하나님이 아브라함을 생각하사 롯
을 그 엎으시는 중에서 내보내셨더라

30롯이 소알에 거주하기를 두려워하
여 두 딸과 함께 소알에서 나와 산에 올
라가 거주하되 그 두 딸과 함께 굴에 거
주하였더니 31큰 딸이 작은 딸에게 이
르되 우리 아버지는 늙으셨고 온 세상
의 도리를 따라 우리의 배필 될 사람이
이 땅에는 없으니 32우리가 우리 아버
지에게 술을 마시게 하고 동침하여 우
리 아버지로 말미암아 후손을 이어가
자 하고 33그 밤에 그들이 아버지에게
술을 마시게 하고 큰 딸이 들어가서 그
아버지와 동침하니라 그러나 그 아버
지는 그 딸이 눕고 일어나는 것을 깨
닫지 못하였더라 34이튿날 큰 딸이 작
은 딸에게 이르되 어제 밤에는 내가 우
리 아버지와 동침하였으니 오늘 밤에
도 우리가 아버지에게 술을 마시게 하
고 네가 들어가 동침하고 우리가 아버
지로 말미암아 후손을 이어가자 하고
35그 밤에도 그들이 아버지에게 술을
마시게 하고 작은 딸이 일어나 아버지
와 동침하니라 그러나 아버지는 그 딸
이 눕고 일어나는 것을 깨닫지 못하였
더라 36롯의 두 딸이 아버지로 말미암
아 임신하고 37큰 딸은 아들을 낳아 이
름을 모압이라 하였으니 오늘날 모압
의 조상이요 38작은 딸도 아들을 낳아
이름을 벤암미라 하였으니 오늘날 암
몬 자손의 조상이었더라

창세기 20장

1아브라함이 거기서 네게브 땅으로
옮겨가 가데스와 술 사이 그랄에 거류
하며 2그의 아내 사라를 자기 누이라 하
였으므로 그랄 왕 아비멜렉이 사람을
보내어 사라를 데려갔더니 3그 밤에 하
나님이 아비멜렉에게 현몽하시고 그에
게 이르시되 네가 데려간 이 여인으로
말미암아 네가 죽으리니 그는 남편이
있는 여자임이라 4아비멜렉이 그 여인
을 가까이 하지 아니하였으므로 그가
대답하되 주여 주께서 의로운 백성도
멸하시나이까 5그가 나에게 이는 내 누
이라고 하지 아니하였나이까 그 여인
도 그는 내 오라비라 하였사오니 나는
온전한 마음과 깨끗한 손으로 이렇게
하였나이다 6하나님이 꿈에 또 그에게
이르시되 네가 온전한 마음으로 이렇
게 한 줄을 나도 알았으므로 너를 막아
내게 범죄하지 아니하게 하였나니 여
인에게 가까이 하지 못하게 함이 이 때
문이니라 7이제 그 사람의 아내를 돌려
보내라 그는 선지자라 그가 너를 위하
여 기도하리니 네가 살려니와 네가 돌
려보내지 아니하면 너와 네게 속한 자
가 다 반드시 죽을 줄 알지니라

8아비멜렉이 그 날 아침에 일찍이 일
어나 모든 종들을 불러 그 모든 일을 말
하여 들려 주니 그들이 심히 두려워하
였더라 9아비멜렉이 아브라함을 불러

☐ 비움

침묵으로 기도하며 나를 비웁니다. 성령의 임재를 구하며, 죄를 회개하며, 마음의 걱정이나 복잡한 생각을 내려놓습니다. 삼위일체 하나님께 가는 길이 다시금 열립니다.

■ 채움

말씀이 나를 가득 채웁니다. 성령의 이끄심에 따라 본문을 관찰하며 깨닫고, 그것을 내 마음에 새겨 내 삶과 세계에 연결합니다. 묵상한 말씀이 삶이 되도록 기도합니다.

나눔

말씀대로 살아갑니다. 오늘 그리고 앞으로 내가 실천할 것들을 구체적으로 적습니다. 가정과 교회, 사회와 오늘의 세계에서 어떻게 말씀이 작동될 것인지 적고 실행합니다.

서 그에게 이르되 네가 어찌하여 우리
에게 이렇게 하느냐 내가 무슨 죄를 네
게 범하였기에 네가 나와 내 나라가 큰
죄에 빠질 뻔하게 하였느냐 네가 합당
하지 아니한 일을 내게 행하였도다 하
고 10아비멜렉이 또 아브라함에게 이르
되 네가 무슨 뜻으로 이렇게 하였느냐
11아브라함이 이르되 이 곳에서는 하나
님을 두려워함이 없으니 내 아내로 말
미암아 사람들이 나를 죽일까 생각하
였음이요 12또 그는 정말로 나의 이복
누이로서 내 아내가 되었음이니라 13하
나님이 나를 내 아버지의 집을 떠나 두
루 다니게 하실 때에 내가 아내에게 말
하기를 이 후로 우리의 가는 곳마다 그
대는 나를 그대의 오라비라 하라 이것
이 그대가 내게 베풀 은혜라 하였었노
라 14아비멜렉이 양과 소와 종들을 이
끌어 아브라함에게 주고 그의 아내 사
라도 그에게 돌려보내고 15아브라함에
게 이르되 내 땅이 네 앞에 있으니 네가
보기에 좋은 대로 거주하라 하고 16사
라에게 이르되 내가 은 천 개를 네 오
라비에게 주어서 그것으로 너와 함께
한 여러 사람 앞에서 네 수치를 가리게
하였노니 네 일이 다 해결되었느니라
17아브라함이 하나님께 기도하매 하나
님이 아비멜렉과 그의 아내와 여종을
치료하사 출산하게 하셨으니 18여호와
께서 이왕에 아브라함의 아내 사라의
일로 아비멜렉의 집의 모든 태를 닫으
셨음이더라

창세기 21장

1여호와께서 말씀하신 대로 사라를
돌보셨고 여호와께서 말씀하신 대로
사라에게 행하셨으므로 2사라가 임신
하고 하나님이 말씀하신 시기가 되어
노년의 아브라함에게 아들을 낳으니
3아브라함이 그에게 태어난 아들 곧 사
라가 자기에게 낳은 아들을 이름하여
이삭이라 하였고 4그 아들 이삭이 난 지
팔 일 만에 그가 하나님이 명령하신 대
로 할례를 행하였더라 5아브라함이 그
의 아들 이삭이 그에게 태어날 때에 백
세라 6사라가 이르되 하나님이 나를 웃
게 하시니 듣는 자가 다 나와 함께 웃
으리로다 7또 이르되 사라가 자식들을
젖먹이겠다고 누가 아브라함에게 말하
였으리요마는 아브라함의 노경에 내가
아들을 낳았도다 하니라

8아이가 자라매 젖을 떼고 이삭이 젖
을 떼는 날에 아브라함이 큰 잔치를 베
풀었더라 9사라가 본즉 아브라함의 아
들 애굽 여인 하갈의 아들이 이삭을 놀
리는지라 10그가 아브라함에게 이르되
이 여종과 그 아들을 내쫓으라 이 종의
아들은 내 아들 이삭과 함께 기업을 얻
지 못하리라 하므로 11아브라함이 그의
아들로 말미암아 그 일이 매우 근심이
되었더니 12하나님이 아브라함에게 이
르시되 네 아이나 네 여종으로 말미암
아 근심하지 말고 사라가 네게 이른 말
을 다 들으라 이삭에게서 나는 자라야
네 씨라 부를 것임이니라 13그러나 여

비움

침묵으로 기도하며 나를 비웁니다. 성령의 임재를 구하며, 죄를 회개하며, 마음의 걱정이나 복잡한 생각을 내려놓습니다. 삼위일체 하나님께 가는 길이 다시금 열립니다.

채움

말씀이 나를 가득 채웁니다. 성령의 이끄심에 따라 본문을 관찰하며 깨닫고, 그것을 내 마음에 새겨 내 삶과 세계에 연결합니다. 묵상한 말씀이 삶이 되도록 기도합니다.

나눔

말씀대로 살아갑니다. 오늘 그리고 앞으로 내가 실천할 것들을 구체적으로 적습니다. 가정과 교회, 사회와 오늘의 세계에서 어떻게 말씀이 작동될 것인지 적고 실행합니다.

종의 아들도 네 씨니 내가 그로 한 민족
을 이루게 하리라 하신지라 14아브라함
이 아침에 일찍이 일어나 떡과 물 한 가
죽부대를 가져다가 하갈의 어깨에 메
워 주고 그 아이를 데리고 가게 하니 하
갈이 나가서 브엘세바 광야에서 방황
하더니 15가죽부대의 물이 떨어진지라
그 자식을 관목덤불 아래에 두고 16이
르되 아이가 죽는 것을 차마 보지 못하
겠다 하고 화살 한 바탕 거리 떨어져 마
주 앉아 바라보며 소리 내어 우니 17하
나님이 그 어린 아이의 소리를 들으셨
으므로 하나님의 사자가 하늘에서부터
하갈을 불러 이르시되 하갈아 무슨 일
이냐 두려워하지 말라 하나님이 저기
있는 아이의 소리를 들으셨나니 18일어
나 아이를 일으켜 네 손으로 붙들라 그
가 큰 민족을 이루게 하리라 하시니라
19하나님이 하갈의 눈을 밝히셨으므로
샘물을 보고 가서 가죽부대에 물을 채
워다가 그 아이에게 마시게 하였더라
20하나님이 그 아이와 함께 계시매 그
가 장성하여 광야에서 거주하며 활 쏘
는 자가 되었더니 21그가 바란 광야에
거주할 때에 그의 어머니가 그를 위하
여 애굽 땅에서 아내를 얻어 주었더라

22그 때에 아비멜렉과 그 군대 장관
비골이 아브라함에게 말하여 이르되
네가 무슨 일을 하든지 하나님이 너와
함께 계시도다 23그런즉 너는 나와 내
아들과 내 손자에게 거짓되이 행하지
아니하기를 이제 여기서 하나님을 가
리켜 내게 맹세하라 내가 네게 후대한
대로 너도 나와 네가 머무는 이 땅에 행
할 것이니라 24아브라함이 이르되 내
가 맹세하리라 하고 25아비멜렉의 종
들이 아브라함의 우물을 빼앗은 일에
관하여 아브라함이 아비멜렉을 책망하
매 26아비멜렉이 이르되 누가 그리하였
는지 내가 알지 못하노라 너도 내게 알
리지 아니하였고 나도 듣지 못하였더
니 오늘에야 들었노라 27아브라함이 양
과 소를 가져다가 아비멜렉에게 주고
두 사람이 서로 언약을 세우니라 28아
브라함이 일곱 암양 새끼를 따로 놓으
니 29아비멜렉이 아브라함에게 이르되
이 일곱 암양 새끼를 따로 놓음은 어찜
이냐 30아브라함이 이르되 너는 내 손
에서 이 암양 새끼 일곱을 받아 내가 이
우물 판 증거를 삼으라 하고 31두 사람
이 거기서 서로 맹세하였으므로 그 곳
을 브엘세바라 이름하였더라 32그들이
브엘세바에서 언약을 세우매 아비멜렉
과 그 군대 장관 비골은 떠나 블레셋 사
람의 땅으로 돌아갔고 33아브라함은 브
엘세바에 에셀 나무를 심고 거기서 영
원하신 하나님 여호와의 이름을 불렀
으며 34그가 블레셋 사람의 땅에서 여
러 날을 지냈더라

창세기 22장

1그 일 후에 하나님이 아브라함을 시
험하시려고 그를 부르시되 아브라함아
하시니 그가 이르되 내가 여기 있나이
다 2여호와께서 이르시되 네 아들 네 사

☐ 비움

침묵으로 기도하며 나를 비웁니다. 성령의 임재를 구하며, 죄를 회개하며, 마음의 걱정이나 복잡한 생각을 내려놓습니다. 삼위일체 하나님께 가는 길이 다시금 열립니다.

■ 채움

말씀이 나를 가득 채웁니다. 성령의 이끄심에 따라 본문을 관찰하며 깨닫고, 그것을 내 마음에 새겨 내 삶과 세계에 연결합니다. 묵상한 말씀이 삶이 되도록 기도합니다.

나눔

말씀대로 살아갑니다. 오늘 그리고 앞으로 내가 실천할 것들을 구체적으로 적습니다. 가정과 교회, 사회와 오늘의 세계에서 어떻게 말씀이 작동될 것인지 적고 실행합니다.

랑하는 독자 이삭을 데리고 모리아 땅
으로 가서 내가 네게 일러 준 한 산 거
기서 그를 번제로 드리라 3아브라함이
아침에 일찍이 일어나 나귀에 안장을
지우고 두 종과 그의 아들 이삭을 데
리고 번제에 쓸 나무를 쪼개어 가지고
떠나 하나님이 자기에게 일러 주신 곳
으로 가더니 4제삼일에 아브라함이 눈
을 들어 그 곳을 멀리 바라본지라 5이
에 아브라함이 종들에게 이르되 너희
는 나귀와 함께 여기서 기다리라 내가
아이와 함께 저기 가서 예배하고 우리
가 너희에게로 돌아오리라 하고 6아브
라함이 이에 번제 나무를 가져다가 그
의 아들 이삭에게 지우고 자기는 불과
칼을 손에 들고 두 사람이 동행하더니
7이삭이 그 아버지 아브라함에게 말하
여 이르되 내 아버지여 하니 그가 이르
되 내 아들아 내가 여기 있노라 이삭
이 이르되 불과 나무는 있거니와 번제
할 어린 양은 어디 있나이까 8아브라함
이 이르되 내 아들아 번제할 어린 양은
하나님이 자기를 위하여 친히 준비하
시리라 하고 두 사람이 함께 나아가서
9하나님이 그에게 일러 주신 곳에 이른
지라 이에 아브라함이 그 곳에 제단을
쌓고 나무를 벌여 놓고 그의 아들 이삭
을 결박하여 제단 나무 위에 놓고 10손
을 내밀어 칼을 잡고 그 아들을 잡으려
하니 11여호와의 사자가 하늘에서부터
그를 불러 이르시되 아브라함아 아브
라함아 하시는지라 아브라함이 이르되
내가 여기 있나이다 하매 12사자가 이
르시되 그 아이에게 네 손을 대지 말라
그에게 아무 일도 하지 말라 네가 네 아
들 네 독자까지도 내게 아끼지 아니하
였으니 내가 이제야 네가 하나님을 경
외하는 줄을 아노라 13아브라함이 눈을
들어 살펴본즉 한 숫양이 뒤에 있는데
뿔이 수풀에 걸려 있는지라 아브라함
이 가서 그 숫양을 가져다가 아들을 대
신하여 번제로 드렸더라 14아브라함이
그 땅 이름을 여호와 이레라 하였으므
로 오늘날까지 사람들이 이르기를 여
호와의 산에서 준비되리라 하더라 15여
호와의 사자가 하늘에서부터 두 번째
아브라함을 불러 16이르시되 여호와께
서 이르시기를 내가 나를 가리켜 맹세
하노니 네가 이같이 행하여 네 아들 네
독자도 아끼지 아니하였은즉 17내가 네
게 큰 복을 주고 네 씨가 크게 번성하여
하늘의 별과 같고 바닷가의 모래와 같
게 하리니 네 씨가 그 대적의 성문을 차
지하리라 18또 네 씨로 말미암아 천하
만민이 복을 받으리니 이는 네가 나의
말을 준행하였음이니라 하셨다 하니라
19이에 아브라함이 그의 종들에게로 돌
아가서 함께 떠나 브엘세바에 이르러
거기 거주하였더라

20이 일 후에 어떤 사람이 아브라함
에게 알리어 이르기를 밀가가 당신의
형제 나홀에게 자녀를 낳았다 하였더
라 21그의 맏아들은 우스요 우스의 형
제는 부스와 아람의 아버지 그므엘과
22게셋과 하소와 빌다스와 이들랍과 브

비움

침묵으로 기도하며 나를 비웁니다. 성령의 임재를 구하며, 죄를 회개하며, 마음의 걱정이나 복잡한 생각을 내려놓습니다. 삼위일체 하나님께 가는 길이 다시금 열립니다.

채움

말씀이 나를 가득 채웁니다. 성령의 이끄심에 따라 본문을 관찰하며 깨닫고, 그것을 내 마음에 새겨 내 삶과 세계에 연결합니다. 묵상한 말씀이 삶이 되도록 기도합니다.

나눔

말씀대로 살아갑니다. 오늘 그리고 앞으로 내가 실천할 것들을 구체적으로 적습니다. 가정과 교회, 사회와 오늘의 세계에서 어떻게 말씀이 작동될 것인지 적고 실행합니다.

두엘이라 23이 여덟 사람은 아브라함의
형제 나홀의 아내 밀가의 소생이며 브
두엘은 리브가를 낳았고 24나홀의 첩
르우마라 하는 자도 데바와 가함과 다
하스와 마아가를 낳았더라

창세기 23장

1사라가 백이십칠 세를 살았으니 이
것이 곧 사라가 누린 햇수라 2사라가 가
나안 땅 헤브론 곧 기럇아르바에서 죽
으매 아브라함이 들어가서 사라를 위
하여 슬퍼하며 애통하다가 3그 시신 앞
에서 일어나 나가서 헷 족속에게 말하
여 이르되 4나는 당신들 중에 나그네요
거류하는 자이니 당신들 중에서 내게
매장할 소유지를 주어 내가 나의 죽은
자를 내 앞에서 내어다가 장사하게 하
시오 5헷 족속이 아브라함에게 대답하
여 이르되 6내 주여 들으소서 당신은 우
리 가운데 있는 하나님이 세우신 지도
자이시니 우리 묘실 중에서 좋은 것을
택하여 당신의 죽은 자를 장사하소서
우리 중에서 자기 묘실에 당신의 죽은
자 장사함을 금할 자가 없으리이다 7아
브라함이 일어나 그 땅 주민 헷 족속을
향하여 몸을 굽히고 8그들에게 말하여
이르되 나로 나의 죽은 자를 내 앞에서
내어다가 장사하게 하는 일이 당신들
의 뜻일진대 내 말을 듣고 나를 위하여
소할의 아들 에브론에게 구하여 9그가
그의 밭머리에 있는 그의 막벨라 굴을
내게 주도록 하되 충분한 대가를 받고
그 굴을 내게 주어 당신들 중에서 매장
할 소유지가 되게 하기를 원하노라 하
매 10에브론이 헷 족속 중에 앉아 있더
니 그가 헷 족속 곧 성문에 들어온 모
든 자가 듣는 데서 아브라함에게 대답
하여 이르되 11내 주여 그리 마시고 내
말을 들으소서 내가 그 밭을 당신에게
드리고 그 속의 굴도 내가 당신에게 드
리되 내가 내 동족 앞에서 당신에게 드
리오니 당신의 죽은 자를 장사하소서
12아브라함이 이에 그 땅의 백성 앞에
서 몸을 굽히고 13그 땅의 백성이 듣는
데서 에브론에게 말하여 이르되 당신
이 합당히 여기면 청하건대 내 말을 들
으시오 내가 그 밭 값을 당신에게 주리
니 당신은 내게서 받으시오 내가 나의
죽은 자를 거기 장사하겠노라 14에브론
이 아브라함에게 대답하여 이르되 15내
주여 내 말을 들으소서 땅 값은 은 사
백 세겔이나 그것이 나와 당신 사이에
무슨 문제가 되리이까 당신의 죽은 자
를 장사하소서 16아브라함이 에브론의
말을 따라 에브론이 헷 족속이 듣는 데
서 말한 대로 상인이 통용하는 은 사백
세겔을 달아 에브론에게 주었더니 17마
므레 앞 막벨라에 있는 에브론의 밭 곧
그 밭과 거기에 속한 굴과 그 밭과 그
주위에 둘린 모든 나무가 18성 문에 들
어온 모든 헷 족속이 보는 데서 아브라
함의 소유로 확정된지라 19그 후에 아
브라함이 그 아내 사라를 가나안 땅 마
므레 앞 막벨라 밭 굴에 장사하였더라
(마므레는 곧 헤브론이라) 20이와 같이
그 밭과 거기에 속한 굴이 헷 족속으로

비움

침묵으로 기도하며 나를 비웁니다. 성령의 임재를 구하며, 죄를 회개하며, 마음의 걱정이나 복잡한 생각을 내려놓습니다. 삼위일체 하나님께 가는 길이 다시금 열립니다.

채움

말씀이 나를 가득 채웁니다. 성령의 이끄심에 따라 본문을 관찰하며 깨닫고, 그것을 내 마음에 새겨 내 삶과 세계에 연결합니다. 묵상한 말씀이 삶이 되도록 기도합니다.

나눔

말씀대로 살아갑니다. 오늘 그리고 앞으로 내가 실천할 것들을 구체적으로 적습니다. 가정과 교회, 사회와 오늘의 세계에서 어떻게 말씀이 작동될 것인지 적고 실행합니다.

부터 아브라함이 매장할 소유지로 확
정되었더라

창세기 24장

1아브라함이 나이가 많아 늙었고 여
호와께서 그에게 범사에 복을 주셨더
라 2아브라함이 자기 집 모든 소유를 맡
은 늙은 종에게 이르되 청하건대 내 허
벅지 밑에 네 손을 넣으라 3내가 너에게
하늘의 하나님, 땅의 하나님이신 여호
와를 가리켜 맹세하게 하노니 너는 내
가 거주하는 이 지방 가나안 족속의 딸
중에서 내 아들을 위하여 아내를 택하
지 말고 4내 고향 내 족속에게로 가서
내 아들 이삭을 위하여 아내를 택하라
5종이 이르되 여자가 나를 따라 이 땅
으로 오려고 하지 아니하거든 내가 주
인의 아들을 주인이 나오신 땅으로 인
도하여 돌아가리이까 6아브라함이 그
에게 이르되 내 아들을 그리로 데리고
돌아가지 아니하도록 하라 7하늘의 하
나님 여호와께서 나를 내 아버지의 집
과 내 고향 땅에서 떠나게 하시고 내게
말씀하시며 내게 맹세하여 이르시기를
이 땅을 네 씨에게 주리라 하셨으니 그
가 그 사자를 너보다 앞서 보내실지라
네가 거기서 내 아들을 위하여 아내를
택할지니라 8만일 여자가 너를 따라 오
려고 하지 아니하면 나의 이 맹세가 너
와 상관이 없나니 오직 내 아들을 데리
고 그리로 가지 말지니라 9그 종이 이
에 그의 주인 아브라함의 허벅지 아래
에 손을 넣고 이 일에 대하여 그에게 맹
세하였더라

10이에 종이 그 주인의 낙타 중 열 필
을 끌고 떠났는데 곧 그의 주인의 모든
좋은 것을 가지고 떠나 메소보다미아
로 가서 나홀의 성에 이르러 11그 낙타
를 성 밖 우물 곁에 꿇렸으니 저녁 때라
여인들이 물을 길으러 나올 때였더라
12그가 이르되 우리 주인 아브라함의
하나님 여호와여 원하건대 오늘 나에
게 순조롭게 만나게 하사 내 주인 아브
라함에게 은혜를 베푸시옵소서 13성 중
사람의 딸들이 물 길으러 나오겠사오
니 내가 우물 곁에 서 있다가 14한 소녀
에게 이르기를 청하건대 너는 물동이
를 기울여 나로 마시게 하라 하리니 그
의 대답이 마시라 내가 당신의 낙타에
게도 마시게 하리라 하면 그는 주께서
주의 종 이삭을 위하여 정하신 자라 이
로 말미암아 주께서 내 주인에게 은혜
베푸심을 내가 알겠나이다 15말을 마치
기도 전에 리브가가 물동이를 어깨에
메고 나오니 그는 아브라함의 동생 나
홀의 아내 밀가의 아들 브두엘의 소생
이라 16그 소녀는 보기에 심히 아리땁
고 지금까지 남자가 가까이 하지 아니
한 처녀더라 그가 우물로 내려가서 물
을 그 물동이에 채워가지고 올라오는
지라 17종이 마주 달려가서 이르되 청
하건대 네 물동이의 물을 내게 조금 마
시게 하라 18그가 이르되 내 주여 마시
소서 하며 급히 그 물동이를 손에 내려
마시게 하고 19마시게 하기를 다하고

☐ 비움

침묵으로 기도하며 나를 비웁니다. 성령의 임재를 구하며, 죄를 회개하며, 마음의 걱정이나 복잡한 생각을 내려놓습니다. 삼위일체 하나님께 가는 길이 다시금 열립니다.

■ 채움

말씀이 나를 가득 채웁니다. 성령의 이끄심에 따라 본문을 관찰하며 깨닫고, 그것을 내 마음에 새겨 내 삶과 세계에 연결합니다. 묵상한 말씀이 삶이 되도록 기도합니다.

▦ 나눔

말씀대로 살아갑니다. 오늘 그리고 앞으로 내가 실천할 것들을 구체적으로 적습니다. 가정과 교회, 사회와 오늘의 세계에서 어떻게 말씀이 작동될 것인지 적고 실행합니다.

이르되 당신의 낙타를 위하여서도 물
을 길어 그것들도 배불리 마시게 하리
이다 하고 20급히 물동이의 물을 구유
에 붓고 다시 길으려고 우물로 달려가
서 모든 낙타를 위하여 긷는지라 21그
사람이 그를 묵묵히 주목하며 여호와
께서 과연 평탄한 길을 주신 여부를 알
고자 하더니 22낙타가 마시기를 다하매
그가 반 세겔 무게의 금 코걸이 한 개와
열 세겔 무게의 금 손목고리 한 쌍을 그
에게 주며 23이르되 네가 누구의 딸이
냐 청하건대 내게 말하라 네 아버지의
집에 우리가 유숙할 곳이 있느냐 24그
여자가 그에게 이르되 나는 밀가가 나
홀에게서 낳은 아들 브두엘의 딸이니
이다 25또 이르되 우리에게 짚과 사료
가 족하며 유숙할 곳도 있나이다 26이
에 그 사람이 머리를 숙여 여호와께 경
배하고 27이르되 나의 주인 아브라함
의 하나님 여호와를 찬송하나이다 나
의 주인에게 주의 사랑과 성실을 그치
지 아니하셨사오며 여호와께서 길에서
나를 인도하사 내 주인의 동생 집에 이
르게 하셨나이다 하니라

28소녀가 달려가서 이 일을 어머니
집에 알렸더니 29리브가에게 오라버니
가 있어 그의 이름은 라반이라 그가 우
물로 달려가 그 사람에게 이르러 30그
의 누이의 코걸이와 그 손의 손목고리
를 보고 또 그의 누이 리브가가 그 사람
이 자기에게 이같이 말하더라 함을 듣
고 그 사람에게로 나아감이라 그 때에
그가 우물가 낙타 곁에 서 있더라 31라
반이 이르되 여호와께 복을 받은 자여
들어오소서 어찌 밖에 서 있나이까 내
가 방과 낙타의 처소를 준비하였나이
다 32그 사람이 그 집으로 들어가매 라
반이 낙타의 짐을 부리고 짚과 사료를
낙타에게 주고 그 사람의 발과 그의 동
행자들의 발 씻을 물을 주고 33그 앞에
음식을 베푸니 그 사람이 이르되 내가
내 일을 진술하기 전에는 먹지 아니하
겠나이다 라반이 이르되 말하소서 34그
가 이르되 나는 아브라함의 종이니이
다 35여호와께서 나의 주인에게 크게
복을 주시어 창성하게 하시되 소와 양
과 은금과 종들과 낙타와 나귀를 그에
게 주셨고 36나의 주인의 아내 사라가
노년에 나의 주인에게 아들을 낳으매
주인이 그의 모든 소유를 그 아들에게
주었나이다 37나의 주인이 나에게 맹세
하게 하여 이르되 너는 내 아들을 위하
여 내가 사는 땅 가나안 족속의 딸들 중
에서 아내를 택하지 말고 38내 아버지
의 집, 내 족속에게로 가서 내 아들을
위하여 아내를 택하라 하시기로 39내가
내 주인에게 여쭈되 혹 여자가 나를 따
르지 아니하면 어찌하리이까 한즉 40주
인이 내게 이르되 내가 섬기는 여호와
께서 그의 사자를 너와 함께 보내어 네
게 평탄한 길을 주시리니 너는 내 족
속 중 내 아버지 집에서 내 아들을 위
하여 아내를 택할 것이니라 41네가 내
족속에게 이를 때에는 네가 내 맹세와
상관이 없으리라 만일 그들이 네게 주

□ 비움

침묵으로 기도하며 나를 비웁니다. 성령의 임재를 구하며, 죄를 회개하며, 마음의 걱정이나 복잡한 생각을 내려놓습니다. 삼위일체 하나님께 가는 길이 다시금 열립니다.

■ 채움

말씀이 나를 가득 채웁니다. 성령의 이끄심에 따라 본문을 관찰하며 깨닫고, 그것을 내 마음에 새겨 내 삶과 세계에 연결합니다. 묵상한 말씀이 삶이 되도록 기도합니다.

나눔

말씀대로 살아갑니다. 오늘 그리고 앞으로 내가 실천할 것들을 구체적으로 적습니다. 가정과 교회, 사회와 오늘의 세계에서 어떻게 말씀이 작동될 것인지 적고 실행합니다.

지 아니할지라도 네가 내 맹세와 상관
이 없으리라 하시기로 42내가 오늘 우
물에 이르러 말하기를 내 주인 아브라
함의 하나님 여호와여 만일 내가 행하
는 길에 형통함을 주실진대 43내가 이
우물 곁에 서 있다가 젊은 여자가 물
을 길으러 오거든 내가 그에게 청하기
를 너는 물동이의 물을 내게 조금 마시
게 하라 하여 44그의 대답이 당신은 마
시라 내가 또 당신의 낙타를 위하여도
길으리라 하면 그 여자는 여호와께서
내 주인의 아들을 위하여 정하여 주신
자가 되리이다 하며 45내가 마음속으
로 말하기를 마치기도 전에 리브가가
물동이를 어깨에 메고 나와서 우물로
내려와 긷기로 내가 그에게 이르기를
청하건대 내게 마시게 하라 한즉 46그
가 급히 물동이를 어깨에서 내리며 이
르되 마시라 내가 당신의 낙타에게도
마시게 하리라 하기로 내가 마시매 그
가 또 낙타에게도 마시게 한지라 47내
가 그에게 묻기를 네가 뉘 딸이냐 한즉
이르되 밀가가 나홀에게서 낳은 브두
엘의 딸이라 하기로 내가 코걸이를 그
코에 꿰고 손목고리를 그 손에 끼우고
48내 주인 아브라함의 하나님 여호와께
서 나를 바른 길로 인도하사 나의 주인
의 동생의 딸을 그의 아들을 위하여 택
하게 하셨으므로 내가 머리를 숙여 그
에게 경배하고 찬송하였나이다 49이제
당신들이 인자함과 진실함으로 내 주
인을 대접하려거든 내게 알게 해 주시
고 그렇지 아니할지라도 내게 알게 해
주셔서 내가 우로든지 좌로든지 행하
게 하소서

50라반과 브두엘이 대답하여 이르되
이 일이 여호와께로 말미암았으니 우
리는 가부를 말할 수 없노라 51리브가
가 당신 앞에 있으니 데리고 가서 여호
와의 명령대로 그를 당신의 주인의 아
들의 아내가 되게 하라 52아브라함의
종이 그들의 말을 듣고 땅에 엎드려 여
호와께 절하고 53은금 패물과 의복을
꺼내어 리브가에게 주고 그의 오라버
니와 어머니에게도 보물을 주니라 54이
에 그들 곧 종과 동행자들이 먹고 마시
고 유숙하고 아침에 일어나서 그가 이
르되 나를 보내어 내 주인에게로 돌아
가게 하소서 55리브가의 오라버니와 그
의 어머니가 이르되 이 아이로 하여금
며칠 또는 열흘을 우리와 함께 머물게
하라 그 후에 그가 갈 것이니라 56그 사
람이 그들에게 이르되 나를 만류하지
마소서 여호와께서 내게 형통한 길을
주셨으니 나를 보내어 내 주인에게로
돌아가게 하소서 57그들이 이르되 우리
가 소녀를 불러 그에게 물으리라 하고
58리브가를 불러 그에게 이르되 네가
이 사람과 함께 가려느냐 그가 대답하
되 가겠나이다 59그들이 그 누이 리브
가와 그의 유모와 아브라함의 종과 그
동행자들을 보내며 60리브가에게 축복
하여 이르되 우리 누이여 너는 천만인
의 어머니가 될지어다 네 씨로 그 원수
의 성 문을 얻게 할지어다

비움

침묵으로 기도하며 나를 비웁니다. 성령의 임재를 구하며, 죄를 회개하며, 마음의 걱정이나 복잡한 생각을 내려놓습니다. 삼위일체 하나님께 가는 길이 다시금 열립니다.

채움

말씀이 나를 가득 채웁니다. 성령의 이끄심에 따라 본문을 관찰하며 깨닫고, 그것을 내 마음에 새겨 내 삶과 세계에 연결합니다. 묵상한 말씀이 삶이 되도록 기도합니다.

나눔

말씀대로 살아갑니다. 오늘 그리고 앞으로 내가 실천할 것들을 구체적으로 적습니다. 가정과 교회, 사회와 오늘의 세계에서 어떻게 말씀이 작동될 것인지 적고 실행합니다.

61 리브가가 일어나 여자 종들과 함께
낙타를 타고 그 사람을 따라가니 그 종
이 리브가를 데리고 가니라 62 그 때에
이삭이 브엘라해로이에서 왔으니 그가
네게브 지역에 거주하였음이라 63 이삭
이 저물 때에 들에 나가 묵상하다가 눈
을 들어 보매 낙타들이 오는지라 64 리
브가가 눈을 들어 이삭을 바라보고 낙
타에서 내려 65 종에게 말하되 들에서
배회하다가 우리에게로 마주 오는 자
가 누구냐 종이 이르되 이는 내 주인이
니이다 리브가가 너울을 가지고 자기
의 얼굴을 가리더라 66 종이 그 행한 일
을 다 이삭에게 아뢰매 67 이삭이 리브
가를 인도하여 그의 어머니 사라의 장
막으로 들이고 그를 맞이하여 아내로
삼고 사랑하였으니 이삭이 그의 어머
니를 장례한 후에 위로를 얻었더라

창세기 25장

1 아브라함이 후처를 맞이하였으니
그의 이름은 그두라라 2 그가 시므란과
욕산과 므단과 미디안과 이스박과 수
아를 낳고 3 욕산은 스바와 드단을 낳았
으며 드단의 자손은 앗수르 족속과 르
두시 족속과 르움미 족속이며 4 미디안
의 아들은 에바와 에벨과 하녹과 아비
다와 엘다아이니 다 그두라의 자손이
었더라 5 아브라함이 이삭에게 자기의
모든 소유를 주었고 6 자기 서자들에게
도 재산을 주어 자기 생전에 그들로 하
여금 자기 아들 이삭을 떠나 동방 곧 동
쪽 땅으로 가게 하였더라 7 아브라함의
향년이 백칠십오 세라 8 그의 나이가 높
고 늙어서 기운이 다하여 죽어 자기 열
조에게로 돌아가매 9 그의 아들들인 이
삭과 이스마엘이 그를 마므레 앞 헷 족
속 소할의 아들 에브론의 밭에 있는 막
벨라 굴에 장사하였으니 10 이것은 아브
라함이 헷 족속에게서 산 밭이라 아브
라함과 그의 아내 사라가 거기 장사되
니라 11 아브라함이 죽은 후에 하나님이
그의 아들 이삭에게 복을 주셨고 이삭
은 브엘라해로이 근처에 거주하였더라

12 사라의 여종 애굽인 하갈이 아브라
함에게 낳은 아들 이스마엘의 족보는
이러하고 13 이스마엘의 아들들의 이름
은 그 이름과 그 세대대로 이와 같으니
라 이스마엘의 장자는 느바욧이요 그
다음은 게달과 앗브엘과 밉삼과 14 미
스마와 두마와 맛사와 15 하닷과 데마와
여둘과 나비스와 게드마니 16 이들은 이
스마엘의 아들들이요 그 촌과 부락대
로 된 이름이며 그 족속대로는 열두 지
도자들이었더라 17 이스마엘은 향년이
백삼십칠 세에 기운이 다하여 죽어 자
기 백성에게로 돌아갔고 18 그 자손들은
하윌라에서부터 앗수르로 통하는 애굽
앞 술까지 이르러 그 모든 형제의 맞은
편에 거주하였더라

☐ 비움

침묵으로 기도하며 나를 비웁니다. 성령의 임재를 구하며, 죄를 회개하며, 마음의 걱정이나 복잡한 생각을 내려놓습니다. 삼위일체 하나님께 가는 길이 다시금 열립니다.

■ 채움

말씀이 나를 가득 채웁니다. 성령의 이끄심에 따라 본문을 관찰하며 깨닫고, 그것을 내 마음에 새겨 내 삶과 세계에 연결합니다. 묵상한 말씀이 삶이 되도록 기도합니다.

■ 나눔

말씀대로 살아갑니다. 오늘 그리고 앞으로 내가 실천할 것들을 구체적으로 적습니다. 가정과 교회, 사회와 오늘의 세계에서 어떻게 말씀이 작동될 것인지 적고 실행합니다.

ㅇㅁㅅ메줄
동 네 세 메 줄

동네세메줄성경 1

3

창세기

25장 19절-36장 43절

창세기 25장

19아브라함의 아들 이삭의 족보는 이
러하니라 아브라함이 이삭을 낳았고
20이삭은 사십 세에 리브가를 맞이하여
아내를 삼았으니 리브가는 밧단 아람
의 아람 족속 중 브두엘의 딸이요 아람
족속 중 라반의 누이였더라 21이삭이
그의 아내가 임신하지 못하므로 그를
위하여 여호와께 간구하매 여호와께서
그의 간구를 들으셨으므로 그의 아내
리브가가 임신하였더니 22그 아들들이
그의 태 속에서 서로 싸우는지라 그가
이르되 이럴 경우에는 내가 어찌할꼬
하고 가서 여호와께 묻자온대 23여호와
께서 그에게 이르시되

> 두 국민이 네 태중에 있구나 두 민족
> 이 네 복중에서부터 나누이리라 이
> 족속이 저 족속보다 강하겠고 큰 자
> 가 어린 자를 섬기리라

하셨더라 24그 해산 기한이 찬즉 태에
쌍둥이가 있었는데 25먼저 나온 자는
붉고 전신이 털옷 같아서 이름을 에서
라 하였고 26후에 나온 아우는 손으로
에서의 발꿈치를 잡았으므로 그 이름
을 야곱이라 하였으며 리브가가 그들
을 낳을 때에 이삭이 육십 세였더라

27그 아이들이 장성하매 에서는 익숙
한 사냥꾼이었으므로 들사람이 되고 야
곱은 조용한 사람이었으므로 장막에 거
주하니 28이삭은 에서가 사냥한 고기를
좋아하므로 그를 사랑하고 리브가는 야
곱을 사랑하였더라 29야곱이 죽을 쑤었
더니 에서가 들에서 돌아와서 심히 피
곤하여 30야곱에게 이르되 내가 피곤하
니 그 붉은 것을 내가 먹게 하라 한지
라 그러므로 에서의 별명은 에돔이더
라 31야곱이 이르되 형의 장자의 명분
을 오늘 내게 팔라 32에서가 이르되 내
가 죽게 되었으니 이 장자의 명분이 내
게 무엇이 유익하리요 33야곱이 이르되
오늘 내게 맹세하라 에서가 맹세하고
장자의 명분을 야곱에게 판지라 34야
곱이 떡과 팥죽을 에서에게 주매 에서
가 먹으며 마시고 일어나 갔으니 에서
가 장자의 명분을 가볍게 여김이었더라

창세기 26장

1아브라함 때에 첫 흉년이 들었더니
그 땅에 또 흉년이 들매 이삭이 그랄로
가서 블레셋 왕 아비멜렉에게 이르렀
더니 2여호와께서 이삭에게 나타나 이
르시되 애굽으로 내려가지 말고 내가
네게 지시하는 땅에 거주하라 3이 땅에
거류하면 내가 너와 함께 있어 네게 복
을 주고 내가 이 모든 땅을 너와 네 자
손에게 주리라 내가 네 아버지 아브라
함에게 맹세한 것을 이루어 4네 자손을
하늘의 별과 같이 번성하게 하며 이 모
든 땅을 네 자손에게 주리니 네 자손으
로 말미암아 천하 만민이 복을 받으리
라 5이는 아브라함이 내 말을 순종하고
내 명령과 내 계명과 내 율례와 내 법
도를 지켰음이라 하시니라 6이삭이 그
랄에 거주하였더니 7그 곳 사람들이 그
의 아내에 대하여 물으매 그가 말하기

☐ 비움

침묵으로 기도하며 나를 비웁니다. 성령의 임재를 구하며, 죄를 회개하며, 마음의 걱정이나 복잡한 생각을 내려놓습니다. 삼위일체 하나님께 가는 길이 다시금 열립니다.

■ 채움

말씀이 나를 가득 채웁니다. 성령의 이끄심에 따라 본문을 관찰하며 깨닫고, 그것을 내 마음에 새겨 내 삶과 세계에 연결합니다. 묵상한 말씀이 삶이 되도록 기도합니다.

나눔

말씀대로 살아갑니다. 오늘 그리고 앞으로 내가 실천할 것들을 구체적으로 적습니다. 가정과 교회, 사회와 오늘의 세계에서 어떻게 말씀이 작동될 것인지 적고 실행합니다.

를 그는 내 누이라 하였으니 리브가는
보기에 아리따우므로 그 곳 백성이 리
브가로 말미암아 자기를 죽일까 하여
그는 내 아내라 하기를 두려워함이었
더라 8이삭이 거기 오래 거주하였더니
이삭이 그 아내 리브가를 껴안은 것을
블레셋 왕 아비멜렉이 창으로 내다본
지라 9이에 아비멜렉이 이삭을 불러 이
르되 그가 분명히 네 아내거늘 어찌 네
누이라 하였느냐 이삭이 그에게 대답
하되 내 생각에 그로 말미암아 내가 죽
게 될까 두려워하였음이로라 10아비멜
렉이 이르되 네가 어찌 우리에게 이렇
게 행하였느냐 백성 중 하나가 네 아내
와 동침할 뻔하였도다 네가 죄를 우리
에게 입혔으리라 11아비멜렉이 이에 모
든 백성에게 명하여 이르되 이 사람이
나 그의 아내를 범하는 자는 죽이리라
하였더라

12이삭이 그 땅에서 농사하여 그 해
에 백 배나 얻었고 여호와께서 복을 주
시므로 13그 사람이 창대하고 왕성하여
마침내 거부가 되어 14양과 소가 떼를
이루고 종이 심히 많으므로 블레셋 사
람이 그를 시기하여 15그 아버지 아브
라함 때에 그 아버지의 종들이 판 모든
우물을 막고 흙으로 메웠더라 16아비멜
렉이 이삭에게 이르되 네가 우리보다
크게 강성한즉 우리를 떠나라 17이삭이
그 곳을 떠나 그랄 골짜기에 장막을 치
고 거기 거류하며 18그 아버지 아브라
함 때에 팠던 우물들을 다시 팠으니 이
는 아브라함이 죽은 후에 블레셋 사람
이 그 우물들을 메웠음이라 이삭이 그
우물들의 이름을 그의 아버지가 부르
던 이름으로 불렀더라 19이삭의 종들
이 골짜기를 파서 샘 근원을 얻었더니
20그랄 목자들이 이삭의 목자와 다투어
이르되 이 물은 우리의 것이라 하매 이
삭이 그 다툼으로 말미암아 그 우물 이
름을 에섹이라 하였으며 21또 다른 우
물을 팠더니 그들이 또 다투므로 그 이
름을 싯나라 하였으며 22이삭이 거기서
옮겨 다른 우물을 팠더니 그들이 다투
지 아니하였으므로 그 이름을 르호봇
이라 하여 이르되 이제는 여호와께서
우리를 위하여 넓게 하셨으니 이 땅에
서 우리가 번성하리로다 하였더라

23이삭이 거기서부터 브엘세바로 올
라갔더니 24그 밤에 여호와께서 그에게
나타나 이르시되 나는 네 아버지 아브
라함의 하나님이니 두려워하지 말라
내 종 아브라함을 위하여 내가 너와 함
께 있어 네게 복을 주어 네 자손이 번성
하게 하리라 하신지라 25이삭이 그 곳
에 제단을 쌓고, 여호와의 이름을 부르
며 거기 장막을 쳤더니 이삭의 종들이
거기서도 우물을 팠더라

26아비멜렉이 그 친구 아훗삿과 군
대 장관 비골과 더불어 그랄에서부터
이삭에게로 온지라 27이삭이 그들에게
이르되 너희가 나를 미워하여 나에게
너희를 떠나게 하였거늘 어찌하여 내

☐ 비움

침묵으로 기도하며 나를 비웁니다. 성령의 임재를 구하며, 죄를 회개하며, 마음의 걱정이나 복잡한 생각을 내려놓습니다. 삼위일체 하나님께 가는 길이 다시금 열립니다.

채움

말씀이 나를 가득 채웁니다. 성령의 이끄심에 따라 본문을 관찰하며 깨닫고, 그것을 내 마음에 새겨 내 삶과 세계에 연결합니다. 묵상한 말씀이 삶이 되도록 기도합니다.

나눔

말씀대로 살아갑니다. 오늘 그리고 앞으로 내가 실천할 것들을 구체적으로 적습니다. 가정과 교회, 사회와 오늘의 세계에서 어떻게 말씀이 작동될 것인지 적고 실행합니다.

게 왔느냐 28그들이 이르되 여호와께
서 너와 함께 계심을 우리가 분명히 보
았으므로 우리의 사이 곧 우리와 너 사
이에 맹세하여 너와 계약을 맺으리라
말하였노라 29너는 우리를 해하지 말
라 이는 우리가 너를 범하지 아니하고
선한 일만 네게 행하여 네가 평안히 가
게 하였음이니라 이제 너는 여호와께
복을 받은 자니라 30이삭이 그들을 위
하여 잔치를 베풀매 그들이 먹고 마시
고 31아침에 일찍이 일어나 서로 맹세
한 후에 이삭이 그들을 보내매 그들이
평안히 갔더라 32그 날에 이삭의 종들
이 자기들이 판 우물에 대하여 이삭에
게 와서 알리어 이르되 우리가 물을 얻
었나이다 하매 33그가 그 이름을 세바
라 한지라 그러므로 그 성읍 이름이 오
늘까지 브엘세바더라

34에서가 사십 세에 헷 족속 브에리
의 딸 유딧과 헷 족속 엘론의 딸 바스맛
을 아내로 맞이하였더니 35그들이 이삭
과 리브가의 마음에 근심이 되었더라

창세기 27장

1이삭이 나이가 많아 눈이 어두워 잘
보지 못하더니 맏아들 에서를 불러 이
르되 내 아들아 하매 그가 이르되 내가
여기 있나이다 하니 2이삭이 이르되 내
가 이제 늙어 어느 날 죽을는지 알지 못
하니 3그런즉 네 기구 곧 화살통과 활을
가지고 들에 가서 나를 위하여 사냥하
여 4내가 즐기는 별미를 만들어 내게로
가져와서 먹게 하여 내가 죽기 전에 내
마음껏 네게 축복하게 하라

5이삭이 그의 아들 에서에게 말할 때
에 리브가가 들었더니 에서가 사냥하
여 오려고 들로 나가매 6리브가가 그의
아들 야곱에게 말하여 이르되 네 아버
지가 네 형 에서에게 말씀하시는 것을
내가 들으니 이르시기를 7나를 위하여
사냥하여 가져다가 별미를 만들어 내
가 먹게 하여 죽기 전에 여호와 앞에서
네게 축복하게 하라 하셨으니 8그런즉
내 아들아 내 말을 따라 내가 네게 명
하는 대로 9염소 떼에 가서 거기서 좋
은 염소 새끼 두 마리를 내게로 가져오
면 내가 그것으로 네 아버지를 위하여
그가 즐기시는 별미를 만들리니 10네가
그것을 네 아버지께 가져다 드려서 그
가 죽기 전에 네게 축복하기 위하여 잡
수시게 하라 11야곱이 그 어머니 리브
가에게 이르되 내 형 에서는 털이 많은
사람이요 나는 매끈매끈한 사람인즉
12아버지께서 나를 만지실진대 내가 아
버지의 눈에 속이는 자로 보일지라 복
은 고사하고 저주를 받을까 하나이다
13어머니가 그에게 이르되 내 아들아
너의 저주는 내게로 돌리리니 내 말만
따르고 가서 가져오라 14그가 가서 끌
어다가 어머니에게로 가져왔더니 그의
어머니가 그의 아버지가 즐기는 별미
를 만들었더라 15리브가가 집 안 자기
에게 있는 그의 맏아들 에서의 좋은 의
복을 가져다가 그의 작은 아들 야곱에

☐ 비움

침묵으로 기도하며 나를 비웁니다. 성령의 임재를 구하며, 죄를 회개하며, 마음의 걱정이나 복잡한 생각을 내려놓습니다. 삼위일체 하나님께 가는 길이 다시금 열립니다.

■ 채움

말씀이 나를 가득 채웁니다. 성령의 이끄심에 따라 본문을 관찰하며 깨닫고, 그것을 내 마음에 새겨 내 삶과 세계에 연결합니다. 묵상한 말씀이 삶이 되도록 기도합니다.

나눔

말씀대로 살아갑니다. 오늘 그리고 앞으로 내가 실천할 것들을 구체적으로 적습니다. 가정과 교회, 사회와 오늘의 세계에서 어떻게 말씀이 작동될 것인지 적고 실행합니다.

게 입히고 16또 염소 새끼의 가죽을 그
의 손과 목의 매끈매끈한 곳에 입히고
17자기가 만든 별미와 떡을 자기 아들
야곱의 손에 주니 18야곱이 아버지에
게 나아가서 내 아버지여 하고 부르니
이르되 내가 여기 있노라 내 아들아 네
가 누구냐 19야곱이 아버지에게 대답하
되 나는 아버지의 맏아들 에서로소이
다 아버지께서 내게 명하신 대로 내가
하였사오니 원하건대 일어나 앉아서
내가 사냥한 고기를 잡수시고 아버지
마음껏 내게 축복하소서 20이삭이 그
의 아들에게 이르되 내 아들아 네가 어
떻게 이같이 속히 잡았느냐 그가 이르
되 아버지의 하나님 여호와께서 나로
순조롭게 만나게 하셨음이니이다 21이
삭이 야곱에게 이르되 내 아들아 가까
이 오라 네가 과연 내 아들 에서인지 아
닌지 내가 너를 만져보려 하노라 22야
곱이 그 아버지 이삭에게 가까이 가니
이삭이 만지며 이르되 음성은 야곱의
음성이나 손은 에서의 손이로다 하며
23그의 손이 형 에서의 손과 같이 털이
있으므로 분별하지 못하고 축복하였더
라 24이삭이 이르되 네가 참 내 아들 에
서냐 그가 대답하되 그러하니이다 25이
삭이 이르되 내게로 가져오라 내 아들
이 사냥한 고기를 먹고 내 마음껏 네게
축복하리라 야곱이 그에게로 가져가매
그가 먹고 또 포도주를 가져가매 그가
마시고 26그의 아버지 이삭이 그에게
이르되 내 아들아 가까이 와서 내게 입
맞추라 27그가 가까이 가서 그에게 입
맞추니 아버지가 그의 옷의 향취를 맡
고 그에게 축복하여 이르되

내 아들의 향취는 여호와께서 복 주
신 밭의 향취로다 28하나님은 하늘의
이슬과 땅의 기름짐이며 풍성한 곡식
과 포도주를 네게 주시기를 원하노라
29만민이 너를 섬기고 열국이 네게
굴복하리니 네가 형제들의 주가 되
고 네 어머니의 아들들이 네게 굴복
하며 너를 저주하는 자는 저주를 받
고 너를 축복하는 자는 복을 받기를
원하노라

30이삭이 야곱에게 축복하기를 마치매
야곱이 그의 아버지 이삭 앞에서 나가
자 곧 그의 형 에서가 사냥하여 돌아온
지라 31그가 별미를 만들어 아버지에게
로 가지고 가서 이르되 아버지여 일어
나서 아들이 사냥한 고기를 잡수시고
마음껏 내게 축복하소서 32그의 아버지
이삭이 그에게 이르되 너는 누구냐 그
가 대답하되 나는 아버지의 아들 곧 아
버지의 맏아들 에서로소이다 33이삭이
심히 크게 떨며 이르되 그러면 사냥한
고기를 내게 가져온 자가 누구냐 네가
오기 전에 내가 다 먹고 그를 위하여 축
복하였은즉 그가 반드시 복을 받을 것
이니라 34에서가 그의 아버지의 말을
듣고 소리 질러 슬피 울며 아버지에게
이르되 내 아버지여 내게 축복하소서
내게도 그리하소서 35이삭이 이르되 네
아우가 와서 속여 네 복을 빼앗았도다
36에서가 이르되 그의 이름을 야곱이라
함이 합당하지 아니하니이까 그가 나

☐ 비움

침묵으로 기도하며 나를 비웁니다. 성령의 임재를 구하며, 죄를 회개하며, 마음의 걱정이나 복잡한 생각을 내려놓습니다. 삼위일체 하나님께 가는 길이 다시금 열립니다.

■ 채움

말씀이 나를 가득 채웁니다. 성령의 이끄심에 따라 본문을 관찰하며 깨닫고, 그것을 내 마음에 새겨 내 삶과 세계에 연결합니다. 묵상한 말씀이 삶이 되도록 기도합니다.

나눔

말씀대로 살아갑니다. 오늘 그리고 앞으로 내가 실천할 것들을 구체적으로 적습니다. 가정과 교회, 사회와 오늘의 세계에서 어떻게 말씀이 작동될 것인지 적고 실행합니다.

를 속임이 이것이 두 번째니이다 전에
는 나의 장자의 명분을 빼앗고 이제는
내 복을 빼앗았나이다 또 이르되 아버
지께서 나를 위하여 빌 복을 남기지 아
니하셨나이까 37이삭이 에서에게 대답
하여 이르되 내가 그를 너의 주로 세우
고 그의 모든 형제를 내가 그에게 종으
로 주었으며 곡식과 포도주를 그에게
주었으니 내 아들아 내가 네게 무엇을
할 수 있으랴 38에서가 아버지에게 이
르되 내 아버지여 아버지가 빌 복이 이
하나 뿐이리이까 내 아버지여 내게 축
복하소서 내게도 그리하소서 하고 소
리를 높여 우니 39그 아버지 이삭이 그
에게 대답하여 이르되

네 주소는 땅의 기름짐에서 멀고 내
리는 하늘 이슬에서 멀 것이며 40너
는 칼을 믿고 생활하겠고 네 아우를
섬길 것이며 네가 매임을 벗을 때에는
그 멍에를 네 목에서 떨쳐버리리라

하였더라 41그의 아버지가 야곱에게 축
복한 그 축복으로 말미암아 에서가 야
곱을 미워하여 심중에 이르기를 아버
지를 곡할 때가 가까웠은즉 내가 내 아
우 야곱을 죽이리라 하였더니 42맏아들
에서의 이 말이 리브가에게 들리매 이
에 사람을 보내어 작은 아들 야곱을 불
러 그에게 이르되 네 형 에서가 너를 죽
여 그 한을 풀려 하니 43내 아들아 내
말을 따라 일어나 하란으로 가서 내 오
라버니 라반에게로 피신하여 44네 형의
노가 풀리기까지 몇 날 동안 그와 함께
거주하라 45네 형의 분노가 풀려 네가
자기에게 행한 것을 잊어버리거든 내
가 곧 사람을 보내어 너를 거기서 불러
오리라 어찌 하루에 너희 둘을 잃으랴

46리브가가 이삭에게 이르되 내가 헷
사람의 딸들로 말미암아 내 삶이 싫어
졌거늘 야곱이 만일 이 땅의 딸들 곧 그
들과 같은 헷 사람의 딸들 중에서 아내
를 맞이하면 내 삶이 내게 무슨 재미가
있으리이까

창세기 28장

1이삭이 야곱을 불러 그에게 축복하고
또 당부하여 이르되 너는 가나안 사람
의 딸들 중에서 아내를 맞이하지 말고
2일어나 밧단아람으로 가서 네 외조부
브두엘의 집에 이르러 거기서 네 외삼
촌 라반의 딸 중에서 아내를 맞이하라
3전능하신 하나님이 네게 복을 주시어
네가 생육하고 번성하게 하여 네가 여
러 족속을 이루게 하시고 4아브라함에
게 허락하신 복을 네게 주시되 너와 너
와 함께 네 자손에게도 주사 하나님이
아브라함에게 주신 땅 곧 네가 거류하
는 땅을 네가 차지하게 하시기를 원하
노라 5이에 이삭이 야곱을 보내매 그가
밧단아람으로 가서 라반에게 이르렀으
니 라반은 아람 사람 브두엘의 아들이
요 야곱과 에서의 어머니 리브가의 오
라비더라

6에서가 본즉 이삭이 야곱에게 축복
하고 그를 밧단아람으로 보내어 거기
서 아내를 맞이하게 하였고 또 그에게

▢ 비움

침묵으로 기도하며 나를 비웁니다. 성령의 임재를 구하며, 죄를 회개하며, 마음의 걱정이나 복잡한 생각을 내려놓습니다. 삼위일체 하나님께 가는 길이 다시금 열립니다.

■ 채움

말씀이 나를 가득 채웁니다. 성령의 이끄심에 따라 본문을 관찰하며 깨닫고, 그것을 내 마음에 새겨 내 삶과 세계에 연결합니다. 묵상한 말씀이 삶이 되도록 기도합니다.

■ 나눔

말씀대로 살아갑니다. 오늘 그리고 앞으로 내가 실천할 것들을 구체적으로 적습니다. 가정과 교회, 사회와 오늘의 세계에서 어떻게 말씀이 작동될 것인지 적고 실행합니다.

축복하고 명하기를 너는 가나안 사람
의 딸들 중에서 아내를 맞이하지 말라
하였고 7또 야곱이 부모의 명을 따라 밧
단아람으로 갔으며 8에서가 또 본즉 가
나안 사람의 딸들이 그의 아버지 이삭
을 기쁘게 하지 못하는지라 9이에 에서
가 이스마엘에게 가서 그 본처들 외에
아브라함의 아들 이스마엘의 딸이요
느바욧의 누이인 마할랏을 아내로 맞
이하였더라

10야곱이 브엘세바에서 떠나 하란으
로 향하여 가더니 11한 곳에 이르러는
해가 진지라 거기서 유숙하려고 그 곳
의 한 돌을 가져다가 베개로 삼고 거
기 누워 자더니 12꿈에 본즉 사닥다리
가 땅 위에 서 있는데 그 꼭대기가 하
늘에 닿았고 또 본즉 하나님의 사자들
이 그 위에서 오르락내리락 하고 13또
본즉 여호와께서 그 위에 서서 이르시
되 나는 여호와니 너의 조부 아브라함
의 하나님이요 이삭의 하나님이라 네
가 누워 있는 땅을 내가 너와 네 자손에
게 주리니 14네 자손이 땅의 티끌 같이
되어 네가 서쪽과 동쪽과 북쪽과 남쪽
으로 퍼져나갈지며 땅의 모든 족속이
너와 네 자손으로 말미암아 복을 받으
리라 15내가 너와 함께 있어 네가 어디
로 가든지 너를 지키며 너를 이끌어 이
땅으로 돌아오게 할지라 내가 네게 허
락한 것을 다 이루기까지 너를 떠나지
아니하리라 하신지라 16야곱이 잠이 깨
어 이르되 여호와께서 과연 여기 계시
거늘 내가 알지 못하였도다 17이에 두
려워하여 이르되 두렵도다 이 곳이여
이것은 다름 아닌 하나님의 집이요 이
는 하늘의 문이로다 하고 18야곱이 아
침에 일찍이 일어나 베개로 삼았던 돌
을 가져다가 기둥으로 세우고 그 위에
기름을 붓고 19그 곳 이름을 벧엘이라
하였더라 이 성의 옛 이름은 루스더라
20야곱이 서원하여 이르되 하나님이 나
와 함께 계셔서 내가 가는 이 길에서 나
를 지키시고 먹을 떡과 입을 옷을 주시
어 21내가 평안히 아버지 집으로 돌아
가게 하시오면 여호와께서 나의 하나
님이 되실 것이요 22내가 기둥으로 세
운 이 돌이 하나님의 집이 될 것이요 하
나님께서 내게 주신 모든 것에서 십분
의 일을 내가 반드시 하나님께 드리겠
나이다 하였더라

창세기 29장

1야곱이 길을 떠나 동방 사람의 땅에
이르러 2본즉 들에 우물이 있고 그 곁
에 양 세 떼가 누워 있으니 이는 목자들
이 그 우물에서 양 떼에게 물을 먹임이
라 큰 돌로 우물 아귀를 덮었다가 3모
든 떼가 모이면 그들이 우물 아귀에서
돌을 옮기고 그 양 떼에게 물을 먹이고
는 우물 아귀 그 자리에 다시 그 돌을
덮더라 4야곱이 그들에게 이르되 내 형
제여 어디서 왔느냐 그들이 이르되 하
란에서 왔노라 5야곱이 그들에게 이르
되 너희가 나홀의 손자 라반을 아느냐
그들이 이르되 아노라 6야곱이 그들에

비움

침묵으로 기도하며 나를 비웁니다. 성령의 임재를 구하며, 죄를 회개하며, 마음의 걱정이나 복잡한 생각을 내려놓습니다. 삼위일체 하나님께 가는 길이 다시금 열립니다.

채움

말씀이 나를 가득 채웁니다. 성령의 이끄심에 따라 본문을 관찰하며 깨닫고, 그것을 내 마음에 새겨 내 삶과 세계에 연결합니다. 묵상한 말씀이 삶이 되도록 기도합니다.

나눔

말씀대로 살아갑니다. 오늘 그리고 앞으로 내가 실천할 것들을 구체적으로 적습니다. 가정과 교회, 사회와 오늘의 세계에서 어떻게 말씀이 작동될 것인지 적고 실행합니다.

게 이르되 그가 평안하냐 이르되 평안
하니라 그의 딸 라헬이 지금 양을 몰고
오느니라 [7]야곱이 이르되 해가 아직 높
은즉 가축 모일 때가 아니니 양에게 물
을 먹이고 가서 풀을 뜯게 하라 [8]그들
이 이르되 우리가 그리하지 못하겠노
라 떼가 다 모이고 목자들이 우물 아귀
에서 돌을 옮겨야 우리가 양에게 물을
먹이느니라 [9]야곱이 그들과 말하는 동
안에 라헬이 그의 아버지의 양과 함께
오니 그가 그의 양들을 치고 있었기 때
문이더라 [10]야곱이 그의 외삼촌 라반의
딸 라헬과 그의 외삼촌의 양을 보고 나
아가 우물 아귀에서 돌을 옮기고 외삼
촌 라반의 양 떼에게 물을 먹이고 [11]그
가 라헬에게 입맞추고 소리 내어 울며
[12]그에게 자기가 그의 아버지의 생질이
요 리브가의 아들 됨을 말하였더니 라
헬이 달려가서 그 아버지에게 알리매
[13]라반이 그의 생질 야곱의 소식을 듣
고 달려와서 그를 영접하여 안고 입맞
추며 자기 집으로 인도하여 들이니 야
곱이 자기의 모든 일을 라반에게 말하
매 [14]라반이 이르되 너는 참으로 내 혈
육이로다 하였더라 야곱이 한 달을 그
와 함께 거주하더니 [15]라반이 야곱에게
이르되 네가 비록 내 생질이나 어찌 그
저 내 일을 하겠느냐 네 품삯을 어떻게
할지 내게 말하라 [16]라반에게 두 딸이
있으니 언니의 이름은 레아요 아우의
이름은 라헬이라 [17]레아는 시력이 약
하고 라헬은 곱고 아리따우니 [18]야곱
이 라헬을 더 사랑하므로 대답하되 내
가 외삼촌의 작은 딸 라헬을 위하여 외
삼촌에게 칠 년을 섬기리이다 [19]라반이
이르되 그를 네게 주는 것이 타인에게
주는 것보다 나으니 나와 함께 있으라
[20]야곱이 라헬을 위하여 칠 년 동안 라
반을 섬겼으나 그를 사랑하는 까닭에
칠 년을 며칠 같이 여겼더라

[21]야곱이 라반에게 이르되 내 기한이
찼으니 내 아내를 내게 주소서 내가 그
에게 들어가겠나이다 [22]라반이 그 곳
사람을 다 모아 잔치하고 [23]저녁에 그
의 딸 레아를 야곱에게로 데려가매 야
곱이 그에게로 들어가니라 [24]라반이 또
그의 여종 실바를 그의 딸 레아에게 시
녀로 주었더라 [25]야곱이 아침에 보니
레아라 라반에게 이르되 외삼촌이 어
찌하여 내게 이같이 행하셨나이까 내
가 라헬을 위하여 외삼촌을 섬기지 아
니하였나이까 외삼촌이 나를 속이심은
어찌됨이니이까 [26]라반이 이르되 언니
보다 아우를 먼저 주는 것은 우리 지방
에서 하지 아니하는 바이라 [27]이를 위
하여 칠 일을 채우라 우리가 그도 네게
주리니 네가 또 나를 칠 년 동안 섬길지
니라 [28]야곱이 그대로 하여 그 칠 일을
채우매 라반이 딸 라헬도 그에게 아내
로 주고 [29]라반이 또 그의 여종 빌하를
그의 딸 라헬에게 주어 시녀가 되게 하
매 [30]야곱이 또한 라헬에게로 들어갔고
그가 레아보다 라헬을 더 사랑하여 다
시 칠 년 동안 라반을 섬겼더라

□ 비움

침묵으로 기도하며 나를 비웁니다. 성령의 임재를 구하며, 죄를 회개하며, 마음의 걱정이나 복잡한 생각을 내려놓습니다. 삼위일체 하나님께 가는 길이 다시금 열립니다.

■ 채움

말씀이 나를 가득 채웁니다. 성령의 이끄심에 따라 본문을 관찰하며 깨닫고, 그것을 내 마음에 새겨 내 삶과 세계에 연결합니다. 묵상한 말씀이 삶이 되도록 기도합니다.

나눔

말씀대로 살아갑니다. 오늘 그리고 앞으로 내가 실천할 것들을 구체적으로 적습니다. 가정과 교회, 사회와 오늘의 세계에서 어떻게 말씀이 작동될 것인지 적고 실행합니다.

31여호와께서 레아가 사랑 받지 못함
을 보시고 그의 태를 여셨으나 라헬은
자녀가 없었더라 32레아가 임신하여 아
들을 낳고 그 이름을 르우벤이라 하여
이르되 여호와께서 나의 괴로움을 돌
보셨으니 이제는 내 남편이 나를 사랑
하리로다 하였더라 33그가 다시 임신하
여 아들을 낳고 이르되 여호와께서 내
가 사랑 받지 못함을 들으셨으므로 내
게 이 아들도 주셨도다 하고 그의 이름
을 시므온이라 하였으며 34그가 또 임
신하여 아들을 낳고 이르되 내가 그에
게 세 아들을 낳았으니 내 남편이 지금
부터 나와 연합하리로다 하고 그의 이
름을 레위라 하였으며 35그가 또 임신
하여 아들을 낳고 이르되 내가 이제는
여호와를 찬송하리로다 하고 이로 말
미암아 그가 그의 이름을 유다라 하였
고 그의 출산이 멈추었더라

창세기 30장

1라헬이 자기가 야곱에게서 아들을 낳
지 못함을 보고 그의 언니를 시기하여
야곱에게 이르되 내게 자식을 낳게 하
라 그렇지 아니하면 내가 죽겠노라 2야
곱이 라헬에게 성을 내어 이르되 그대
를 임신하지 못하게 하시는 이는 하나
님이시니 내가 하나님을 대신하겠느냐
3라헬이 이르되 내 여종 빌하에게로 들
어가라 그가 아들을 낳아 내 무릎에 두
리니 그러면 나도 그로 말미암아 자식
을 얻겠노라 하고 4그의 시녀 빌하를
남편에게 아내로 주매 야곱이 그에게
로 들어갔더니 5빌하가 임신하여 야곱
에게 아들을 낳은지라 6라헬이 이르되
하나님이 내 억울함을 푸시려고 내 호
소를 들으사 내게 아들을 주셨다 하고
이로 말미암아 그의 이름을 단이라 하
였으며 7라헬의 시녀 빌하가 다시 임신
하여 둘째 아들을 야곱에게 낳으매 8라
헬이 이르되 내가 언니와 크게 경쟁하
여 이겼다 하고 그의 이름을 납달리라
하였더라

9레아가 자기의 출산이 멈춤을 보고
그의 시녀 실바를 데려다가 야곱에게
주어 아내로 삼게 하였더니 10레아의
시녀 실바가 야곱에게서 아들을 낳으
매 11레아가 이르되 복되도다 하고 그
의 이름을 갓이라 하였으며 12레아의
시녀 실바가 둘째 아들을 야곱에게 낳
으매 13레아가 이르되 기쁘도다 모든
딸들이 나를 기쁜 자라 하리로다 하고
그의 이름을 아셀이라 하였더라

14밀 거둘 때 르우벤이 나가서 들에
서 합환채를 얻어 그의 어머니 레아에
게 드렸더니 라헬이 레아에게 이르되
언니의 아들의 합환채를 청구하노라
15레아가 그에게 이르되 네가 내 남편
을 빼앗은 것이 작은 일이냐 그런데 네
가 내 아들의 합환채도 빼앗고자 하느
냐 라헬이 이르되 그러면 언니의 아들
의 합환채 대신에 오늘 밤에 내 남편이
언니와 동침하리라 하니라 16저물 때에
야곱이 들에서 돌아오매 레아가 나와
서 그를 영접하며 이르되 내게로 들어

비움

침묵으로 기도하며 나를 비웁니다. 성령의 임재를 구하며, 죄를 회개하며, 마음의 걱정이나 복잡한 생각을 내려놓습니다. 삼위일체 하나님께 가는 길이 다시금 열립니다.

채움

말씀이 나를 가득 채웁니다. 성령의 이끄심에 따라 본문을 관찰하며 깨닫고, 그것을 내 마음에 새겨 내 삶과 세계에 연결합니다. 묵상한 말씀이 삶이 되도록 기도합니다.

나눔

말씀대로 살아갑니다. 오늘 그리고 앞으로 내가 실천할 것들을 구체적으로 적습니다. 가정과 교회, 사회와 오늘의 세계에서 어떻게 말씀이 작동될 것인지 적고 실행합니다.

오라 내가 내 아들의 합환채로 당신을
샀노라 그 밤에 야곱이 그와 동침하였
더라 17하나님이 레아의 소원을 들으셨
으므로 그가 임신하여 다섯째 아들을
야곱에게 낳은지라 18레아가 이르되 내
가 내 시녀를 내 남편에게 주었으므로
하나님이 내게 그 값을 주셨다 하고 그
의 이름을 잇사갈이라 하였으며 19레아
가 다시 임신하여 여섯째 아들을 야곱
에게 낳은지라 20레아가 이르되 하나님
이 내게 후한 선물을 주시도다 내가 남
편에게 여섯 아들을 낳았으니 이제는
그가 나와 함께 살리라 하고 그의 이름
을 스불론이라 하였으며 21그 후에 그
가 딸을 낳고 그의 이름을 디나라 하였
더라 22하나님이 라헬을 생각하신지라
하나님이 그의 소원을 들으시고 그의
태를 여셨으므로 23그가 임신하여 아들
을 낳고 이르되 하나님이 내 부끄러움
을 씻으셨다 하고 24그 이름을 요셉이
라 하니 여호와는 다시 다른 아들을 내
게 더하시기를 원하노라 하였더라

25라헬이 요셉을 낳았을 때에 야곱이
라반에게 이르되 나를 보내어 내 고향
나의 땅으로 가게 하시되 26내가 외삼
촌에게서 일하고 얻은 처자를 내게 주
시어 나로 가게 하소서 내가 외삼촌에
게 한 일은 외삼촌이 아시나이다 27라
반이 그에게 이르되 여호와께서 너로
말미암아 내게 복 주신 줄을 내가 깨달
았노니 네가 나를 사랑스럽게 여기거
든 그대로 있으라 28또 이르되 네 품삯
을 정하라 내가 그것을 주리라 29야곱
이 그에게 이르되 내가 어떻게 외삼촌
을 섬겼는지, 어떻게 외삼촌의 가축을
쳤는지 외삼촌이 아시나이다 30내가 오
기 전에는 외삼촌의 소유가 적더니 번
성하여 떼를 이루었으니 내 발이 이르
는 곳마다 여호와께서 외삼촌에게 복
을 주셨나이다 그러나 나는 언제나 내
집을 세우리이까 31라반이 이르되 내가
무엇으로 네게 주랴 야곱이 이르되 외
삼촌께서 내게 아무것도 주시지 않아
도 나를 위하여 이 일을 행하시면 내가
다시 외삼촌의 양 떼를 먹이고 지키리
이다 32오늘 내가 외삼촌의 양 떼에 두
루 다니며 그 양 중에 아롱진 것과 점
있는 것과 검은 것을 가려내며 또 염소
중에 점 있는 것과 아롱진 것을 가려내
리니 이같은 것이 내 품삯이 되리이다
33후일에 외삼촌께서 오셔서 내 품삯을
조사하실 때에 나의 의가 내 대답이 되
리이다 내게 혹시 염소 중 아롱지지 아
니한 것이나 점이 없는 것이나 양 중에
검지 아니한 것이 있거든 다 도둑질한
것으로 인정하소서 34라반이 이르되 내
가 네 말대로 하리라 하고 35그 날에 그
가 숫염소 중 얼룩무늬 있는 것과 점 있
는 것을 가리고 암염소 중 흰 바탕에 아
롱진 것과 점 있는 것을 가리고 양 중
의 검은 것들을 가려 자기 아들들의 손
에 맡기고 36자기와 야곱의 사이를 사
흘 길이 뜨게 하였고 야곱은 라반의 남
은 양 떼를 치니라

☐ 비움

침묵으로 기도하며 나를 비웁니다. 성령의 임재를 구하며, 죄를 회개하며, 마음의 걱정이나 복잡한 생각을 내려놓습니다. 삼위일체 하나님께 가는 길이 다시금 열립니다.

■ 채움

말씀이 나를 가득 채웁니다. 성령의 이끄심에 따라 본문을 관찰하며 깨닫고, 그것을 내 마음에 새겨 내 삶과 세계에 연결합니다. 묵상한 말씀이 삶이 되도록 기도합니다.

나눔

말씀대로 살아갑니다. 오늘 그리고 앞으로 내가 실천할 것들을 구체적으로 적습니다. 가정과 교회, 사회와 오늘의 세계에서 어떻게 말씀이 작동될 것인지 적고 실행합니다.

37야곱이 버드나무와 살구나무와 신
풍나무의 푸른 가지를 가져다가 그것
들의 껍질을 벗겨 흰 무늬를 내고 38그
껍질 벗긴 가지를 양 떼가 와서 먹는 개
천의 물 구유에 세워 양 떼를 향하게 하
매 그 떼가 물을 먹으러 올 때에 새끼
를 배니 39가지 앞에서 새끼를 배므로
얼룩얼룩한 것과 점이 있고 아롱진 것
을 낳은지라 40야곱이 새끼 양을 구분
하고 그 얼룩무늬와 검은 빛 있는 것을
라반의 양과 서로 마주보게 하며 자기
양을 따로 두어 라반의 양과 섞이지 않
게 하며 41튼튼한 양이 새끼 밸 때에는
야곱이 개천에다가 양 떼의 눈 앞에 그
가지를 두어 양이 그 가지 곁에서 새끼
를 배게 하고 42약한 양이면 그 가지를
두지 아니하니 그렇게 함으로 약한 것
은 라반의 것이 되고 튼튼한 것은 야곱
의 것이 된지라 43이에 그 사람이 매우
번창하여 양 떼와 노비와 낙타와 나귀
가 많았더라

창세기 31장

1야곱이 라반의 아들들이 하는 말을
들은즉 야곱이 우리 아버지의 소유를
다 빼앗고 우리 아버지의 소유로 말미
암아 이 모든 재물을 모았다 하는지라
2야곱이 라반의 안색을 본즉 자기에게
대하여 전과 같지 아니하더라 3여호와
께서 야곱에게 이르시되 네 조상의 땅
네 족속에게로 돌아가라 내가 너와 함
께 있으리라 하신지라 4야곱이 사람을
보내어 라헬과 레아를 자기 양 떼가 있
는 들로 불러다가 5그들에게 이르되 내
가 그대들의 아버지의 안색을 본즉 내
게 대하여 전과 같지 아니하도다 그러
할지라도 내 아버지의 하나님은 나와
함께 계셨느니라 6그대들도 알거니와
내가 힘을 다하여 그대들의 아버지를
섬겼거늘 7그대들의 아버지가 나를 속
여 품삯을 열 번이나 변경하였느니라
그러나 하나님이 그를 막으사 나를 해
치지 못하게 하셨으며 8그가 이르기를
점 있는 것이 네 삯이 되리라 하면 온
양 떼가 낳은 것이 점 있는 것이요 또
얼룩무늬 있는 것이 네 삯이 되리라 하
면 온 양 떼가 낳은 것이 얼룩무늬 있
는 것이니 9하나님이 이같이 그대들의
아버지의 가축을 빼앗아 내게 주셨느
니라 10그 양 떼가 새끼 밸 때에 내가
꿈에 눈을 들어 보니 양 떼를 탄 숫양
은 다 얼룩무늬 있는 것과 점 있는 것과
아롱진 것이었더라 11꿈에 하나님의 사
자가 내게 말씀하시기를 야곱아 하기
로 내가 대답하기를 여기 있나이다 하
매 12이르시되 네 눈을 들어 보라 양 떼
를 탄 숫양은 다 얼룩무늬 있는 것, 점
있는 것과 아롱진 것이니라 라반이 네
게 행한 모든 것을 내가 보았노라 13나
는 벧엘의 하나님이라 네가 거기서 기
둥에 기름을 붓고 거기서 내게 서원하
였으니 지금 일어나 이 곳을 떠나서 네
출생지로 돌아가라 하셨느니라 14라헬
과 레아가 그에게 대답하여 이르되 우
리가 우리 아버지 집에서 무슨 분깃이
나 유산이 있으리요 15아버지가 우리를

▢ 비움

침묵으로 기도하며 나를 비웁니다. 성령의 임재를 구하며, 죄를 회개하며, 마음의 걱정이나 복잡한 생각을 내려놓습니다. 삼위일체 하나님께 가는 길이 다시금 열립니다.

■ 채움

말씀이 나를 가득 채웁니다. 성령의 이끄심에 따라 본문을 관찰하며 깨닫고, 그것을 내 마음에 새겨 내 삶과 세계에 연결합니다. 묵상한 말씀이 삶이 되도록 기도합니다.

나눔

말씀대로 살아갑니다. 오늘 그리고 앞으로 내가 실천할 것들을 구체적으로 적습니다. 가정과 교회, 사회와 오늘의 세계에서 어떻게 말씀이 작동될 것인지 적고 실행합니다.

팔고 우리의 돈을 다 먹어버렸으니 아
버지가 우리를 외국인처럼 여기는 것
이 아닌가 16하나님이 우리 아버지에게
서 취하여 가신 재물은 우리와 우리 자
식의 것이니 이제 하나님이 당신에게
이르신 일을 다 준행하라

17야곱이 일어나 자식들과 아내들을
낙타들에게 태우고 18그 모은 바 모든
가축과 모든 소유물 곧 그가 밧단아람
에서 모은 가축을 이끌고 가나안 땅에
있는 그의 아버지 이삭에게로 가려 할
새 19그 때에 라반이 양털을 깎으러 갔
으므로 라헬은 그의 아버지의 드라빔
을 도둑질하고 20야곱은 그 거취를 아
람 사람 라반에게 말하지 아니하고 가
만히 떠났더라 21그가 그의 모든 소유
를 이끌고 강을 건너 길르앗 산을 향하
여 도망한 지 22삼 일 만에 야곱이 도
망한 것이 라반에게 들린지라 23라반
이 그의 형제를 거느리고 칠 일 길을 쫓
아가 길르앗 산에서 그에게 이르렀더
니 24밤에 하나님이 아람 사람 라반에
게 현몽하여 이르시되 너는 삼가 야곱
에게 선악간에 말하지 말라 하셨더라
25라반이 야곱을 뒤쫓아 이르렀으니 야
곱이 그 산에 장막을 친지라 라반이 그
형제와 더불어 길르앗 산에 장막을 치
고 26라반이 야곱에게 이르되 네가 나
를 속이고 내 딸들을 칼에 사로잡힌 자
같이 끌고 갔으니 어찌 이같이 하였느
냐 27내가 즐거움과 노래와 북과 수금
으로 너를 보내겠거늘 어찌하여 네가
나를 속이고 가만히 도망하고 내게 알
리지 아니하였으며 28내가 내 손자들
과 딸들에게 입맞추지 못하게 하였으
니 네 행위가 참으로 어리석도다 29너
를 해할 만한 능력이 내 손에 있으나 너
희 아버지의 하나님이 어제 밤에 내게
말씀하시기를 너는 삼가 야곱에게 선
악간에 말하지 말라 하셨느니라 30이
제 네가 네 아버지 집을 사모하여 돌아
가려는 것은 옳거니와 어찌 내 신을 도
둑질하였느냐 31야곱이 라반에게 대답
하여 이르되 내가 생각하기를 외삼촌
이 외삼촌의 딸들을 내게서 억지로 빼
앗으리라 하여 두려워하였음이니이다
32외삼촌의 신을 누구에게서 찾든지 그
는 살지 못할 것이요 우리 형제들 앞에
서 무엇이든지 외삼촌의 것이 발견되
거든 외삼촌에게로 가져가소서 하니
야곱은 라헬이 그것을 도둑질한 줄을
알지 못함이었더라 33라반이 야곱의 장
막에 들어가고 레아의 장막에 들어가
고 두 여종의 장막에 들어갔으나 찾지
못하고 레아의 장막에서 나와 라헬의
장막에 들어가매 34라헬이 그 드라빔을
가져 낙타 안장 아래에 넣고 그 위에 앉
은지라 라반이 그 장막에서 찾다가 찾
아내지 못하매 35라헬이 그의 아버지에
게 이르되 마침 생리가 있어 일어나서
영접할 수 없사오니 내 주는 노하지 마
소서 하니라 라반이 그 드라빔을 두루
찾다가 찾아내지 못한지라 36야곱이 노
하여 라반을 책망할새 야곱이 라반에
게 대답하여 이르되 내 허물이 무엇이

☐ 비움

침묵으로 기도하며 나를 비웁니다. 성령의 임재를 구하며, 죄를 회개하며, 마음의 걱정이나 복잡한 생각을 내려놓습니다. 삼위일체 하나님께 가는 길이 다시금 열립니다.

■ 채움

말씀이 나를 가득 채웁니다. 성령의 이끄심에 따라 본문을 관찰하며 깨닫고, 그것을 내 마음에 새겨 내 삶과 세계에 연결합니다. 묵상한 말씀이 삶이 되도록 기도합니다.

나눔

말씀대로 살아갑니다. 오늘 그리고 앞으로 내가 실천할 것들을 구체적으로 적습니다. 가정과 교회, 사회와 오늘의 세계에서 어떻게 말씀이 작동될 것인지 적고 실행합니다.

니이까 무슨 죄가 있기에 외삼촌께서
내 뒤를 급히 추격하나이까 37외삼촌께
서 내 물건을 다 뒤져보셨으니 외삼촌
의 집안 물건 중에서 무엇을 찾아내었
나이까 여기 내 형제와 외삼촌의 형제
앞에 그것을 두고 우리 둘 사이에 판단
하게 하소서 38내가 이 이십 년을 외삼
촌과 함께 하였거니와 외삼촌의 암양
들이나 암염소들이 낙태하지 아니하였
고 또 외삼촌의 양 떼의 숫양을 내가 먹
지 아니하였으며 39물려 찢긴 것은 내
가 외삼촌에게로 가져가지 아니하고 낮
에 도둑을 맞았든지 밤에 도둑을 맞았
든지 외삼촌이 그것을 내 손에서 찾았
으므로 내가 스스로 그것을 보충하였
으며 40내가 이와 같이 낮에는 더위와
밤에는 추위를 무릅쓰고 눈 붙일 겨를
도 없이 지냈나이다 41내가 외삼촌의
집에 있는 이 이십 년 동안 외삼촌의 두
딸을 위하여 십사 년, 외삼촌의 양 떼
를 위하여 육 년을 외삼촌에게 봉사하
였거니와 외삼촌께서 내 품삯을 열 번
이나 바꾸셨으며 42우리 아버지의 하나
님, 아브라함의 하나님 곧 이삭이 경외
하는 이가 나와 함께 계시지 아니하셨
더라면 외삼촌께서 이제 나를 빈손으
로 돌려보내셨으리이다마는 하나님이
내 고난과 내 손의 수고를 보시고 어제
밤에 외삼촌을 책망하셨나이다

43라반이 야곱에게 대답하여 이르되
딸들은 내 딸이요 자식들은 내 자식이
요 양 떼는 내 양 떼요 네가 보는 것은
다 내 것이라 내가 오늘 내 딸들과 그
들이 낳은 자식들에게 무엇을 하겠느
냐 44이제 오라 나와 네가 언약을 맺고
그것으로 너와 나 사이에 증거를 삼을
것이니라 45이에 야곱이 돌을 가져다가
기둥으로 세우고 46또 그 형제들에게
돌을 모으라 하니 그들이 돌을 가져다
가 무더기를 이루매 무리가 거기 무더
기 곁에서 먹고 47라반은 그것을 여갈
사하두다라 불렀고 야곱은 그것을 갈
르엣이라 불렀으니 48라반의 말에 오늘
이 무더기가 너와 나 사이에 증거가 된
다 하였으므로 그 이름을 갈르엣이라
불렀으며 49또 미스바라 하였으니 이
는 그의 말에 우리가 서로 떠나 있을 때
에 여호와께서 나와 너 사이를 살피시
옵소서 함이라 50만일 네가 내 딸을 박
대하거나 내 딸들 외에 다른 아내들을
맞이하면 우리와 함께 할 사람은 없어
도 보라 하나님이 나와 너 사이에 증인
이 되시느니라 함이었더라 51라반이 또
야곱에게 이르되 내가 나와 너 사이에
둔 이 무더기를 보라 또 이 기둥을 보
라 52이 무더기가 증거가 되고 이 기둥
이 증거가 되나니 내가 이 무더기를 넘
어 네게로 가서 해하지 않을 것이요 네
가 이 무더기, 이 기둥을 넘어 내게로
와서 해하지 아니할 것이라 53아브라함
의 하나님, 나홀의 하나님, 그들의 조
상의 하나님은 우리 사이에 판단하옵
소서 하매 야곱이 그의 아버지 이삭이
경외하는 이를 가리켜 맹세하고 54야곱
이 또 산에서 제사를 드리고 형제들을

☐ 비움

침묵으로 기도하며 나를 비웁니다. 성령의 임재를 구하며, 죄를 회개하며, 마음의 걱정이나 복잡한 생각을 내려놓습니다. 삼위일체 하나님께 가는 길이 다시금 열립니다.

■ 채움

말씀이 나를 가득 채웁니다. 성령의 이끄심에 따라 본문을 관찰하며 깨닫고, 그것을 내 마음에 새겨 내 삶과 세계에 연결합니다. 묵상한 말씀이 삶이 되도록 기도합니다.

나눔

말씀대로 살아갑니다. 오늘 그리고 앞으로 내가 실천할 것들을 구체적으로 적습니다. 가정과 교회, 사회와 오늘의 세계에서 어떻게 말씀이 작동될 것인지 적고 실행합니다.

불러 떡을 먹이니 그들이 떡을 먹고 산
에서 밤을 지내고 55라반이 아침에 일
찍이 일어나 손자들과 딸들에게 입맞
추며 그들에게 축복하고 떠나 고향으
로 돌아갔더라

창세기 32장

1야곱이 길을 가는데 하나님의 사자
들이 그를 만난지라 2야곱이 그들을 볼
때에 이르기를 이는 하나님의 군대라
하고 그 땅 이름을 마하나임이라 하였
더라

3야곱이 세일 땅 에돔 들에 있는 형
에서에게로 자기보다 앞서 사자들을
보내며 4그들에게 명령하여 이르되 너
희는 내 주 에서에게 이같이 말하라 주
의 종 야곱이 이같이 말하기를 내가 라
반과 함께 거류하며 지금까지 머물러
있었사오며 5내게 소와 나귀와 양 떼와
노비가 있으므로 사람을 보내어 내 주
께 알리고 내 주께 은혜 받기를 원하나
이다 하라 하였더니 6사자들이 야곱에
게 돌아와 이르되 우리가 주인의 형 에
서에게 이른즉 그가 사백 명을 거느리
고 주인을 만나려고 오더이다 7야곱이
심히 두렵고 답답하여 자기와 함께 한
동행자와 양과 소와 낙타를 두 떼로 나
누고 8이르되 에서가 와서 한 떼를 치
면 남은 한 떼는 피하리라 하고 9야곱
이 또 이르되 내 조부 아브라함의 하나
님, 내 아버지 이삭의 하나님 여호와여
주께서 전에 내게 명하시기를 네 고향,
네 족속에게로 돌아가라 내가 네게 은
혜를 베풀리라 하셨나이다 10나는 주께
서 주의 종에게 베푸신 모든 은총과 모
든 진실하심을 조금도 감당할 수 없사
오나 내가 내 지팡이만 가지고 이 요단
을 건넜더니 지금은 두 떼나 이루었나
이다 11내가 주께 간구하오니 내 형의
손에서, 에서의 손에서 나를 건져내시
옵소서 내가 그를 두려워함은 그가 와
서 나와 내 처자들을 칠까 겁이 나기 때
문이니이다 12주께서 말씀하시기를 내
가 반드시 네게 은혜를 베풀어 네 씨로
바다의 셀 수 없는 모래와 같이 많게 하
리라 하셨나이다

13야곱이 거기서 밤을 지내고 그 소
유 중에서 형 에서를 위하여 예물을 택
하니 14암염소가 이백이요 숫염소가 이
십이요 암양이 이백이요 숫양이 이십
이요 15젖 나는 낙타 삼십과 그 새끼요
암소가 사십이요 황소가 열이요 암나
귀가 이십이요 그 새끼 나귀가 열이라
16그것을 각각 떼로 나누어 종들의 손
에 맡기고 그의 종에게 이르되 나보다
앞서 건너가서 각 떼로 거리를 두게 하
라 하고 17그가 또 앞선 자에게 명령하
여 이르되 내 형 에서가 너를 만나 묻
기를 네가 누구의 사람이며 어디로 가
느냐 네 앞의 것은 누구의 것이냐 하거
든 18대답하기를 주의 종 야곱의 것이
요 자기 주 에서에게로 보내는 예물이
오며 야곱도 우리 뒤에 있나이다 하라
하고 19그 둘째와 셋째와 각 떼를 따라

☐ 비움

침묵으로 기도하며 나를 비웁니다. 성령의 임재를 구하며, 죄를 회개하며, 마음의 걱정이나 복잡한 생각을 내려놓습니다. 삼위일체 하나님께 가는 길이 다시금 열립니다.

채움

말씀이 나를 가득 채웁니다. 성령의 이끄심에 따라 본문을 관찰하며 깨닫고, 그것을 내 마음에 새겨 내 삶과 세계에 연결합니다. 묵상한 말씀이 삶이 되도록 기도합니다.

나눔

말씀대로 살아갑니다. 오늘 그리고 앞으로 내가 실천할 것들을 구체적으로 적습니다. 가정과 교회, 사회와 오늘의 세계에서 어떻게 말씀이 작동될 것인지 적고 실행합니다.

가는 자에게 명령하여 이르되 너희도
에서를 만나거든 곧 이같이 그에게 말
하고 20또 너희는 말하기를 주의 종 야
곱이 우리 뒤에 있다 하라 하니 이는 야
곱이 말하기를 내가 내 앞에 보내는 예
물로 형의 감정을 푼 후에 대면하면 형
이 혹시 나를 받아 주리라 함이었더라
21그 예물은 그에 앞서 보내고 그는 무
리 가운데서 밤을 지내다가 22밤에 일
어나 두 아내와 두 여종과 열한 아들을
인도하여 얍복 나루를 건널새 23그들
을 인도하여 시내를 건너가게 하며 그
의 소유도 건너가게 하고 24야곱은 홀
로 남았더니 어떤 사람이 날이 새도록
야곱과 씨름하다가 25자기가 야곱을 이
기지 못함을 보고 그가 야곱의 허벅지
관절을 치매 야곱의 허벅지 관절이 그
사람과 씨름할 때에 어긋났더라 26그
가 이르되 날이 새려하니 나로 가게 하
라 야곱이 이르되 당신이 내게 축복하
지 아니하면 가게 하지 아니하겠나이
다 27그 사람이 그에게 이르되 네 이름
이 무엇이냐 그가 이르되 야곱이니이
다 28그가 이르되 네 이름을 다시는 야
곱이라 부를 것이 아니요 이스라엘이
라 부를 것이니 이는 네가 하나님과 및
사람들과 겨루어 이겼음이니라 29야곱
이 청하여 이르되 당신의 이름을 알려
주소서 그 사람이 이르되 어찌하여 내
이름을 묻느냐 하고 거기서 야곱에게
축복한지라 30그러므로 야곱이 그 곳
이름을 브니엘이라 하였으니 그가 이
르기를 내가 하나님과 대면하여 보았
으나 내 생명이 보전되었다 함이더라
31그가 브니엘을 지날 때에 해가 돋았
고 그의 허벅다리로 말미암아 절었더
라 32그 사람이 야곱의 허벅지 관절에
있는 둔부의 힘줄을 쳤으므로 이스라
엘 사람들이 지금까지 허벅지 관절에
있는 둔부의 힘줄을 먹지 아니하더라

창세기 33장

1야곱이 눈을 들어 보니 에서가 사백
명의 장정을 거느리고 오고 있는지라
그의 자식들을 나누어 레아와 라헬과
두 여종에게 맡기고 2여종들과 그들의
자식들은 앞에 두고 레아와 그의 자식
들은 다음에 두고 라헬과 요셉은 뒤에
두고 3자기는 그들 앞에서 나아가되 몸
을 일곱 번 땅에 굽히며 그의 형 에서
에게 가까이 가니 4에서가 달려와서 그
를 맞이하여 안고 목을 어긋맞추어 그
와 입맞추고 서로 우니라 5에서가 눈을
들어 여인들과 자식들을 보고 묻되 너
와 함께 한 이들은 누구냐 야곱이 이르
되 하나님이 주의 종에게 은혜로 주신
자식들이니이다 6그 때에 여종들이 그
의 자식들과 더불어 나아와 절하고 7레
아도 그의 자식들과 더불어 나아와 절
하고 그 후에 요셉이 라헬과 더불어 나
아와 절하니 8에서가 또 이르되 내가 만
난 바 이 모든 떼는 무슨 까닭이냐 야곱
이 이르되 내 주께 은혜를 입으려 함이
니이다 9에서가 이르되 내 동생아 내게
있는 것이 족하니 네 소유는 네게 두라
10야곱이 이르되 그렇지 아니하니이다

비움

침묵으로 기도하며 나를 비웁니다. 성령의 임재를 구하며, 죄를 회개하며, 마음의 걱정이나 복잡한 생각을 내려놓습니다. 삼위일체 하나님께 가는 길이 다시금 열립니다.

채움

말씀이 나를 가득 채웁니다. 성령의 이끄심에 따라 본문을 관찰하며 깨닫고, 그것을 내 마음에 새겨 내 삶과 세계에 연결합니다. 묵상한 말씀이 삶이 되도록 기도합니다.

나눔

말씀대로 살아갑니다. 오늘 그리고 앞으로 내가 실천할 것들을 구체적으로 적습니다. 가정과 교회, 사회와 오늘의 세계에서 어떻게 말씀이 작동될 것인지 적고 실행합니다.

내가 형님의 눈앞에서 은혜를 입었사
오면 청하건대 내 손에서 이 예물을 받
으소서 내가 형님의 얼굴을 뵈온즉 하
나님의 얼굴을 본 것 같사오며 형님도
나를 기뻐하심이니이다 11 하나님이 내
게 은혜를 베푸셨고 내 소유도 족하오
니 청하건대 내가 형님께 드리는 예물
을 받으소서 하고 그에게 강권하매 받
으니라 12 에서가 이르되 우리가 떠나자
내가 너와 동행하리라 13 야곱이 그에게
이르되 내 주도 아시거니와 자식들은
연약하고 내게 있는 양 떼와 소가 새끼
를 데리고 있은즉 하루만 지나치게 몰
면 모든 떼가 죽으리니 14 청하건대 내
주는 종보다 앞서 가소서 나는 앞에 가
는 가축과 자식들의 걸음대로 천천히
인도하여 세일로 가서 내 주께 나아가
리이다 15 에서가 이르되 내가 내 종 몇
사람을 네게 머물게 하리라 야곱이 이
르되 어찌하여 그리하리이까 나로 내
주께 은혜를 얻게 하소서 하매 16 이 날
에 에서는 세일로 돌아가고 17 야곱은
숙곳에 이르러 자기를 위하여 집을 짓
고 그의 가축을 위하여 우릿간을 지었으
므로 그 땅 이름을 숙곳이라 부르더라

18 야곱이 밧단아람에서부터 평안히
가나안 땅 세겜 성읍에 이르러 그 성읍
앞에 장막을 치고 19 그가 장막을 친 밭
을 세겜의 아버지 하몰의 아들들의 손
에서 백 크시타에 샀으며 20 거기에 제
단을 쌓고 그 이름을 엘엘로헤이스라
엘이라 불렀더라

창세기 34장

1 레아가 야곱에게 낳은 딸 디나가 그
땅의 딸들을 보러 나갔더니 2 히위 족속
중 하몰의 아들 그 땅의 추장 세겜이 그
를 보고 끌어들여 강간하여 욕되게 하
고 3 그 마음이 깊이 야곱의 딸 디나에
게 연연하며 그 소녀를 사랑하여 그의
마음을 말로 위로하고 4 그의 아버지 하
몰에게 청하여 이르되 이 소녀를 내 아
내로 얻게 하여 주소서 하였더라 5 야곱
이 그 딸 디나를 그가 더럽혔다 함을 들
었으나 자기의 아들들이 들에서 목축
하므로 그들이 돌아오기까지 잠잠하였
고 6 세겜의 아버지 하몰은 야곱에게 말
하러 왔으며 7 야곱의 아들들은 들에서
이를 듣고 돌아와서 그들 모두가 근심
하고 심히 노하였으니 이는 세겜이 야
곱의 딸을 강간하여 이스라엘에게 부
끄러운 일 곧 행하지 못할 일을 행하였
음이더라 8 하몰이 그들에게 이르되 내
아들 세겜이 마음으로 너희 딸을 연연
하여 하니 원하건대 그를 세겜에게 주
어 아내로 삼게 하라 9 너희가 우리와 통
혼하여 너희 딸을 우리에게 주며 우리
딸을 너희가 데려가고 10 너희가 우리와
함께 거주하되 땅이 너희 앞에 있으니
여기 머물러 매매하며 여기서 기업을
얻으라 하고 11 세겜도 디나의 아버지와
그의 남자 형제들에게 이르되 나로 너
희에게 은혜를 입게 하라 너희가 내게
말하는 것은 내가 다 주리니 12 이 소녀
만 내게 주어 아내가 되게 하라 아무리
큰 혼수와 예물을 청할지라도 너희가

☐ 비움

침묵으로 기도하며 나를 비웁니다. 성령의 임재를 구하며, 죄를 회개하며, 마음의 걱정이나 복잡한 생각을 내려놓습니다. 삼위일체 하나님께 가는 길이 다시금 열립니다.

채움

말씀이 나를 가득 채웁니다. 성령의 이끄심에 따라 본문을 관찰하며 깨닫고, 그것을 내 마음에 새겨 내 삶과 세계에 연결합니다. 묵상한 말씀이 삶이 되도록 기도합니다.

나눔

말씀대로 살아갑니다. 오늘 그리고 앞으로 내가 실천할 것들을 구체적으로 적습니다. 가정과 교회, 사회와 오늘의 세계에서 어떻게 말씀이 작동될 것인지 적고 실행합니다.

내게 말한 대로 주리라 13야곱의 아들
들이 세겜과 그의 아버지 하몰에게 속
여 대답하였으니 이는 세겜이 그 누이
디나를 더럽혔음이라 14야곱의 아들들
이 그들에게 말하되 우리는 그리하지
못하겠노라 할례 받지 아니한 사람에
게 우리 누이를 줄 수 없노니 이는 우
리의 수치가 됨이니라 15그런즉 이같이
하면 너희에게 허락하리라 만일 너희
중 남자가 다 할례를 받고 우리 같이 되
면 16우리 딸을 너희에게 주며 너희 딸
을 우리가 데려오며 너희와 함께 거주
하여 한 민족이 되려니와 17너희가 만
일 우리 말을 듣지 아니하고 할례를 받
지 아니하면 우리는 곧 우리 딸을 데리
고 가리라

18그들의 말을 하몰과 그의 아들 세
겜이 좋게 여기므로 19이 소년이 그 일
행하기를 지체하지 아니하였으니 그가
야곱의 딸을 사랑함이며 그는 그의 아
버지 집에서 가장 존귀하였더라 20하몰
과 그의 아들 세겜이 그들의 성읍 문에
이르러 그들의 성읍 사람들에게 말하
여 이르되 21이 사람들은 우리와 친목
하고 이 땅은 넓어 그들을 용납할 만
하니 그들이 여기서 거주하며 매매하
게 하고 우리가 그들의 딸들을 아내로
데려오고 우리 딸들도 그들에게 주자
22그러나 우리 중의 모든 남자가 그들
이 할례를 받음 같이 할례를 받아야 그
사람들이 우리와 함께 거주하여 한 민
족 되기를 허락할 것이라 23그러면 그
들의 가축과 재산과 그들의 모든 짐승
이 우리의 소유가 되지 않겠느냐 다만
그들의 말대로 하자 그러면 그들이 우
리와 함께 거주하리라 24성문으로 출입
하는 모든 자가 하몰과 그의 아들 세겜
의 말을 듣고 성문으로 출입하는 그 모
든 남자가 할례를 받으니라 25제삼일에
아직 그들이 아파할 때에 야곱의 두 아
들 디나의 오라버니 시므온과 레위가
각기 칼을 가지고 가서 몰래 그 성읍을
기습하여 그 모든 남자를 죽이고 26칼
로 하몰과 그의 아들 세겜을 죽이고 디
나를 세겜의 집에서 데려오고 27야곱의
여러 아들이 그 시체 있는 성읍으로 가
서 노략하였으니 이는 그들이 그들의
누이를 더럽힌 까닭이라 28그들이 양과
소와 나귀와 그 성읍에 있는 것과 들에
있는 것과 29그들의 모든 재물을 빼앗
으며 그들의 자녀와 그들의 아내들을
사로잡고 집 속의 물건을 다 노략한지
라 30야곱이 시므온과 레위에게 이르되
너희가 내게 화를 끼쳐 나로 하여금 이
땅의 주민 곧 가나안 족속과 브리스 족
속에게 악취를 내게 하였도다 나는 수
가 적은즉 그들이 모여 나를 치고 나를
죽이리니 그러면 나와 내 집이 멸망하
리라 31그들이 이르되 그가 우리 누이
를 창녀 같이 대우함이 옳으니이까

창세기 35장

1하나님이 야곱에게 이르시되 일어나
벧엘로 올라가서 거기 거주하며 네가
네 형 에서의 낯을 피하여 도망하던 때

비움

침묵으로 기도하며 나를 비웁니다. 성령의 임재를 구하며, 죄를 회개하며, 마음의 걱정이나 복잡한 생각을 내려놓습니다. 삼위일체 하나님께 가는 길이 다시금 열립니다.

채움

말씀이 나를 가득 채웁니다. 성령의 이끄심에 따라 본문을 관찰하며 깨닫고, 그것을 내 마음에 새겨 내 삶과 세계에 연결합니다. 묵상한 말씀이 삶이 되도록 기도합니다.

나눔

말씀대로 살아갑니다. 오늘 그리고 앞으로 내가 실천할 것들을 구체적으로 적습니다. 가정과 교회, 사회와 오늘의 세계에서 어떻게 말씀이 작동될 것인지 적고 실행합니다.

에 네게 나타났던 하나님께 거기서 제
단을 쌓으라 하신지라 2야곱이 이에 자
기 집안 사람과 자기와 함께 한 모든 자
에게 이르되 너희 중에 있는 이방 신상
들을 버리고 자신을 정결하게 하고 너
희들의 의복을 바꾸어 입으라 3우리가
일어나 벧엘로 올라가자 내 환난 날에
내게 응답하시며 내가 가는 길에서 나
와 함께 하신 하나님께 내가 거기서 제
단을 쌓으려 하노라 하매 4그들이 자기
손에 있는 모든 이방 신상들과 자기 귀
에 있는 귀고리들을 야곱에게 주는지라
야곱이 그것들을 세겜 근처 상수리나무
아래에 묻고 5그들이 떠났으나 하나님
이 그 사면 고을들로 크게 두려워하게
하셨으므로 야곱의 아들들을 추격하는
자가 없었더라 6야곱과 그와 함께 한 모
든 사람이 가나안 땅 루스 곧 벧엘에 이
르고 7그가 거기서 제단을 쌓고 그 곳
을 엘벧엘이라 불렀으니 이는 그의 형
의 낯을 피할 때에 하나님이 거기서 그
에게 나타나셨음이더라 8리브가의 유
모 드보라가 죽으매 그를 벧엘 아래에
있는 상수리나무 밑에 장사하고 그 나
무 이름을 알론바굿이라 불렀더라

9야곱이 밧단아람에서 돌아오매 하
나님이 다시 야곱에게 나타나사 그에
게 복을 주시고 10하나님이 그에게 이
르시되 네 이름이 야곱이지마는 네 이
름을 다시는 야곱이라 부르지 않겠고
이스라엘이 네 이름이 되리라 하시고
그가 그의 이름을 이스라엘이라 부르
시고 11하나님이 그에게 이르시되 나
는 전능한 하나님이라 생육하며 번성
하라 한 백성과 백성들의 총회가 네게
서 나오고 왕들이 네 허리에서 나오리
라 12내가 아브라함과 이삭에게 준 땅
을 네게 주고 내가 네 후손에게도 그 땅
을 주리라 하시고 13하나님이 그와 말
씀하시던 곳에서 그를 떠나 올라가시
는지라 14야곱이 하나님이 자기와 말씀
하시던 곳에 기둥 곧 돌 기둥을 세우고
그 위에 전제물을 붓고 또 그 위에 기름
을 붓고 15하나님이 자기와 말씀하시던
곳의 이름을 벧엘이라 불렀더라

16그들이 벧엘에서 길을 떠나 에브랏
에 이르기까지 얼마간 거리를 둔 곳에
서 라헬이 해산하게 되어 심히 고생하
여 17그가 난산할 즈음에 산파가 그에
게 이르되 두려워하지 말라 지금 네가
또 득남하느니라 하매 18그가 죽게 되
어 그의 혼이 떠나려 할 때에 아들의 이
름을 베노니라 불렀으나 그의 아버지
는 그를 베냐민이라 불렀더라 19라헬이
죽으매 에브랏 곧 베들레헴 길에 장사
되었고 20야곱이 라헬의 묘에 비를 세
웠더니 지금까지 라헬의 묘비라 일컫
더라 21이스라엘이 다시 길을 떠나 에
델 망대를 지나 장막을 쳤더라 22이스
라엘이 그 땅에 거주할 때에 르우벤이
가서 그 아버지의 첩 빌하와 동침하매
이스라엘이 이를 들었더라

야곱의 아들은 열둘이라 23레아의

☐ 비움

침묵으로 기도하며 나를 비웁니다. 성령의 임재를 구하며, 죄를 회개하며, 마음의 걱정이나 복잡한 생각을 내려놓습니다. 삼위일체 하나님께 가는 길이 다시금 열립니다.

■ 채움

말씀이 나를 가득 채웁니다. 성령의 이끄심에 따라 본문을 관찰하며 깨닫고, 그것을 내 마음에 새겨 내 삶과 세계에 연결합니다. 묵상한 말씀이 삶이 되도록 기도합니다.

나눔

말씀대로 살아갑니다. 오늘 그리고 앞으로 내가 실천할 것들을 구체적으로 적습니다. 가정과 교회, 사회와 오늘의 세계에서 어떻게 말씀이 작동될 것인지 적고 실행합니다.

아들들은 야곱의 장자 르우벤과 그 다
음 시므온과 레위와 유다와 잇사갈과
스불론이요 24라헬의 아들들은 요셉과
베냐민이며 25라헬의 여종 빌하의 아들
들은 단과 납달리요 26레아의 여종 실
바의 아들들은 갓과 아셀이니 이들은
야곱의 아들들이요 밧단아람에서 그에
게 낳은 자더라

27야곱이 기럇아르바의 마므레로 가
서 그의 아버지 이삭에게 이르렀으니
기럇아르바는 곧 아브라함과 이삭이
거류하던 헤브론이더라 28이삭의 나이
가 백팔십 세라 29이삭이 나이가 많고
늙어 기운이 다하매 죽어 자기 열조에
게로 돌아가니 그의 아들 에서와 야곱
이 그를 장사하였더라

창세기 36장

1에서 곧 에돔의 족보는 이러하니라
2에서가 가나안 여인 중 헷 족속 엘론의
딸 아다와 히위 족속 시브온의 딸인 아
나의 딸 오홀리바마를 자기 아내로 맞
이하고 3또 이스마엘의 딸 느바욧의 누
이 바스맛을 맞이하였더니 4아다는 엘
리바스를 에서에게 낳았고 바스맛은
르우엘을 낳았고 5오홀리바마는 여우
스와 얄람과 고라를 낳았으니 이들은
에서의 아들들이요 가나안 땅에서 그
에게 태어난 자들이더라 6에서가 자기
아내들과 자기 자녀들과 자기 집의 모
든 사람과 자기의 가축과 자기의 모든
짐승과 자기가 가나안 땅에서 모은 모
든 재물을 이끌고 그의 동생 야곱을 떠
나 다른 곳으로 갔으니 7두 사람의 소
유가 풍부하여 함께 거주할 수 없음이
러라 그들이 거주하는 땅이 그들의 가
축으로 말미암아 그들을 용납할 수 없
었더라 8이에 에서 곧 에돔이 세일 산
에 거주하니라

9세일 산에 있는 에돔 족속의 조상 에
서의 족보는 이러하고 10그 자손의 이
름은 이러하니라 에서의 아내 아다의
아들은 엘리바스요 에서의 아내 바스
맛의 아들은 르우엘이며 11엘리바스의
아들들은 데만과 오말과 스보와 가담
과 그나스요 12에서의 아들 엘리바스의
첩 딤나는 아말렉을 엘리바스에게 낳
았으니 이들은 에서의 아내 아다의 자
손이며 13르우엘의 아들들은 나핫과 세
라와 삼마와 미사니 이들은 에서의 아
내 바스맛의 자손이며 14시브온의 손녀
아나의 딸 에서의 아내 오홀리바마의
아들들은 이러하니 그가 여우스와 얄
람과 고라를 에서에게 낳았더라

15에서 자손 중 족장은 이러하니라
에서의 장자 엘리바스의 자손으로는
데만 족장, 오말 족장, 스보 족장, 그
나스 족장과 16고라 족장, 가담 족장,
아말렉 족장이니 이들은 에돔 땅에 있
는 엘리바스의 족장들이요 이들은 아
다의 자손이며 17에서의 아들 르우엘의
자손으로는 나핫 족장, 세라 족장, 삼
마 족장, 미사 족장이니 이들은 에돔 땅

비움

침묵으로 기도하며 나를 비웁니다. 성령의 임재를 구하며, 죄를 회개하며, 마음의 걱정이나 복잡한 생각을 내려놓습니다. 삼위일체 하나님께 가는 길이 다시금 열립니다.

채움

말씀이 나를 가득 채웁니다. 성령의 이끄심에 따라 본문을 관찰하며 깨닫고, 그것을 내 마음에 새겨 내 삶과 세계에 연결합니다. 묵상한 말씀이 삶이 되도록 기도합니다.

나눔

말씀대로 살아갑니다. 오늘 그리고 앞으로 내가 실천할 것들을 구체적으로 적습니다. 가정과 교회, 사회와 오늘의 세계에서 어떻게 말씀이 작동될 것인지 적고 실행합니다.

에 있는 르우엘의 족장들이요 이들은
에서의 아내 바스맛의 자손이며 18에서
의 아내인 오홀리바마의 아들들은 여
우스 족장, 얄람 족장, 고라 족장이니
이들은 아나의 딸이요 에서의 아내인
오홀리바마로 말미암아 나온 족장들이
라 19에서 곧 에돔의 자손으로서 족장
된 자들이 이러하였더라

20그 땅의 주민 호리 족속 세일의 자
손은 로단과 소발과 시브온과 아나와
21디손과 에셀과 디산이니 이들은 에
돔 땅에 있는 세일의 자손 중 호리 족
속의 족장들이요 22로단의 자녀는 호리
와 헤맘과 로단의 누이 딤나요 23소발
의 자녀는 알완과 마나핫과 에발과 스
보와 오남이요 24시브온의 자녀는 아야
와 아나며 이 아나는 그 아버지 시브온
의 나귀를 칠 때에 광야에서 온천을 발
견하였고 25아나의 자녀는 디손과 오홀
리바마니 오홀리바마는 아나의 딸이며
26디손의 자녀는 헴단과 에스반과 이드
란과 그란이요 27에셀의 자녀는 빌한과
사아완과 아간이요 28디산의 자녀는 우
스와 아란이니 29호리 족속의 족장들은
곧 로단 족장, 소발 족장, 시브온 족장,
아나 족장, 30디손 족장, 에셀 족장, 디
산 족장이라 이들은 그들의 족속들에
따라 세일 땅에 있는 호리 족속의 족장
들이었더라

31이스라엘 자손을 다스리는 왕이 있
기 전에 에돔 땅을 다스리던 왕들은 이
러하니라 32브올의 아들 벨라가 에돔의
왕이 되었으니 그 도성의 이름은 딘하
바며 33벨라가 죽고 보스라 사람 세라
의 아들 요밥이 그를 대신하여 왕이 되
었고 34요밥이 죽고 데만 족속의 땅의
후삼이 그를 대신하여 왕이 되었고 35후
삼이 죽고 브닷의 아들 곧 모압 들에서
미디안 족속을 친 하닷이 그를 대신하
여 왕이 되었으니 그 도성 이름은 아윗
이며 36하닷이 죽고 마스레가의 삼라가
그를 대신하여 왕이 되었고 37삼라가 죽
고 유브라데 강변 르호봇의 사울이 그
를 대신하여 왕이 되었고 38사울이 죽고
악볼의 아들 바알하난이 그를 대신하여
왕이 되었고 39악볼의 아들 바알하난이
죽고 하달이 그를 대신하여 왕이 되었
으니 그 도성 이름은 바우며 그의 아내
의 이름은 므헤다벨이니 마드렛의 딸이
요 메사합의 손녀더라

40에서에게서 나온 족장들의 이름은
그 종족과 거처와 이름을 따라 나누면
이러하니 딤나 족장, 알와 족장, 여뎃
족장, 41오홀리바마 족장, 엘라 족장,
비논 족장, 42그나스 족장, 데만 족장,
밉살 족장, 43막디엘 족장, 이람 족장
이라 이들은 그 구역과 거처를 따른 에
돔 족장들이며 에돔 족속의 조상은 에
서더라

☐ 비움

침묵으로 기도하며 나를 비웁니다. 성령의 임재를 구하며, 죄를 회개하며, 마음의 걱정이나 복잡한 생각을 내려놓습니다. 삼위일체 하나님께 가는 길이 다시금 열립니다.

■ 채움

말씀이 나를 가득 채웁니다. 성령의 이끄심에 따라 본문을 관찰하며 깨닫고, 그것을 내 마음에 새겨 내 삶과 세계에 연결합니다. 묵상한 말씀이 삶이 되도록 기도합니다.

나눔

말씀대로 살아갑니다. 오늘 그리고 앞으로 내가 실천할 것들을 구체적으로 적습니다. 가정과 교회, 사회와 오늘의 세계에서 어떻게 말씀이 작동될 것인지 적고 실행합니다.

○□△메줄
동 네 세 메 줄

동네세메줄성경 1

4

창세기

37장 1절-50장 26절

창세기 37장

1야곱이 가나안 땅 곧 그의 아버지가
거류하던 땅에 거주하였으니 2야곱의
족보는 이러하니라 요셉이 십칠 세의
소년으로서 그의 형들과 함께 양을 칠
때에 그의 아버지의 아내들 빌하와 실
바의 아들들과 더불어 함께 있었더니
그가 그들의 잘못을 아버지에게 말하
더라 3요셉은 노년에 얻은 아들이므로
이스라엘이 여러 아들들보다 그를 더
사랑하므로 그를 위하여 채색옷을 지
었더니 4그의 형들이 아버지가 형들보
다 그를 더 사랑함을 보고 그를 미워하
여 그에게 편안하게 말할 수 없었더라

5요셉이 꿈을 꾸고 자기 형들에게 말
하매 그들이 그를 더욱 미워하였더라
6요셉이 그들에게 이르되 청하건대 내
가 꾼 꿈을 들으시오 7우리가 밭에서 곡
식 단을 묶더니 내 단은 일어서고 당신
들의 단은 내 단을 둘러서서 절하더이
다 8그의 형들이 그에게 이르되 네가 참
으로 우리의 왕이 되겠느냐 참으로 우
리를 다스리게 되겠느냐 하고 그의 꿈
과 그의 말로 말미암아 그를 더욱 미워
하더니 9요셉이 다시 꿈을 꾸고 그의 형
들에게 말하여 이르되 내가 또 꿈을 꾼
즉 해와 달과 열한 별이 내게 절하더이
다 하니라 10그가 그의 꿈을 아버지와
형들에게 말하매 아버지가 그를 꾸짖
고 그에게 이르되 네가 꾼 꿈이 무엇이
냐 나와 네 어머니와 네 형들이 참으
로 가서 땅에 엎드려 네게 절하겠느냐
11그의 형들은 시기하되 그의 아버지는
그 말을 간직해 두었더라

12그의 형들이 세겜에 가서 아버지의
양 떼를 칠 때에 13이스라엘이 요셉에
게 이르되 네 형들이 세겜에서 양을 치
지 아니하느냐 너를 그들에게로 보내
리라 요셉이 아버지에게 대답하되 내
가 그리하겠나이다 14이스라엘이 그에
게 이르되 가서 네 형들과 양 떼가 다
잘 있는지를 보고 돌아와 내게 말하라
하고 그를 헤브론 골짜기에서 보내니
그가 세겜으로 가니라 15어떤 사람이
그를 만난즉 그가 들에서 방황하는지
라 그 사람이 그에게 물어 이르되 네가
무엇을 찾느냐 16그가 이르되 내가 내
형들을 찾으오니 청하건대 그들이 양
치는 곳을 내게 가르쳐 주소서 17그 사
람이 이르되 그들이 여기서 떠났느니
라 내가 그들의 말을 들으니 도단으로
가자 하더라 하니라 요셉이 그의 형들
의 뒤를 따라 가서 도단에서 그들을 만
나니라

18요셉이 그들에게 가까이 오기 전에
그들이 요셉을 멀리서 보고 죽이기를
꾀하여 19서로 이르되 꿈 꾸는 자가 오
는도다 20자, 그를 죽여 한 구덩이에 던
지고 우리가 말하기를 악한 짐승이 그
를 잡아먹었다 하자 그의 꿈이 어떻게
되는지를 우리가 볼 것이니라 하는지
라 21르우벤이 듣고 요셉을 그들의 손
에서 구원하려 하여 이르되 우리가 그

비움

침묵으로 기도하며 나를 비웁니다. 성령의 임재를 구하며, 죄를 회개하며, 마음의 걱정이나 복잡한 생각을 내려놓습니다. 삼위일체 하나님께 가는 길이 다시금 열립니다.

채움

말씀이 나를 가득 채웁니다. 성령의 이끄심에 따라 본문을 관찰하며 깨닫고, 그것을 내 마음에 새겨 내 삶과 세계에 연결합니다. 묵상한 말씀이 삶이 되도록 기도합니다.

나눔

말씀대로 살아갑니다. 오늘 그리고 앞으로 내가 실천할 것들을 구체적으로 적습니다. 가정과 교회, 사회와 오늘의 세계에서 어떻게 말씀이 작동될 것인지 적고 실행합니다.

의 생명은 해치지 말자 22르우벤이 또
그들에게 이르되 피를 흘리지 말라 그
를 광야 그 구덩이에 던지고 손을 그에
게 대지 말라 하니 이는 그가 요셉을 그
들의 손에서 구출하여 그의 아버지에
게로 돌려보내려 함이었더라 23요셉이
형들에게 이르매 그의 형들이 요셉의
옷 곧 그가 입은 채색옷을 벗기고 24그
를 잡아 구덩이에 던지니 그 구덩이는
빈 것이라 그 속에 물이 없었더라

25그들이 앉아 음식을 먹다가 눈을
들어 본즉 한 무리의 이스마엘 사람들
이 길르앗에서 오는데 그 낙타들에 향
품과 유향과 몰약을 싣고 애굽으로 내
려가는지라 26유다가 자기 형제에게 이
르되 우리가 우리 동생을 죽이고 그의
피를 덮어둔들 무엇이 유익할까 27자
그를 이스마엘 사람들에게 팔고 그에
게 우리 손을 대지 말자 그는 우리의 동
생이요 우리의 혈육이니라 하매 그의
형제들이 청종하였더라 28그 때에 미디
안 사람 상인들이 지나가고 있는지라
형들이 요셉을 구덩이에서 끌어올리고
은 이십에 그를 이스마엘 사람들에게
팔매 그 상인들이 요셉을 데리고 애굽
으로 갔더라

29르우벤이 돌아와 구덩이에 이르러
본즉 거기 요셉이 없는지라 옷을 찢고
30아우들에게로 되돌아와서 이르되 아
이가 없도다 나는 어디로 갈까 31그들
이 요셉의 옷을 가져다가 숫염소를 죽
여 그 옷을 피에 적시고 32그의 채색옷
을 보내어 그의 아버지에게로 가지고
가서 이르기를 우리가 이것을 발견하
였으니 아버지 아들의 옷인가 보소서
하매 33아버지가 그것을 알아보고 이르
되 내 아들의 옷이라 악한 짐승이 그를
잡아 먹었도다 요셉이 분명히 찢겼도
다 하고 34자기 옷을 찢고 굵은 베로 허
리를 묶고 오래도록 그의 아들을 위하
여 애통하니 35그의 모든 자녀가 위로
하되 그가 그 위로를 받지 아니하여 이
르되 내가 슬퍼하며 스올로 내려가 아
들에게로 가리라 하고 그의 아버지가
그를 위하여 울었더라 36그 미디안 사
람들은 그를 애굽에서 바로의 신하 친
위대장 보디발에게 팔았더라

창세기 38장

1그 후에 유다가 자기 형제들로부터
떠나 내려가서 아둘람 사람 히라와 가
까이 하니라 2유다가 거기서 가나안 사
람 수아라 하는 자의 딸을 보고 그를 데
리고 동침하니 3그가 임신하여 아들을
낳으매 유다가 그의 이름을 엘이라 하
니라 4그가 다시 임신하여 아들을 낳고
그의 이름을 오난이라 하고 5그가 또 다
시 아들을 낳고 그의 이름을 셀라라 하
니라 그가 셀라를 낳을 때에 유다는 거
십에 있었더라 6유다가 장자 엘을 위하
여 아내를 데려오니 그의 이름은 다말
이더라 7유다의 장자 엘이 여호와가 보
시기에 악하므로 여호와께서 그를 죽
이신지라 8유다가 오난에게 이르되 네

☐ 비움

침묵으로 기도하며 나를 비웁니다. 성령의 임재를 구하며, 죄를 회개하며, 마음의 걱정이나 복잡한 생각을 내려놓습니다. 삼위일체 하나님께 가는 길이 다시금 열립니다.

■ 채움

말씀이 나를 가득 채웁니다. 성령의 이끄심에 따라 본문을 관찰하며 깨닫고, 그것을 내 마음에 새겨 내 삶과 세계에 연결합니다. 묵상한 말씀이 삶이 되도록 기도합니다.

나눔

말씀대로 살아갑니다. 오늘 그리고 앞으로 내가 실천할 것들을 구체적으로 적습니다. 가정과 교회, 사회와 오늘의 세계에서 어떻게 말씀이 작동될 것인지 적고 실행합니다.

형수에게로 들어가서 남편의 아우 된
본분을 행하여 네 형을 위하여 씨가 있
게 하라 9오난이 그 씨가 자기 것이 되
지 않을 줄 알므로 형수에게 들어갔을
때에 그의 형에게 씨를 주지 아니하려
고 땅에 설정하매 10그 일이 여호와가
보시기에 악하므로 여호와께서 그도
죽이시니 11유다가 그의 며느리 다말에
게 이르되 수절하고 네 아버지 집에 있
어 내 아들 셀라가 장성하기를 기다리
라 하니 셀라도 그 형들 같이 죽을까 염
려함이라 다말이 가서 그의 아버지 집
에 있으니라

12얼마 후에 유다의 아내 수아의 딸
이 죽은지라 유다가 위로를 받은 후에
그의 친구 아둘람 사람 히라와 함께 딤
나로 올라가서 자기의 양털 깎는 자에
게 이르렀더니 13어떤 사람이 다말에게
말하되 네 시아버지가 자기의 양털을
깎으려고 딤나에 올라왔다 한지라 14그
가 그 과부의 의복을 벗고 너울로 얼굴
을 가리고 몸을 휩싸고 딤나 길 곁 에나
임 문에 앉으니 이는 셀라가 장성함을
보았어도 자기를 그의 아내로 주지 않
음으로 말미암음이라 15그가 얼굴을 가
리었으므로 유다가 그를 보고 창녀로
여겨 16길 곁으로 그에게 나아가 이르
되 청하건대 나로 네게 들어가게 하라
하니 그의 며느리인 줄을 알지 못하였
음이라 그가 이르되 당신이 무엇을 주
고 내게 들어오려느냐 17유다가 이르되
내가 내 떼에서 염소 새끼를 주리라 그
가 이르되 당신이 그것을 줄 때까지 담
보물을 주겠느냐 18유다가 이르되 무슨
담보물을 네게 주랴 그가 이르되 당신
의 도장과 그 끈과 당신의 손에 있는 지
팡이로 하라 유다가 그것들을 그에게
주고 그에게로 들어갔더니 그가 유다
로 말미암아 임신하였더라 19그가 일어
나 떠나가서 그 너울을 벗고 과부의 의
복을 도로 입으니라 20유다가 그 친구
아둘람 사람의 손에 부탁하여 염소 새
끼를 보내고 그 여인의 손에서 담보물
을 찾으려 하였으나 그가 그 여인을 찾
지 못한지라 21그가 그 곳 사람에게 물
어 이르되 길 곁 에나임에 있던 창녀가
어디 있느냐 그들이 이르되 여기는 창
녀가 없느니라 22그가 유다에게로 돌아
와 이르되 내가 그를 찾지 못하였고 그
곳 사람도 이르기를 거기에는 창녀가
없다 하더이다 하더라 23유다가 이르되
그로 그것을 가지게 두라 우리가 부끄
러움을 당할까 하노라 내가 이 염소 새
끼를 보냈으나 그대가 그를 찾지 못하
였느니라 24석 달쯤 후에 어떤 사람이
유다에게 일러 말하되 네 며느리 다말
이 행음하였고 그 행음함으로 말미암
아 임신하였느니라 유다가 이르되 그
를 끌어내어 불사르라 25여인이 끌려나
갈 때에 사람을 보내어 시아버지에게
이르되 이 물건 임자로 말미암아 임신
하였나이다 청하건대 보소서 이 도장
과 그 끈과 지팡이가 누구의 것이니이
까 한지라 26유다가 그것들을 알아보고
이르되 그는 나보다 옳도다 내가 그를

☐ 비움

침묵으로 기도하며 나를 비웁니다. 성령의 임재를 구하며, 죄를 회개하며, 마음의 걱정이나 복잡한 생각을 내려놓습니다. 삼위일체 하나님께 가는 길이 다시금 열립니다.

■ 채움

말씀이 나를 가득 채웁니다. 성령의 이끄심에 따라 본문을 관찰하며 깨닫고, 그것을 내 마음에 새겨 내 삶과 세계에 연결합니다. 묵상한 말씀이 삶이 되도록 기도합니다.

■ 나눔

말씀대로 살아갑니다. 오늘 그리고 앞으로 내가 실천할 것들을 구체적으로 적습니다. 가정과 교회, 사회와 오늘의 세계에서 어떻게 말씀이 작동될 것인지 적고 실행합니다.

내 아들 셀라에게 주지 아니하였음이
로다 하고 다시는 그를 가까이 하지 아
니하였더라 27해산할 때에 보니 쌍태라
28해산할 때에 손이 나오는지라 산파가
이르되 이는 먼저 나온 자라 하고 홍색
실을 가져다가 그 손에 매었더니 29그
손을 도로 들이며 그의 아우가 나오는
지라 산파가 이르되 네가 어찌하여 터
뜨리고 나오느냐 하였으므로 그 이름
을 베레스라 불렀고 30그의 형 곧 손에
홍색 실 있는 자가 뒤에 나오니 그의 이
름을 세라라 불렀더라

창세기 39장

1요셉이 이끌려 애굽에 내려가매 바
로의 신하 친위대장 애굽 사람 보디발
이 그를 그리로 데려간 이스마엘 사람
의 손에서 요셉을 사니라 2여호와께서
요셉과 함께 하시므로 그가 형통한 자
가 되어 그의 주인 애굽 사람의 집에 있
으니 3그의 주인이 여호와께서 그와 함
께 하심을 보며 또 여호와께서 그의 범
사에 형통하게 하심을 보았더라 4요셉
이 그의 주인에게 은혜를 입어 섬기매
그가 요셉을 가정 총무로 삼고 자기의
소유를 다 그의 손에 위탁하니 5그가 요
셉에게 자기의 집과 그의 모든 소유물
을 주관하게 한 때부터 여호와께서 요
셉을 위하여 그 애굽 사람의 집에 복을
내리시므로 여호와의 복이 그의 집과
밭에 있는 모든 소유에 미친지라 6주인
이 그의 소유를 다 요셉의 손에 위탁하
고 자기가 먹는 음식 외에는 간섭하지
아니하였더라 요셉은 용모가 빼어나고
아름다웠더라

7그 후에 그의 주인의 아내가 요셉에
게 눈짓하다가 동침하기를 청하니 8요
셉이 거절하며 자기 주인의 아내에게
이르되 내 주인이 집안의 모든 소유를
간섭하지 아니하고 다 내 손에 위탁하
였으니 9이 집에는 나보다 큰 이가 없
으며 주인이 아무것도 내게 금하지 아
니하였어도 금한 것은 당신뿐이니 당
신은 그의 아내임이라 그런즉 내가 어
찌 이 큰 악을 행하여 하나님께 죄를 지
으리이까 10여인이 날마다 요셉에게 청
하였으나 요셉이 듣지 아니하여 동침
하지 아니할 뿐더러 함께 있지도 아니
하니라 11그러할 때에 요셉이 그의 일
을 하러 그 집에 들어갔더니 그 집 사
람들은 하나도 거기에 없었더라 12그
여인이 그의 옷을 잡고 이르되 나와
동침하자 그러나 요셉이 자기의 옷을
그 여인의 손에 버려두고 밖으로 나가
매 13그 여인이 요셉이 그의 옷을 자기
손에 버려두고 도망하여 나감을 보고
14그 여인의 집 사람들을 불러서 그들
에게 이르되 보라 주인이 히브리 사람
을 우리에게 데려다가 우리를 희롱하
게 하는도다 그가 나와 동침하고자 내
게로 들어오므로 내가 크게 소리 질렀
더니 15그가 나의 소리 질러 부름을 듣
고 그의 옷을 내게 버려두고 도망하여
나갔느니라 하고 16그의 옷을 곁에 두
고 자기 주인이 집으로 돌아오기를 기

비움

침묵으로 기도하며 나를 비웁니다. 성령의 임재를 구하며, 죄를 회개하며, 마음의 걱정이나 복잡한 생각을 내려놓습니다. 삼위일체 하나님께 가는 길이 다시금 열립니다.

채움

말씀이 나를 가득 채웁니다. 성령의 이끄심에 따라 본문을 관찰하며 깨닫고, 그것을 내 마음에 새겨 내 삶과 세계에 연결합니다. 묵상한 말씀이 삶이 되도록 기도합니다.

나눔

말씀대로 살아갑니다. 오늘 그리고 앞으로 내가 실천할 것들을 구체적으로 적습니다. 가정과 교회, 사회와 오늘의 세계에서 어떻게 말씀이 작동될 것인지 적고 실행합니다.

다려 17이 말로 그에게 말하여 이르되
당신이 우리에게 데려온 히브리 종이
나를 희롱하려고 내게로 들어왔으므로
18내가 소리 질러 불렀더니 그가 그의
옷을 내게 버려두고 밖으로 도망하여
나갔나이다

19그의 주인이 자기 아내가 자기에게
이르기를 당신의 종이 내게 이같이 행
하였다 하는 말을 듣고 심히 노한지라
20이에 요셉의 주인이 그를 잡아 옥에
가두니 그 옥은 왕의 죄수를 가두는 곳
이었더라 요셉이 옥에 갇혔으나 21여호
와께서 요셉과 함께 하시고 그에게 인
자를 더하사 간수장에게 은혜를 받게
하시매 22간수장이 옥중 죄수를 다 요
셉의 손에 맡기므로 그 제반 사무를 요
셉이 처리하고 23간수장은 그의 손에
맡긴 것을 무엇이든지 살펴보지 아니
하였으니 이는 여호와께서 요셉과 함
께 하심이라 여호와께서 그를 범사에
형통하게 하셨더라

창세기 40장

1그 후에 애굽 왕의 술 맡은 자와 떡
굽는 자가 그들의 주인 애굽 왕에게 범
죄한지라 2바로가 그 두 관원장 곧 술
맡은 관원장과 떡 굽는 관원장에게 노
하여 3그들을 친위대장의 집 안에 있
는 옥에 가두니 곧 요셉이 갇힌 곳이라
4친위대장이 요셉에게 그들을 수종들
게 하매 요셉이 그들을 섬겼더라 그들
이 갇힌 지 여러 날이라 5옥에 갇힌 애
굽 왕의 술 맡은 자와 떡 굽는 자 두 사
람이 하룻밤에 꿈을 꾸니 각기 그 내용
이 다르더라 6아침에 요셉이 들어가 보
니 그들에게 근심의 빛이 있는지라 7요
셉이 그 주인의 집에 자기와 함께 갇힌
바로의 신하들에게 묻되 어찌하여 오
늘 당신들의 얼굴에 근심의 빛이 있나
이까 8그들이 그에게 이르되 우리가 꿈
을 꾸었으나 이를 해석할 자가 없도다
요셉이 그들에게 이르되 해석은 하나
님께 있지 아니하니이까 청하건대 내
게 이르소서

9술 맡은 관원장이 그의 꿈을 요셉에
게 말하여 이르되 내가 꿈에 보니 내 앞
에 포도나무가 있는데 10그 나무에 세
가지가 있고 싹이 나서 꽃이 피고 포도
송이가 익었고 11내 손에 바로의 잔이
있기로 내가 포도를 따서 그 즙을 바로
의 잔에 짜서 그 잔을 바로의 손에 드렸
노라 12요셉이 그에게 이르되 그 해석
이 이러하니 세 가지는 사흘이라 13지
금부터 사흘 안에 바로가 당신의 머리
를 들고 당신의 전직을 회복시키리니
당신이 그 전에 술 맡은 자가 되었을 때
에 하던 것 같이 바로의 잔을 그의 손에
드리게 되리이다 14당신이 잘 되시거든
나를 생각하고 내게 은혜를 베풀어서
내 사정을 바로에게 아뢰어 이 집에서
나를 건져 주소서 15나는 히브리 땅에
서 끌려온 자요 여기서도 옥에 갇힐 일
은 행하지 아니하였나이다

□ 비움

침묵으로 기도하며 나를 비웁니다. 성령의 임재를 구하며, 죄를 회개하며, 마음의 걱정이나 복잡한 생각을 내려놓습니다. 삼위일체 하나님께 가는 길이 다시금 열립니다.

■ 채움

말씀이 나를 가득 채웁니다. 성령의 이끄심에 따라 본문을 관찰하며 깨닫고, 그것을 내 마음에 새겨 내 삶과 세계에 연결합니다. 묵상한 말씀이 삶이 되도록 기도합니다.

나눔

말씀대로 살아갑니다. 오늘 그리고 앞으로 내가 실천할 것들을 구체적으로 적습니다. 가정과 교회, 사회와 오늘의 세계에서 어떻게 말씀이 작동될 것인지 적고 실행합니다.

16떡 굽는 관원장이 그 해석이 좋은
것을 보고 요셉에게 이르되 나도 꿈에
보니 흰 떡 세 광주리가 내 머리에 있
고 17맨 윗광주리에 바로를 위하여 만
든 각종 구운 음식이 있는데 새들이 내
머리의 광주리에서 그것을 먹더라 18요
셉이 대답하여 이르되 그 해석은 이러
하니 세 광주리는 사흘이라 19지금부터
사흘 안에 바로가 당신의 머리를 들고
당신을 나무에 달리니 새들이 당신의
고기를 뜯어 먹으리이다 하더니 20제
삼일은 바로의 생일이라 바로가 그의
모든 신하를 위하여 잔치를 베풀 때에
술 맡은 관원장과 떡 굽는 관원장에게
그의 신하들 중에 머리를 들게 하니라
21바로의 술 맡은 관원장은 전직을 회
복하매 그가 잔을 바로의 손에 받들어
드렸고 22떡 굽는 관원장은 매달리니
요셉이 그들에게 해석함과 같이 되었
으나 23술 맡은 관원장이 요셉을 기억
하지 못하고 그를 잊었더라

창세기 41장

1만 이 년 후에 바로가 꿈을 꾼즉 자
기가 나일 강 가에 서 있는데 2보니 아
름답고 살진 일곱 암소가 강 가에서 올
라와 갈밭에서 뜯어먹고 3그 뒤에 또 흉
하고 파리한 다른 일곱 암소가 나일 강
가에서 올라와 그 소와 함께 나일 강 가
에 서 있더니 4그 흉하고 파리한 소가
그 아름답고 살진 일곱 소를 먹은지라
바로가 곧 깨었다가 5다시 잠이 들어 꿈
을 꾸니 한 줄기에 무성하고 충실한 일
곱 이삭이 나오고 6그 후에 또 가늘고
동풍에 마른 일곱 이삭이 나오더니 7그
가는 일곱 이삭이 무성하고 충실한 일
곱 이삭을 삼킨지라 바로가 깬즉 꿈이
라 8아침에 그의 마음이 번민하여 사람
을 보내어 애굽의 점술가와 현인들을
모두 불러 그들에게 그의 꿈을 말하였
으나 그것을 바로에게 해석하는 자가
없었더라

9술 맡은 관원장이 바로에게 말하여
이르되 내가 오늘 내 죄를 기억하나이
다 10바로께서 종들에게 노하사 나와
떡 굽는 관원장을 친위대장의 집에 가
두셨을 때에 11나와 그가 하룻밤에 꿈
을 꾼즉 각기 뜻이 있는 꿈이라 12그 곳
에 친위대장의 종 된 히브리 청년이 우
리와 함께 있기로 우리가 그에게 말하
매 그가 우리의 꿈을 풀되 그 꿈대로
각 사람에게 해석하더니 13그 해석한
대로 되어 나는 복직되고 그는 매달렸
나이다

14이에 바로가 사람을 보내어 요셉을
부르매 그들이 급히 그를 옥에서 내 놓
은지라 요셉이 곧 수염을 깎고 그의 옷
을 갈아 입고 바로에게 들어가니 15바
로가 요셉에게 이르되 내가 한 꿈을 꾸
었으나 그것을 해석하는 자가 없더니
들은즉 너는 꿈을 들으면 능히 푼다 하
더라 16요셉이 바로에게 대답하여 이르
되 내가 아니라 하나님께서 바로에게
편안한 대답을 하시리이다 17바로가 요

비움

침묵으로 기도하며 나를 비웁니다. 성령의 임재를 구하며, 죄를 회개하며, 마음의 걱정이나 복잡한 생각을 내려놓습니다. 삼위일체 하나님께 가는 길이 다시금 열립니다.

채움

말씀이 나를 가득 채웁니다. 성령의 이끄심에 따라 본문을 관찰하며 깨닫고, 그것을 내 마음에 새겨 내 삶과 세계에 연결합니다. 묵상한 말씀이 삶이 되도록 기도합니다.

나눔

말씀대로 살아갑니다. 오늘 그리고 앞으로 내가 실천할 것들을 구체적으로 적습니다. 가정과 교회, 사회와 오늘의 세계에서 어떻게 말씀이 작동될 것인지 적고 실행합니다.

셉에게 이르되 내가 꿈에 나일 강 가에
서서 18보니 살지고 아름다운 일곱 암
소가 나일 강 가에 올라와 갈밭에서 뜯
어먹고 19그 뒤에 또 약하고 심히 흉하
고 파리한 일곱 암소가 올라오니 그같
이 흉한 것들은 애굽 땅에서 내가 아직
보지 못한 것이라 20그 파리하고 흉한
소가 처음의 일곱 살진 소를 먹었으며
21먹었으나 먹은 듯 하지 아니하고 여
전히 흉하더라 내가 곧 깨었다가 22다
시 꿈에 보니 한 줄기에 무성하고 충실
한 일곱 이삭이 나오고 23그 후에 또 가
늘고 동풍에 마른 일곱 이삭이 나더니
24그 가는 이삭이 좋은 일곱 이삭을 삼
키더라 내가 그 꿈을 점술가에게 말하
였으나 그것을 내게 풀이해 주는 자가
없느니라

25요셉이 바로에게 아뢰되 바로의 꿈
은 하나라 하나님이 그가 하실 일을 바
로에게 보이심이니이다 26일곱 좋은 암
소는 일곱 해요 일곱 좋은 이삭도 일곱
해니 그 꿈은 하나라 27그 후에 올라온
파리하고 흉한 일곱 소는 칠 년이요 동
풍에 말라 속이 빈 일곱 이삭도 일곱 해
흉년이니 28내가 바로에게 이르기를 하
나님이 그가 하실 일을 바로에게 보이
신다 함이 이것이라 29온 애굽 땅에 일
곱 해 큰 풍년이 있겠고 30후에 일곱 해
흉년이 들므로 애굽 땅에 있던 풍년을
다 잊어버리게 되고 이 땅이 그 기근으
로 망하리니 31후에 든 그 흉년이 너무
심하므로 이전 풍년을 이 땅에서 기억
하지 못하게 되리이다 32바로께서 꿈을
두 번 겹쳐 꾸신 것은 하나님이 이 일을
정하셨음이라 하나님이 속히 행하시리
니 33이제 바로께서는 명철하고 지혜
있는 사람을 택하여 애굽 땅을 다스리
게 하시고 34바로께서는 또 이같이 행
하사 나라 안에 감독관들을 두어 그 일
곱 해 풍년에 애굽 땅의 오분의 일을 거
두되 35그들로 장차 올 풍년의 모든 곡
물을 거두고 그 곡물을 바로의 손에 돌
려 양식을 위하여 각 성읍에 쌓아 두게
하소서 36이와 같이 그 곡물을 이 땅에
저장하여 애굽 땅에 임할 일곱 해 흉년
에 대비하시면 땅이 이 흉년으로 말미
암아 망하지 아니하리이다

37바로와 그의 모든 신하가 이 일을
좋게 여긴지라 38바로가 그의 신하들
에게 이르되 이와 같이 하나님의 영에
감동된 사람을 우리가 어찌 찾을 수 있
으리요 하고 39요셉에게 이르되 하나님
이 이 모든 것을 네게 보이셨으니 너와
같이 명철하고 지혜 있는 자가 없도다
40너는 내 집을 다스리라 내 백성이 다
네 명령에 복종하리니 내가 너보다 높
은 것은 내 왕좌뿐이니라 41바로가 또
요셉에게 이르되 내가 너를 애굽 온 땅
의 총리가 되게 하노라 하고 42자기의
인장 반지를 빼어 요셉의 손에 끼우고
그에게 세마포 옷을 입히고 금 사슬을
목에 걸고 43자기에게 있는 버금 수레에
그를 태우매 무리가 그의 앞에서 소리
지르기를 엎드리라 하더라 바로가 그에

비움

침묵으로 기도하며 나를 비웁니다. 성령의 임재를 구하며, 죄를 회개하며, 마음의 걱정이나 복잡한 생각을 내려놓습니다. 삼위일체 하나님께 가는 길이 다시금 열립니다.

채움

말씀이 나를 가득 채웁니다. 성령의 이끄심에 따라 본문을 관찰하며 깨닫고, 그것을 내 마음에 새겨 내 삶과 세계에 연결합니다. 묵상한 말씀이 삶이 되도록 기도합니다.

나눔

말씀대로 살아갑니다. 오늘 그리고 앞으로 내가 실천할 것들을 구체적으로 적습니다. 가정과 교회, 사회와 오늘의 세계에서 어떻게 말씀이 작동될 것인지 적고 실행합니다.

게 애굽 전국을 총리로 다스리게 하였
더라 44바로가 요셉에게 이르되 나는 바
로라 애굽 온 땅에서 네 허락이 없이는
수족을 놀릴 자가 없으리라 하고 45그
가 요셉의 이름을 사브낫바네아라 하고
또 온의 제사장 보디베라의 딸 아스낫
을 그에게 주어 아내로 삼게 하니라 요
셉이 나가 애굽 온 땅을 순찰하니라

46요셉이 애굽 왕 바로 앞에 설 때에
삼십 세라 그가 바로 앞을 떠나 애굽 온
땅을 순찰하니 47일곱 해 풍년에 토지
소출이 심히 많은지라 48요셉이 애굽
땅에 있는 그 칠 년 곡물을 거두어 각
성에 저장하되 각 성읍 주위의 밭의 곡
물을 그 성읍 중에 쌓아 두매 49쌓아 둔
곡식이 바다 모래 같이 심히 많아 세기
를 그쳤으니 그 수가 한이 없음이었더
라 50흉년이 들기 전에 요셉에게 두 아
들이 나되 곧 온의 제사장 보디베라의
딸 아스낫이 그에게서 낳은지라 51요셉
이 그의 장남의 이름을 므낫세라 하였
으니 하나님이 내게 내 모든 고난과 내
아버지의 온 집 일을 잊어버리게 하셨
다 함이요 52차남의 이름을 에브라임이
라 하였으니 하나님이 나를 내가 수고
한 땅에서 번성하게 하셨다 함이었더
라 53애굽 땅에 일곱 해 풍년이 그치고
54요셉의 말과 같이 일곱 해 흉년이 들
기 시작하매 각국에는 기근이 있으나
애굽 온 땅에는 먹을 것이 있더니 55애
굽 온 땅이 굶주리매 백성이 바로에게
부르짖어 양식을 구하는지라 바로가
애굽 모든 백성에게 이르되 요셉에게
가서 그가 너희에게 이르는 대로 하라
하니라 56온 지면에 기근이 있으매 요
셉이 모든 창고를 열고 애굽 백성에게
팔새 애굽 땅에 기근이 심하며 57각국
백성도 양식을 사려고 애굽으로 들어
와 요셉에게 이르렀으니 기근이 온 세
상에 심함이었더라

창세기 42장

1그 때에 야곱이 애굽에 곡식이 있음
을 보고 아들들에게 이르되 너희는 어
찌하여 서로 바라보고만 있느냐 2야곱
이 또 이르되 내가 들은즉 저 애굽에 곡
식이 있다 하니 너희는 그리로 가서 거
기서 우리를 위하여 사오라 그러면 우
리가 살고 죽지 아니하리라 하매 3요셉
의 형 열 사람이 애굽에서 곡식을 사려
고 내려갔으나 4야곱이 요셉의 아우 베
냐민은 그의 형들과 함께 보내지 아니
하였으니 이는 그의 생각에 재난이 그
에게 미칠까 두려워함이었더라 5이스
라엘의 아들들이 양식 사러 간 자 중에
있으니 가나안 땅에 기근이 있음이라
6때에 요셉이 나라의 총리로서 그 땅 모
든 백성에게 곡식을 팔더니 요셉의 형
들이 와서 그 앞에서 땅에 엎드려 절하
매 7요셉이 보고 형들인 줄을 아나 모르
는 체하고 엄한 소리로 그들에게 말하
여 이르되 너희가 어디서 왔느냐 그들
이 이르되 곡물을 사려고 가나안에서
왔나이다 8요셉은 그의 형들을 알아보
았으나 그들은 요셉을 알아보지 못하

☐ 비움

침묵으로 기도하며 나를 비웁니다. 성령의 임재를 구하며, 죄를 회개하며, 마음의 걱정이나 복잡한 생각을 내려놓습니다. 삼위일체 하나님께 가는 길이 다시금 열립니다.

채움

말씀이 나를 가득 채웁니다. 성령의 이끄심에 따라 본문을 관찰하며 깨닫고, 그것을 내 마음에 새겨 내 삶과 세계에 연결합니다. 묵상한 말씀이 삶이 되도록 기도합니다.

나눔

말씀대로 살아갑니다. 오늘 그리고 앞으로 내가 실천할 것들을 구체적으로 적습니다. 가정과 교회, 사회와 오늘의 세계에서 어떻게 말씀이 작동될 것인지 적고 실행합니다.

더라 [9]요셉이 그들에게 대하여 꾼 꿈을
생각하고 그들에게 이르되 너희는 정
탐꾼들이라 이 나라의 틈을 엿보려고
왔느니라 [10]그들이 그에게 이르되 내
주여 아니니이다 당신의 종들은 곡물
을 사러 왔나이다 [11]우리는 다 한 사람
의 아들들로서 확실한 자들이니 당신
의 종들은 정탐꾼이 아니니이다 [12]요셉
이 그들에게 이르되 아니라 너희가 이
나라의 틈을 엿보러 왔느니라 [13]그들이
이르되 당신의 종 우리들은 열두 형제
로서 가나안 땅 한 사람의 아들들이라
막내 아들은 오늘 아버지와 함께 있고
또 하나는 없어졌나이다 [14]요셉이 그들
에게 이르되 내가 너희에게 이르기를
너희는 정탐꾼들이라 한 말이 이것이
니라 [15]너희는 이같이 하여 너희 진실
함을 증명할 것이라 바로의 생명으로
맹세하노니 너희 막내 아우가 여기 오
지 아니하면 너희가 여기서 나가지 못
하리라 [16]너희 중 하나를 보내어 너희
아우를 데려오게 하고 너희는 갇히어
있으라 내가 너희의 말을 시험하여 너
희 중에 진실이 있는지 보리라 바로의
생명으로 맹세하노니 그리하지 아니
하면 너희는 과연 정탐꾼이니라 하고
[17]그들을 다 함께 삼 일을 가두었더라

[18]사흘 만에 요셉이 그들에게 이르되
나는 하나님을 경외하노니 너희는 이
같이 하여 생명을 보전하라 [19]너희가
확실한 자들이면 너희 형제 중 한 사람
만 그 옥에 갇히게 하고 너희는 곡식을
가지고 가서 너희 집안의 굶주림을 구
하고 [20]너희 막내 아우를 내게로 데리
고 오라 그러면 너희 말이 진실함이 되
고 너희가 죽지 아니하리라 하니 그들
이 그대로 하니라 [21]그들이 서로 말하
되 우리가 아우의 일로 말미암아 범죄
하였도다 그가 우리에게 애걸할 때에
그 마음의 괴로움을 보고도 듣지 아니
하였으므로 이 괴로움이 우리에게 임
하도다 [22]르우벤이 그들에게 대답하여
이르되 내가 너희에게 그 아이에 대하
여 죄를 짓지 말라고 하지 아니하였더
냐 그래도 너희가 듣지 아니하였느니
라 그러므로 그의 핏값을 치르게 되었
도다 하니 [23]그들 사이에 통역을 세웠
으므로 그들은 요셉이 듣는 줄을 알지
못하였더라 [24]요셉이 그들을 떠나가서
울고 다시 돌아와서 그들과 말하다가
그들 중에서 시므온을 끌어내어 그들
의 눈 앞에서 결박하고 [25]명하여 곡물
을 그 그릇에 채우게 하고 각 사람의 돈
은 그의 자루에 도로 넣게 하고 또 길
양식을 그들에게 주게 하니 그대로 행
하였더라

[26]그들이 곡식을 나귀에 싣고 그 곳
을 떠났더니 [27]한 사람이 여관에서 나
귀에게 먹이를 주려고 자루를 풀고 본
즉 그 돈이 자루 아귀에 있는지라 [28]그
가 그 형제에게 말하되 내 돈을 도로 넣
었도다 보라 자루 속에 있도다 이에 그
들이 혼이 나서 떨며 서로 돌아보며 말
하되 하나님이 어찌하여 이런 일을 우

☐ 비움

침묵으로 기도하며 나를 비웁니다. 성령의 임재를 구하며, 죄를 회개하며, 마음의 걱정이나 복잡한 생각을 내려놓습니다. 삼위일체 하나님께 가는 길이 다시금 열립니다.

■ 채움

말씀이 나를 가득 채웁니다. 성령의 이끄심에 따라 본문을 관찰하며 깨닫고, 그것을 내 마음에 새겨 내 삶과 세계에 연결합니다. 묵상한 말씀이 삶이 되도록 기도합니다.

나눔

말씀대로 살아갑니다. 오늘 그리고 앞으로 내가 실천할 것들을 구체적으로 적습니다. 가정과 교회, 사회와 오늘의 세계에서 어떻게 말씀이 작동될 것인지 적고 실행합니다.

리에게 행하셨는가 하고 29그들이 가
나안 땅에 돌아와 그들의 아버지 야곱
에게 이르러 그들이 당한 일을 자세히
알리어 아뢰되 30그 땅의 주인인 그 사
람이 엄하게 우리에게 말씀하고 우리
를 그 땅에 대한 정탐꾼으로 여기기로
31우리가 그에게 이르되 우리는 확실한
자들이요 정탐꾼이 아니니이다 32우리
는 한 아버지의 아들 열두 형제로서 하
나는 없어지고 막내는 오늘 우리 아버
지와 함께 가나안 땅에 있나이다 하였
더니 33그 땅의 주인인 그 사람이 우리
에게 이르되 내가 이같이 하여 너희가
확실한 자들임을 알리니 너희 형제 중
의 하나를 내게 두고 양식을 가지고 가
서 너희 집안의 굶주림을 구하고 34너
희 막내 아우를 내게로 데려 오라 그러
면 너희가 정탐꾼이 아니요 확실한 자
들임을 내가 알고 너희 형제를 너희에
게 돌리리니 너희가 이 나라에서 무역
하리라 하더이다 하고 35각기 자루를
쏟고 본즉 각 사람의 돈뭉치가 그 자
루 속에 있는지라 그들과 그들의 아버
지가 돈뭉치를 보고 다 두려워하더니
36그들의 아버지 야곱이 그들에게 이르
되 너희가 나에게 내 자식들을 잃게 하
도다 요셉도 없어졌고 시므온도 없어
졌거늘 베냐민을 또 빼앗아 가고자 하
니 이는 다 나를 해롭게 함이로다 37르
우벤이 그의 아버지에게 말하여 이르
되 내가 그를 아버지께로 데리고 오지
아니하거든 내 두 아들을 죽이소서 그
를 내 손에 맡기소서 내가 그를 아버지
께로 데리고 돌아오리이다 38야곱이 이
르되 내 아들은 너희와 함께 내려가지
못하리니 그의 형은 죽고 그만 남았음
이라 만일 너희가 가는 길에서 재난이
그에게 미치면 너희가 내 흰 머리를 슬
퍼하며 스올로 내려가게 함이 되리라

창세기 43장

1그 땅에 기근이 심하고 2그들이 애
굽에서 가져온 곡식을 다 먹으매 그 아
버지가 그들에게 이르되 다시 가서 우
리를 위하여 양식을 조금 사오라 3유다
가 아버지에게 말하여 이르되 그 사람
이 우리에게 엄히 경고하여 이르되 너
희 아우가 너희와 함께 오지 아니하면
너희가 내 얼굴을 보지 못하리라 하였
으니 4아버지께서 우리 아우를 우리와
함께 보내시면 우리가 내려가서 아버
지를 위하여 양식을 사려니와 5아버지
께서 만일 그를 보내지 아니하시면 우
리는 내려가지 아니하리니 그 사람이
우리에게 말하기를 너희의 아우가 너
희와 함께 오지 아니하면 너희가 내 얼
굴을 보지 못하리라 하였음이니이다
6이스라엘이 이르되 너희가 어찌하여
너희에게 또 다른 아우가 있다고 그 사
람에게 말하여 나를 괴롭게 하였느냐
7그들이 이르되 그 사람이 우리와 우리
의 친족에 대하여 자세히 질문하여 이
르기를 너희 아버지가 아직 살아 계시
느냐 너희에게 아우가 있느냐 하기로
그 묻는 말에 따라 그에게 대답한 것이
니 그가 너희의 아우를 데리고 내려오

☐ 비움

침묵으로 기도하며 나를 비웁니다. 성령의 임재를 구하며, 죄를 회개하며, 마음의 걱정이나 복잡한 생각을 내려놓습니다. 삼위일체 하나님께 가는 길이 다시금 열립니다.

채움

말씀이 나를 가득 채웁니다. 성령의 이끄심에 따라 본문을 관찰하며 깨닫고, 그것을 내 마음에 새겨 내 삶과 세계에 연결합니다. 묵상한 말씀이 삶이 되도록 기도합니다.

나눔

말씀대로 살아갑니다. 오늘 그리고 앞으로 내가 실천할 것들을 구체적으로 적습니다. 가정과 교회, 사회와 오늘의 세계에서 어떻게 말씀이 작동될 것인지 적고 실행합니다.

라 할 줄을 우리가 어찌 알았으리이까
8유다가 그의 아버지 이스라엘에게 이
르되 저 아이를 나와 함께 보내시면 우
리가 곧 가리니 그러면 우리와 아버지
와 우리 어린 아이들이 다 살고 죽지 아
니하리이다 9내가 그를 위하여 담보가
되오리니 아버지께서 내 손에서 그를
찾으소서 내가 만일 그를 아버지께 데
려다가 아버지 앞에 두지 아니하면 내
가 영원히 죄를 지리이다 10우리가 지
체하지 아니하였더라면 벌써 두 번 갔
다 왔으리이다 11그들의 아버지 이스라
엘이 그들에게 이르되 그러할진대 이
렇게 하라 너희는 이 땅의 아름다운 소
산을 그릇에 담아가지고 내려가서 그
사람에게 예물로 드릴지니 곧 유향 조
금과 꿀 조금과 향품과 몰약과 유향나
무 열매와 감복숭아이니라 12너희 손
에 갑절의 돈을 가지고 너희 자루 아귀
에 도로 넣어져 있던 그 돈을 다시 가지
고 가라 혹 잘못이 있었을까 두렵도다
13네 아우도 데리고 떠나 다시 그 사람
에게로 가라 14전능하신 하나님께서 그
사람 앞에서 너희에게 은혜를 베푸사
그 사람으로 너희 다른 형제와 베냐민
을 돌려보내게 하시기를 원하노라 내
가 자식을 잃게 되면 잃으리로다 15그
형제들이 예물을 마련하고 갑절의 돈
을 자기들의 손에 가지고 베냐민을 데리
고 애굽에 내려가서 요셉 앞에 서니라

16요셉은 베냐민이 그들과 함께 있음
을 보고 자기의 청지기에게 이르되 이
사람들을 집으로 인도해 들이고 짐승
을 잡고 준비하라 이 사람들이 정오에
나와 함께 먹을 것이니라 17청지기가
요셉의 명대로 하여 그 사람들을 요셉
의 집으로 인도하니 18그 사람들이 요
셉의 집으로 인도되매 두려워하여 이
르되 전번에 우리 자루에 들어 있던 돈
의 일로 우리가 끌려드는도다 이는 우
리를 억류하고 달려들어 우리를 잡아
노예로 삼고 우리의 나귀를 빼앗으려
함이로다 하고 19그들이 요셉의 집 청
지기에게 가까이 나아가 그 집 문 앞에
서 그에게 말하여 20이르되 내 주여 우
리가 전번에 내려와서 양식을 사가지
고 21여관에 이르러 자루를 풀어본즉
각 사람의 돈이 전액 그대로 자루 아귀
에 있기로 우리가 도로 가져왔고 22양
식 살 다른 돈도 우리가 가지고 내려왔
나이다 우리의 돈을 우리 자루에 넣은
자는 누구인지 우리가 알지 못하나이
다 23그가 이르되 너희는 안심하라 두
려워하지 말라 너희 하나님, 너희 아버
지의 하나님이 재물을 너희 자루에 넣
어 너희에게 주신 것이니라 너희 돈은
내가 이미 받았느니라 하고 시므온을
그들에게로 이끌어내고 24그들을 요셉
의 집으로 인도하고 물을 주어 발을 씻
게 하며 그들의 나귀에게 먹이를 주더
라 25그들이 거기서 음식을 먹겠다 함
을 들었으므로 예물을 정돈하고 요셉
이 정오에 오기를 기다리더니 26요셉
이 집으로 오매 그들이 집으로 들어가
서 예물을 그에게 드리고 땅에 엎드려

☐ 비움

침묵으로 기도하며 나를 비웁니다. 성령의 임재를 구하며, 죄를 회개하며, 마음의 걱정이나 복잡한 생각을 내려놓습니다. 삼위일체 하나님께 가는 길이 다시금 열립니다.

■ 채움

말씀이 나를 가득 채웁니다. 성령의 이끄심에 따라 본문을 관찰하며 깨닫고, 그것을 내 마음에 새겨 내 삶과 세계에 연결합니다. 묵상한 말씀이 삶이 되도록 기도합니다.

나눔

말씀대로 살아갑니다. 오늘 그리고 앞으로 내가 실천할 것들을 구체적으로 적습니다. 가정과 교회, 사회와 오늘의 세계에서 어떻게 말씀이 작동될 것인지 적고 실행합니다.

절하니 27요셉이 그들의 안부를 물으며
이르되 너희 아버지 너희가 말하던 그
노인이 안녕하시냐 아직도 생존해 계
시느냐 28그들이 대답하되 주의 종 우
리 아버지가 평안하고 지금까지 생존
하였나이다 하고 머리 숙여 절하더라
29요셉이 눈을 들어 자기 어머니의 아
들 자기 동생 베냐민을 보고 이르되 너
희가 내게 말하던 너희 작은 동생이 이
아이냐 그가 또 이르되 소자여 하나
님이 네게 은혜 베푸시기를 원하노라
30요셉이 아우를 사랑하는 마음이 복받
쳐 급히 울 곳을 찾아 안방으로 들어가
서 울고 31얼굴을 씻고 나와서 그 정을
억제하고 음식을 차리라 하매 32그들이
요셉에게 따로 차리고 그 형제들에게
따로 차리고 그와 함께 먹는 애굽 사람
에게도 따로 차리니 애굽 사람은 히브
리 사람과 같이 먹으면 부정을 입음이
었더라 33그들이 요셉 앞에 앉되 그들
의 나이에 따라 앉히게 되니 그들이 서
로 이상히 여겼더라 34요셉이 자기 음
식을 그들에게 주되 베냐민에게는 다
른 사람보다 다섯 배나 주매 그들이 마
시며 요셉과 함께 즐거워하였더라

창세기 44장

1요셉이 그의 집 청지기에게 명하여
이르되 양식을 각자의 자루에 운반할
수 있을 만큼 채우고 각자의 돈을 그 자
루에 넣고 2또 내 잔 곧 은잔을 그 청
년의 자루 아귀에 넣고 그 양식 값 돈
도 함께 넣으라 하매 그가 요셉의 명령
대로 하고 3아침이 밝을 때에 사람들과
그들의 나귀들을 보내니라 4그들이 성
읍에서 나가 멀리 가기 전에 요셉이 청
지기에게 이르되 일어나 그 사람들의
뒤를 따라 가서 그들에게 이르기를 너
희가 어찌하여 선을 악으로 갚느냐 5이
것은 내 주인이 가지고 마시며 늘 점치
는 데에 쓰는 것이 아니냐 너희가 이같
이 하니 악하도다 하라 6청지기가 그들
에게 따라 가서 그대로 말하니 7그들이
그에게 대답하되 내 주여 어찌 이렇게
말씀하시나이까 당신의 종들이 이런
일은 결단코 아니하나이다 8우리 자루
에 있던 돈도 우리가 가나안 땅에서부
터 당신에게로 가져왔거늘 우리가 어
찌 당신의 주인의 집에서 은 금을 도둑
질하리이까 9당신의 종들 중 누구에게
서 발견되든지 그는 죽을 것이요 우리
는 내 주의 종들이 되리이다 10그가 이
르되 그러면 너희의 말과 같이 하리라
그것이 누구에게서든지 발견되면 그는
내게 종이 될 것이요 너희는 죄가 없으
리라 11그들이 각각 급히 자루를 땅에
내려놓고 자루를 각기 푸니 12그가 나
이 많은 자에게서부터 시작하여 나이
적은 자에게까지 조사하매 그 잔이 베
냐민의 자루에서 발견된지라 13그들이
옷을 찢고 각기 짐을 나귀에 싣고 성으
로 돌아 가니라

14유다와 그의 형제들이 요셉의 집에
이르니 요셉이 아직 그 곳에 있는지라
그의 앞에서 땅에 엎드리니 15요셉이

비움

침묵으로 기도하며 나를 비웁니다. 성령의 임재를 구하며, 죄를 회개하며, 마음의 걱정이나 복잡한 생각을 내려놓습니다. 삼위일체 하나님께 가는 길이 다시금 열립니다.

채움

말씀이 나를 가득 채웁니다. 성령의 이끄심에 따라 본문을 관찰하며 깨닫고, 그것을 내 마음에 새겨 내 삶과 세계에 연결합니다. 묵상한 말씀이 삶이 되도록 기도합니다.

나눔

말씀대로 살아갑니다. 오늘 그리고 앞으로 내가 실천할 것들을 구체적으로 적습니다. 가정과 교회, 사회와 오늘의 세계에서 어떻게 말씀이 작동될 것인지 적고 실행합니다.

그들에게 이르되 너희가 어찌하여 이
런 일을 행하였느냐 나 같은 사람이 점
을 잘 치는 줄을 너희는 알지 못하였느
냐 16유다가 말하되 우리가 내 주께 무
슨 말을 하오리이까 무슨 설명을 하오
리이까 우리가 어떻게 우리의 정직함
을 나타내리이까 하나님이 종들의 죄
악을 찾아내셨으니 우리와 이 잔이 발
견된 자가 다 내 주의 노예가 되겠나이
다 17요셉이 이르되 내가 결코 그리하
지 아니하리라 잔이 그 손에서 발견된
자만 내 종이 되고 너희는 평안히 너희
아버지께로 도로 올라갈 것이니라 18유
다가 그에게 가까이 가서 이르되 내 주
여 원하건대 당신의 종에게 내 주의 귀
에 한 말씀을 아뢰게 하소서 주의 종에
게 노하지 마소서 주는 바로와 같으심
이니이다 19이전에 내 주께서 종들에게
물으시되 너희는 아버지가 있느냐 아
우가 있느냐 하시기에 20우리가 내 주
께 아뢰되 우리에게 아버지가 있으니
노인이요 또 그가 노년에 얻은 아들 청
년이 있으니 그의 형은 죽고 그의 어머
니가 남긴 것은 그뿐이므로 그의 아버
지가 그를 사랑하나이다 하였더니 21주
께서 또 종들에게 이르시되 그를 내게
로 데리고 내려와서 내가 그를 보게 하
라 하시기로 22우리가 내 주께 말씀드
리기를 그 아이는 그의 아버지를 떠
나지 못할지니 떠나면 그의 아버지가
죽겠나이다 23주께서 또 주의 종들에
게 말씀하시되 너희 막내 아우가 너희
와 함께 내려오지 아니하면 너희가 다
시 내 얼굴을 보지 못하리라 하시기로
24우리가 주의 종 우리 아버지에게로
도로 올라가서 내 주의 말씀을 그에게
아뢰었나이다 25그 후에 우리 아버지가
다시 가서 곡물을 조금 사오라 하시기
로 26우리가 이르되 우리가 내려갈 수
없나이다 우리 막내 아우가 함께 가면
내려가려니와 막내 아우가 우리와 함
께 가지 아니하면 그 사람의 얼굴을 볼
수 없음이니이다 27주의 종 우리 아버
지가 우리에게 이르되 너희도 알거니
와 내 아내가 내게 두 아들을 낳았으나
28하나는 내게서 나갔으므로 내가 말하
기를 틀림없이 찢겨 죽었다 하고 내가
지금까지 그를 보지 못하거늘 29너희가
이 아이도 내게서 데려 가려하니 만일
재해가 그 몸에 미치면 나의 흰 머리를
슬퍼하며 스올로 내려가게 하리라 하
니 30아버지의 생명과 아이의 생명이
서로 하나로 묶여 있거늘 이제 내가 주
의 종 우리 아버지에게 돌아갈 때에 아
이가 우리와 함께 가지 아니하면 31아
버지가 아이의 없음을 보고 죽으리니
이같이 되면 종들이 주의 종 우리 아버
지가 흰 머리로 슬퍼하며 스올로 내려
가게 함이니이다 32주의 종이 내 아버
지에게 아이를 담보하기를 내가 이를
아버지께로 데리고 돌아오지 아니하면
영영히 아버지께 죄짐을 지리이다 하
였사오니 33이제 주의 종으로 그 아이
를 대신하여 머물러 있어 내 주의 종이
되게 하시고 그 아이는 그의 형제들과
함께 올려 보내소서 34그 아이가 나와

☐ 비움

침묵으로 기도하며 나를 비웁니다. 성령의 임재를 구하며, 죄를 회개하며, 마음의 걱정이나 복잡한 생각을 내려놓습니다. 삼위일체 하나님께 가는 길이 다시금 열립니다.

■ 채움

말씀이 나를 가득 채웁니다. 성령의 이끄심에 따라 본문을 관찰하며 깨닫고, 그것을 내 마음에 새겨 내 삶과 세계에 연결합니다. 묵상한 말씀이 삶이 되도록 기도합니다.

나눔

말씀대로 살아갑니다. 오늘 그리고 앞으로 내가 실천할 것들을 구체적으로 적습니다. 가정과 교회, 사회와 오늘의 세계에서 어떻게 말씀이 작동될 것인지 적고 실행합니다.

함께 가지 아니하면 내가 어찌 내 아버
지에게로 올라갈 수 있으리이까 두렵
건대 재해가 내 아버지에게 미침을 보
리이다

창세기 45장

1요셉이 시종하는 자들 앞에서 그 정
을 억제하지 못하여 소리 질러 모든 사
람을 자기에게서 물러가라 하고 그 형
제들에게 자기를 알리니 그 때에 그와
함께 한 다른 사람이 없었더라 2요셉이
큰 소리로 우니 애굽 사람에게 들리며
바로의 궁중에 들리더라 3요셉이 그 형
들에게 이르되 나는 요셉이라 내 아버
지께서 아직 살아 계시니이까 형들이
그 앞에서 놀라서 대답하지 못하더라
4요셉이 형들에게 이르되 내게로 가까
이 오소서 그들이 가까이 가니 이르되
나는 당신들의 아우 요셉이니 당신들이
애굽에 판 자라 5당신들이 나를 이 곳에
팔았다고 해서 근심하지 마소서 한탄하
지 마소서 하나님이 생명을 구원하시려
고 나를 당신들보다 먼저 보내셨나이다
6이 땅에 이 년 동안 흉년이 들었으나
아직 오 년은 밭갈이도 못하고 추수도
못할지라 7하나님이 큰 구원으로 당신
들의 생명을 보존하고 당신들의 후손을
세상에 두시려고 나를 당신들보다 먼저
보내셨나니 8그런즉 나를 이리로 보낸
이는 당신들이 아니요 하나님이시라 하
나님이 나를 바로에게 아버지로 삼으시
고 그 온 집의 주로 삼으시며 애굽 온 땅
의 통치자로 삼으셨나이다 9당신들은
속히 아버지께로 올라가서 아뢰기를 아
버지의 아들 요셉의 말에 하나님이 나
를 애굽 전국의 주로 세우셨으니 지체
말고 내게로 내려오사 10아버지의 아들
들과 아버지의 손자들과 아버지의 양과
소와 모든 소유가 고센 땅에 머물며 나
와 가깝게 하소서 11흉년이 아직 다섯
해가 있으니 내가 거기서 아버지를 봉
양하리이다 아버지와 아버지의 가족과
아버지께 속한 모든 사람에게 부족함이
없도록 하겠나이다 하더라고 전하소서
12당신들의 눈과 내 아우 베냐민의 눈
이 보는 바 당신들에게 이 말을 하는 것
은 내 입이라 13당신들은 내가 애굽에
서 누리는 영화와 당신들이 본 모든 것
을 다 내 아버지께 아뢰고 속히 모시고
내려오소서 하며 14자기 아우 베냐민의
목을 안고 우니 베냐민도 요셉의 목을
안고 우니라 15요셉이 또 형들과 입맞
추며 안고 우니 형들이 그제서야 요셉
과 말하니라

16요셉의 형들이 왔다는 소문이 바
로의 궁에 들리매 바로와 그의 신하들
이 기뻐하고 17바로는 요셉에게 이르
되 네 형들에게 명령하기를 너희는 이
렇게 하여 너희 양식을 싣고 가서 가나
안 땅에 이르거든 18너희 아버지와 너
희 가족을 이끌고 내게로 오라 내가 너
희에게 애굽의 좋은 땅을 주리니 너희
가 나라의 기름진 것을 먹으리라 19이
제 명령을 받았으니 이렇게 하라 너희
는 애굽 땅에서 수레를 가져다가 너희

비움

침묵으로 기도하며 나를 비웁니다. 성령의 임재를 구하며, 죄를 회개하며, 마음의 걱정이나 복잡한 생각을 내려놓습니다. 삼위일체 하나님께 가는 길이 다시금 열립니다.

채움

말씀이 나를 가득 채웁니다. 성령의 이끄심에 따라 본문을 관찰하며 깨닫고, 그것을 내 마음에 새겨 내 삶과 세계에 연결합니다. 묵상한 말씀이 삶이 되도록 기도합니다.

나눔

말씀대로 살아갑니다. 오늘 그리고 앞으로 내가 실천할 것들을 구체적으로 적습니다. 가정과 교회, 사회와 오늘의 세계에서 어떻게 말씀이 작동될 것인지 적고 실행합니다.

자녀와 아내를 태우고 너희 아버지를
모셔 오라 20또 너희의 기구를 아끼지
말라 온 애굽 땅의 좋은 것이 너희 것
임이니라

21이스라엘의 아들들이 그대로 할새
요셉이 바로의 명령대로 그들에게 수
레를 주고 길 양식을 주며 22또 그들에
게 다 각기 옷 한 벌씩을 주되 베냐민에
게는 은 삼백과 옷 다섯 벌을 주고 23그
가 또 이와 같이 그 아버지에게 보내되
수나귀 열 필에 애굽의 아름다운 물품
을 실리고 암나귀 열 필에는 아버지에
게 길에서 드릴 곡식과 떡과 양식을 실
리고 24이에 형들을 돌려보내며 그들에
게 이르되 당신들은 길에서 다투지 말
라 하였더라 25그들이 애굽에서 올라와
가나안 땅으로 들어가서 아버지 야곱
에게 이르러 26알리어 이르되 요셉이
지금까지 살아 있어 애굽 땅 총리가 되
었더이다 야곱이 그들의 말을 믿지 못
하여 어리둥절 하더니 27그들이 또 요
셉이 자기들에게 부탁한 모든 말로 그
에게 말하매 그들의 아버지 야곱은 요
셉이 자기를 태우려고 보낸 수레를 보
고서야 기운이 소생한지라 28이스라엘
이 이르되 족하도다 내 아들 요셉이 지
금까지 살아 있으니 내가 죽기 전에 가
서 그를 보리라 하니라

창세기 46장

1이스라엘이 모든 소유를 이끌고 떠
나 브엘세바에 이르러 그의 아버지 이
삭의 하나님께 희생제사를 드리니 2그
밤에 하나님이 이상 중에 이스라엘에
게 나타나 이르시되 야곱아 야곱아 하
시는지라 야곱이 이르되 내가 여기 있
나이다 하매 3하나님이 이르시되 나는
하나님이라 네 아버지의 하나님이니
애굽으로 내려가기를 두려워하지 말라
내가 거기서 너로 큰 민족을 이루게 하
리라 4내가 너와 함께 애굽으로 내려가
겠고 반드시 너를 인도하여 다시 올라
올 것이며 요셉이 그의 손으로 네 눈을
감기리라 하셨더라 5야곱이 브엘세바
에서 떠날새 이스라엘의 아들들이 바
로가 그를 태우려고 보낸 수레에 자기
들의 아버지 야곱과 자기들의 처자들
을 태우고 6그들의 가축과 가나안 땅에
서 얻은 재물을 이끌었으며 야곱과 그
의 자손들이 다함께 애굽으로 갔더라
7이와 같이 야곱이 그 아들들과 손자들
과 딸들과 손녀들 곧 그의 모든 자손을
데리고 애굽으로 갔더라

8애굽으로 내려간 이스라엘 가족의
이름은 이러하니라 야곱과 그의 아들
들 곧 야곱의 맏아들 르우벤과 9르우벤
의 아들 하녹과 발루와 헤스론과 갈미
요 10시므온의 아들은 여무엘과 야민과
오핫과 야긴과 스할과 가나안 여인의
아들 사울이요 11레위의 아들은 게르손
과 그핫과 므라리요 12유다의 아들 곧
엘과 오난과 셀라와 베레스와 세라니
엘과 오난은 가나안 땅에서 죽었고 베
레스의 아들은 헤스론과 하물이요 13잇

□ 비움

침묵으로 기도하며 나를 비웁니다. 성령의 임재를 구하며, 죄를 회개하며, 마음의 걱정이나 복잡한 생각을 내려놓습니다. 삼위일체 하나님께 가는 길이 다시금 열립니다.

■ 채움

말씀이 나를 가득 채웁니다. 성령의 이끄심에 따라 본문을 관찰하며 깨닫고, 그것을 내 마음에 새겨 내 삶과 세계에 연결합니다. 묵상한 말씀이 삶이 되도록 기도합니다.

나눔

말씀대로 살아갑니다. 오늘 그리고 앞으로 내가 실천할 것들을 구체적으로 적습니다. 가정과 교회, 사회와 오늘의 세계에서 어떻게 말씀이 작동될 것인지 적고 실행합니다.

사갈의 아들은 돌라와 부와와 욥과 시
므론이요 14스불론의 아들은 세렛과 엘
론과 얄르엘이니 15이들은 레아가 밧단
아람에서 야곱에게 난 자손들이라 그
딸 디나를 합하여 남자와 여자가 삼십
삼 명이며 16갓의 아들은 시뵨과 학기
와 수니와 에스본과 에리와 아로디와
아렐리요 17아셀의 아들은 임나와 이스
와와 이스위와 브리아와 그들의 누이
세라며 또 브리아의 아들은 헤벨과 말
기엘이니 18이들은 라반이 그의 딸 레
아에게 준 실바가 야곱에게 낳은 자손
들이니 모두 십육 명이라 19야곱의 아
내 라헬의 아들 곧 요셉과 베냐민이요
20애굽 땅에서 온의 제사장 보디베라의
딸 아스낫이 요셉에게 낳은 므낫세와
에브라임이요 21베냐민의 아들 곧 벨라
와 베겔과 아스벨과 게라와 나아만과
에히와 로스와 뭅빔과 훕빔과 아릇이
니 22이들은 라헬이 야곱에게 낳은 자
손들이니 모두 십사 명이요 23단의 아
들 후심이요 24납달리의 아들 곧 야스
엘과 구니와 예셀과 실렘이라 25이들은
라반이 그의 딸 라헬에게 준 빌하가 야
곱에게 낳은 자손들이니 모두 칠 명이
라 26야곱과 함께 애굽에 들어간 자는
야곱의 며느리들 외에 육십육 명이니
이는 다 야곱의 몸에서 태어난 자이며
27애굽에서 요셉이 낳은 아들은 두 명
이니 야곱의 집 사람으로 애굽에 이른
자가 모두 칠십 명이었더라

28야곱이 유다를 요셉에게 미리 보내
어 자기를 고센으로 인도하게 하고 다
고센 땅에 이르니 29요셉이 그의 수레
를 갖추고 고센으로 올라가서 그의 아
버지 이스라엘을 맞으며 그에게 보이
고 그의 목을 어긋맞춰 안고 얼마 동안
울매 30이스라엘이 요셉에게 이르되 네
가 지금까지 살아 있고 내가 네 얼굴을
보았으니 지금 죽어도 족하도다 31요
셉이 그의 형들과 아버지의 가족에게
이르되 내가 올라가서 바로에게 아뢰
어 이르기를 가나안 땅에 있던 내 형들
과 내 아버지의 가족이 내게로 왔는데
32그들은 목자들이라 목축하는 사람들
이므로 그들의 양과 소와 모든 소유를
이끌고 왔나이다 하리니 33바로가 당신
들을 불러서 너희의 직업이 무엇이냐
묻거든 34당신들은 이르기를 주의 종들
은 어렸을 때부터 지금까지 목축하는
자들이온데 우리와 우리 선조가 다 그
러하니이다 하소서 애굽 사람은 다 목
축을 가증히 여기나니 당신들이 고센
땅에 살게 되리이다

창세기 47장

1요셉이 바로에게 가서 고하여 이르되
내 아버지와 내 형들과 그들의 양과 소
와 모든 소유가 가나안 땅에서 와서 고
센 땅에 있나이다 하고 2그의 형들 중
다섯 명을 택하여 바로에게 보이니 3바
로가 요셉의 형들에게 묻되 너희 생업
이 무엇이냐 그들이 바로에게 대답하
되 종들은 목자이온데 우리와 선조가
다 그러하니이다 하고 4그들이 또 바로
에게 고하되 가나안 땅에 기근이 심하

☐ 비움

침묵으로 기도하며 나를 비웁니다. 성령의 임재를 구하며, 죄를 회개하며, 마음의 걱정이나 복잡한 생각을 내려놓습니다. 삼위일체 하나님께 가는 길이 다시금 열립니다.

■ 채움

말씀이 나를 가득 채웁니다. 성령의 이끄심에 따라 본문을 관찰하며 깨닫고, 그것을 내 마음에 새겨 내 삶과 세계에 연결합니다. 묵상한 말씀이 삶이 되도록 기도합니다.

■ 나눔

말씀대로 살아갑니다. 오늘 그리고 앞으로 내가 실천할 것들을 구체적으로 적습니다. 가정과 교회, 사회와 오늘의 세계에서 어떻게 말씀이 작동될 것인지 적고 실행합니다.

여 종들의 양 떼를 칠 곳이 없기로 종
들이 이 곳에 거류하고자 왔사오니 원
하건대 종들로 고센 땅에 살게 하소서
5바로가 요셉에게 말하여 이르되 네 아
버지와 형들이 네게 왔은즉 6애굽 땅이
네 앞에 있으니 땅의 좋은 곳에 네 아
버지와 네 형들이 거주하게 하되 그들
이 고센 땅에 거주하고 그들 중에 능력
있는 자가 있거든 그들로 내 가축을 관
리하게 하라 7요셉이 자기 아버지 야곱
을 인도하여 바로 앞에 서게 하니 야곱
이 바로에게 축복하매 8바로가 야곱에
게 묻되 네 나이가 얼마냐 9야곱이 바
로에게 아뢰되 내 나그네 길의 세월이
백삼십 년이니이다 내 나이가 얼마 못
되니 우리 조상의 나그네 길의 연조에
미치지 못하나 험악한 세월을 보내었
나이다 하고 10야곱이 바로에게 축복하
고 그 앞에서 나오니라 11요셉이 바로
의 명령대로 그의 아버지와 그의 형들
에게 거주할 곳을 주되 애굽의 좋은 땅
라암셋을 그들에게 주어 소유로 삼게
하고 12또 그의 아버지와 그의 형들과
그의 아버지의 온 집에 그 식구를 따라
먹을 것을 주어 봉양하였더라

13기근이 더욱 심하여 사방에 먹을
것이 없고 애굽 땅과 가나안 땅이 기근
으로 황폐하니 14요셉이 곡식을 팔아
애굽 땅과 가나안 땅에 있는 돈을 모두
거두어들이고 그 돈을 바로의 궁으로
가져가니 15애굽 땅과 가나안 땅에 돈
이 떨어진지라 애굽 백성이 다 요셉에
게 와서 이르되 돈이 떨어졌사오니 우
리에게 먹을 거리를 주소서 어찌 주 앞
에서 죽으리이까 16요셉이 이르되 너희
의 가축을 내라 돈이 떨어졌은즉 내가
너희의 가축과 바꾸어 주리라 17그들이
그들의 가축을 요셉에게 끌어오는지라
요셉이 그 말과 양 떼와 소 떼와 나귀를
받고 그들에게 먹을 것을 주되 곧 그 모
든 가축과 바꾸어서 그 해 동안에 먹을
것을 그들에게 주니라 18그 해가 다 가
고 새 해가 되매 무리가 요셉에게 와서
그에게 말하되 우리가 주께 숨기지 아
니하나이다 우리의 돈이 다하였고 우
리의 가축 떼가 주께로 돌아갔사오니
주께 낼 것이 아무것도 남지 아니하고
우리의 몸과 토지뿐이라 19우리가 어찌
우리의 토지와 함께 주의 목전에 죽으
리이까 우리 몸과 우리 토지를 먹을 것
을 주고 사소서 우리가 토지와 함께 바
로의 종이 되리니 우리에게 종자를 주
시면 우리가 살고 죽지 아니하며 토지
도 황폐하게 되지 아니하리이다

20그러므로 요셉이 애굽의 모든 토지
를 다 사서 바로에게 바치니 애굽의 모
든 사람들이 기근에 시달려 각기 토지
를 팔았음이라 땅이 바로의 소유가 되
니라 21요셉이 애굽 땅 이 끝에서 저 끝
까지의 백성을 성읍들에 옮겼으나 22제
사장들의 토지는 사지 아니하였으니
제사장들은 바로에게서 녹을 받음이
라 바로가 주는 녹을 먹으므로 그들이
토지를 팔지 않음이었더라 23요셉이 백

☐ 비움

침묵으로 기도하며 나를 비웁니다. 성령의 임재를 구하며, 죄를 회개하며, 마음의 걱정이나 복잡한 생각을 내려놓습니다. 삼위일체 하나님께 가는 길이 다시금 열립니다.

■ 채움

말씀이 나를 가득 채웁니다. 성령의 이끄심에 따라 본문을 관찰하며 깨닫고, 그것을 내 마음에 새겨 내 삶과 세계에 연결합니다. 묵상한 말씀이 삶이 되도록 기도합니다.

나눔

말씀대로 살아갑니다. 오늘 그리고 앞으로 내가 실천할 것들을 구체적으로 적습니다. 가정과 교회, 사회와 오늘의 세계에서 어떻게 말씀이 작동될 것인지 적고 실행합니다.

엘의 눈이 나이로 말미암아 어두워서
보지 못하더라 요셉이 두 아들을 이끌
어 아버지 앞으로 나아가니 이스라엘이
그들에게 입맞추고 그들을 안고 11요셉
에게 이르되 내가 네 얼굴을 보리라고
는 생각하지 못하였더니 하나님이 내게
네 자손까지도 보게 하셨도다 12요셉이
아버지의 무릎 사이에서 두 아들을 물
러나게 하고 땅에 엎드려 절하고 13오
른손으로는 에브라임을 이스라엘의 왼
손을 향하게 하고 왼손으로는 므낫세를
이스라엘의 오른손을 향하게 하여 이끌
어 그에게 가까이 나아가매 14이스라엘
이 오른손을 펴서 차남 에브라임의 머
리에 얹고 왼손을 펴서 므낫세의 머리
에 얹으니 므낫세는 장자라도 팔을 엇
바꾸어 얹었더라 15그가 요셉을 위하여
축복하여 이르되 내 조부 아브라함과
아버지 이삭이 섬기던 하나님, 나의 출
생으로부터 지금까지 나를 기르신 하나
님, 16나를 모든 환난에서 건지신 여호
와의 사자께서 이 아이들에게 복을 주
시오며 이들로 내 이름과 내 조상 아브
라함과 이삭의 이름으로 칭하게 하시오
며 이들이 세상에서 번식되게 하시기를
원하나이다 17요셉이 그 아버지가 오른
손을 에브라임의 머리에 얹은 것을 보
고 기뻐하지 아니하여 아버지의 손을
들어 에브라임의 머리에서 므낫세의
머리로 옮기고자 하여 18그의 아버지에
게 이르되 아버지여 그리 마옵소서 이
는 장자이니 오른손을 그의 머리에 얹
으소서 하였으나 19그의 아버지가 허락
하지 아니하며 이르되 나도 안다 내 아
들아 나도 안다 그도 한 족속이 되며 그
도 크게 되려니와 그의 아우가 그보다
큰 자가 되고 그의 자손이 여러 민족을
이루리라 하고 20그 날에 그들에게 축
복하여 이르되 이스라엘이 너로 말미암
아 축복하기를 하나님이 네게 에브라임
같고 므낫세 같게 하시리라 하며 에브
라임을 므낫세보다 앞세웠더라 21이스
라엘이 요셉에게 또 이르되 나는 죽으
나 하나님이 너희와 함께 계시사 너희
를 인도하여 너희 조상의 땅으로 돌아
가게 하시려니와 22내가 네게 네 형제
보다 세겜 땅을 더 주었나니 이는 내가
내 칼과 활로 아모리 족속의 손에서 빼
앗은 것이니라

창세기 49장

1야곱이 그 아들들을 불러 이르되 너
희는 모이라 너희가 후일에 당할 일을
내가 너희에게 이르리라

2너희는 모여 들으라 야곱의 아들들
아 너희 아버지 이스라엘에게 들을
지어다 3르우벤아 너는 내 장자요
내 능력이요 내 기력의 시작이라 위
풍이 월등하고 권능이 탁월하다마는
4물의 끓음 같았은즉 너는 탁월하지
못하리니 네가 아버지의 침상에 올
라 더럽혔음이로다 그가 내 침상에
올랐었도다 5시므온과 레위는 형제
요 그들의 칼은 폭력의 도구로다 6내
혼아 그들의 모의에 상관하지 말지
어다 내 영광아 그들의 집회에 참여

□ 비움

침묵으로 기도하며 나를 비웁니다. 성령의 임재를 구하며, 죄를 회개하며, 마음의 걱정이나 복잡한 생각을 내려놓습니다. 삼위일체 하나님께 가는 길이 다시금 열립니다.

■ 채움

말씀이 나를 가득 채웁니다. 성령의 이끄심에 따라 본문을 관찰하며 깨닫고, 그것을 내 마음에 새겨 내 삶과 세계에 연결합니다. 묵상한 말씀이 삶이 되도록 기도합니다.

나눔

말씀대로 살아갑니다. 오늘 그리고 앞으로 내가 실천할 것들을 구체적으로 적습니다. 가정과 교회, 사회와 오늘의 세계에서 어떻게 말씀이 작동될 것인지 적고 실행합니다.

하지 말지어다 그들이 그들의 분노
대로 사람을 죽이고 그들의 혈기대
로 소의 발목 힘줄을 끊었음이로다
7그 노여움이 혹독하니 저주를 받을
것이요 분기가 맹렬하니 저주를 받
을 것이라 내가 그들을 야곱 중에서
나누며 이스라엘 중에서 흩으리로다
8유다야 너는 네 형제의 찬송이 될지
라 네 손이 네 원수의 목을 잡을 것이
요 네 아버지의 아들들이 네 앞에 절
하리로다 9유다는 사자 새끼로다 내
아들아 너는 움킨 것을 찢고 올라갔
도다 그가 엎드리고 웅크림이 수사
자 같고 암사자 같으니 누가 그를 범
할 수 있으랴 10규가 유다를 떠나지
아니하며 통치자의 지팡이가 그 발
사이에서 떠나지 아니하기를 실로
가 오시기까지 이르리니 그에게 모
든 백성이 복종하리로다 11그의 나
귀를 포도나무에 매며 그의 암나귀
새끼를 아름다운 포도나무에 맬 것
이며 또 그 옷을 포도주에 빨며 그의
복장을 포도즙에 빨리로다 12그의 눈
은 포도주로 인하여 붉겠고 그의 이
는 우유로 말미암아 희리로다 13스불
론은 해변에 거주하리니 그 곳은 배
매는 해변이라 그의 경계가 시돈까
지리로다 14잇사갈은 양의 우리 사이
에 꿇어앉은 건장한 나귀로다 15그는
쉴 곳을 보고 좋게 여기며 토지를 보
고 아름답게 여기고 어깨를 내려 짐
을 메고 압제 아래에서 섬기리로다
16단은 이스라엘의 한 지파 같이 그
의 백성을 심판하리로다 17단은 길
섶의 뱀이요 샛길의 독사로다 말굽
을 물어서 그 탄 자를 뒤로 떨어지
게 하리로다 18여호와여 나는 주의
구원을 기다리나이다 19갓은 군대의
추격을 받으나 도리어 그 뒤를 추격
하리로다 20아셀에게서 나는 먹을 것
은 기름진 것이라 그가 왕의 수라상
을 차리리로다 21납달리는 놓인 암사
슴이라 아름다운 소리를 발하는도다
22요셉은 무성한 가지 곧 샘 곁의 무
성한 가지라 그 가지가 담을 넘었도
다 23활쏘는 자가 그를 학대하며 적
개심을 가지고 그를 쏘았으나 24요셉
의 활은 도리어 굳세며 그의 팔은 힘
이 있으니 이는 야곱의 전능자 이스
라엘의 반석인 목자의 손을 힘입음
이라 25네 아버지의 하나님께로 말
미암나니 그가 너를 도우실 것이요
전능자로 말미암나니 그가 네게 복
을 주실 것이라 위로 하늘의 복과 아
래로 깊은 샘의 복과 젖먹이는 복과
태의 복이리로다 26네 아버지의 축복
이 내 선조의 축복보다 나아서 영원
한 산이 한 없음 같이 이 축복이 요셉
의 머리로 돌아오며 그 형제 중 뛰어
난 자의 정수리로 돌아오리로다 27베
냐민은 물어뜯는 이리라 아침에는
빼앗은 것을 먹고 저녁에는 움킨 것
을 나누리로다

28이들은 이스라엘의 열두 지파라 이와
같이 그들의 아버지가 그들에게 말하
고 그들에게 축복하였으니 곧 그들 각

비움

침묵으로 기도하며 나를 비웁니다. 성령의 임재를 구하며, 죄를 회개하며, 마음의 걱정이나 복잡한 생각을 내려놓습니다. 삼위일체 하나님께 가는 길이 다시금 열립니다.

채움

말씀이 나를 가득 채웁니다. 성령의 이끄심에 따라 본문을 관찰하며 깨닫고, 그것을 내 마음에 새겨 내 삶과 세계에 연결합니다. 묵상한 말씀이 삶이 되도록 기도합니다.

나눔

말씀대로 살아갑니다. 오늘 그리고 앞으로 내가 실천할 것들을 구체적으로 적습니다. 가정과 교회, 사회와 오늘의 세계에서 어떻게 말씀이 작동될 것인지 적고 실행합니다.

사람의 분량대로 축복하였더라 29그가
그들에게 명하여 이르되 내가 내 조상
들에게로 돌아가리니 나를 헷 사람 에
브론의 밭에 있는 굴에 우리 선조와 함
께 장사하라 30이 굴은 가나안 땅 마므
레 앞 막벨라 밭에 있는 것이라 아브라
함이 헷 사람 에브론에게서 밭과 함께
사서 그의 매장지를 삼았으므로 31아브
라함과 그의 아내 사라가 거기 장사되
었고 이삭과 그의 아내 리브가도 거기
장사되었으며 나도 레아를 그 곳에 장
사하였노라 32이 밭과 거기 있는 굴은
헷 사람에게서 산 것이니라 33야곱이
아들에게 명하기를 마치고 그 발을 침
상에 모으고 숨을 거두니 그의 백성에
게로 돌아갔더라

창세기 50장

1요셉이 그의 아버지 얼굴에 구푸려 울
며 입맞추고 2그 수종 드는 의원에게 명
하여 아버지의 몸을 향으로 처리하게
하매 의원이 이스라엘에게 그대로 하
되 3사십 일이 걸렸으니 향으로 처리하
는 데는 이 날수가 걸림이며 애굽 사람
들은 칠십 일 동안 그를 위하여 곡하였
더라

4곡하는 기한이 지나매 요셉이 바로
의 궁에 말하여 이르되 내가 너희에게
은혜를 입었으면 원하건대 바로의 귀에
아뢰기를 5우리 아버지가 나로 맹세하
게 하여 이르되 내가 죽거든 가나안 땅
에 내가 파 놓은 묘실에 나를 장사하라
하였나니 나로 올라가서 아버지를 장사
하게 하소서 내가 다시 오리이다 하라
하였더니 6바로가 이르되 그가 네게 시
킨 맹세대로 올라가서 네 아버지를 장
사하라 7요셉이 자기 아버지를 장사하
러 올라가니 바로의 모든 신하와 바로
궁의 원로들과 애굽 땅의 모든 원로와
8요셉의 온 집과 그의 형제들과 그의 아
버지의 집이 그와 함께 올라가고 그들
의 어린 아이들과 양 떼와 소 떼만 고
센 땅에 남겼으며 9병거와 기병이 요셉
을 따라 올라가니 그 떼가 심히 컸더라
10그들이 요단 강 건너편 아닷 타작 마
당에 이르러 거기서 크게 울고 애통하
며 요셉이 아버지를 위하여 칠 일 동안
애곡하였더니 11그 땅 거민 가나안 백
성들이 아닷 마당의 애통을 보고 이르
되 이는 애굽 사람의 큰 애통이라 하였
으므로 그 땅 이름을 아벨미스라임이라
하였으니 곧 요단 강 건너편이더라 12야
곱의 아들들이 아버지가 그들에게 명령
한 대로 그를 위해 따라 행하여 13그를
가나안 땅으로 메어다가 마므레 앞 막
벨라 밭 굴에 장사하였으니 이는 아브
라함이 헷 족속 에브론에게 밭과 함께
사서 매장지를 삼은 곳이더라 14요셉이
아버지를 장사한 후에 자기 형제와 호
상꾼과 함께 애굽으로 돌아왔더라

15요셉의 형제들이 그들의 아버지가
죽었음을 보고 말하되 요셉이 혹시 우
리를 미워하여 우리가 그에게 행한 모
든 악을 다 갚지나 아니할까 하고 16요
셉에게 말을 전하여 이르되 당신의 아

비움

침묵으로 기도하며 나를 비웁니다. 성령의 임재를 구하며, 죄를 회개하며, 마음의 걱정이나 복잡한 생각을 내려놓습니다. 삼위일체 하나님께 가는 길이 다시금 열립니다.

채움

말씀이 나를 가득 채웁니다. 성령의 이끄심에 따라 본문을 관찰하며 깨닫고, 그것을 내 마음에 새겨 내 삶과 세계에 연결합니다. 묵상한 말씀이 삶이 되도록 기도합니다.

나눔

말씀대로 살아갑니다. 오늘 그리고 앞으로 내가 실천할 것들을 구체적으로 적습니다. 가정과 교회, 사회와 오늘의 세계에서 어떻게 말씀이 작동될 것인지 적고 실행합니다.

버지가 돌아가시기 전에 명령하여 이
르시기를 17너희는 이같이 요셉에게 이
르라 네 형들이 네게 악을 행하였을지
라도 이제 바라건대 그들의 허물과 죄
를 용서하라 하셨나니 당신 아버지의
하나님의 종들인 우리 죄를 이제 용서
하소서 하매 요셉이 그들이 그에게 하
는 말을 들을 때에 울었더라 18그의 형
들이 또 친히 와서 요셉의 앞에 엎드
려 이르되 우리는 당신의 종들이니이
다 19요셉이 그들에게 이르되 두려워하
지 마소서 내가 하나님을 대신하리이
까 20당신들은 나를 해하려 하였으나
하나님은 그것을 선으로 바꾸사 오늘
과 같이 많은 백성의 생명을 구원하게
하시려 하셨나니 21당신들은 두려워하
지 마소서 내가 당신들과 당신들의 자
녀를 기르리이다 하고 그들을 간곡한
말로 위로하였더라

22요셉이 그의 아버지의 가족과 함께
애굽에 거주하여 백십 세를 살며 23에
브라임의 자손 삼대를 보았으며 므낫
세의 아들 마길의 아들들도 요셉의 슬
하에서 양육되었더라 24요셉이 그의 형
제들에게 이르되 나는 죽을 것이나 하
나님이 당신들을 돌보시고 당신들을
이 땅에서 인도하여 내사 아브라함과
이삭과 야곱에게 맹세하신 땅에 이르
게 하시리라 하고 25요셉이 또 이스라
엘 자손에게 맹세시켜 이르기를 하나
님이 반드시 당신들을 돌보시리니 당
신들은 여기서 내 해골을 메고 올라가
겠다 하라 하였더라 26요셉이 백십 세
에 죽으매 그들이 그의 몸에 향 재료를
넣고 애굽에서 입관하였더라

비움

침묵으로 기도하며 나를 비웁니다. 성령의 임재를 구하며, 죄를 회개하며, 마음의 걱정이나 복잡한 생각을 내려놓습니다. 삼위일체 하나님께 가는 길이 다시금 열립니다.

채움

말씀이 나를 가득 채웁니다. 성령의 이끄심에 따라 본문을 관찰하며 깨닫고, 그것을 내 마음에 새겨 내 삶과 세계에 연결합니다. 묵상한 말씀이 삶이 되도록 기도합니다.

나눔

말씀대로 살아갑니다. 오늘 그리고 앞으로 내가 실천할 것들을 구체적으로 적습니다. 가정과 교회, 사회와 오늘의 세계에서 어떻게 말씀이 작동될 것인지 적고 실행합니다.

○□△메줄
동 네 세 메 줄

동네세메줄성경 1

5

출애굽기

1장 1절-15장 21절

출애굽기 1장

1야곱과 함께 각각 자기 가족을 데리
고 애굽에 이른 이스라엘 아들들의 이
름은 이러하니 2르우벤과 시므온과 레
위와 유다와 3잇사갈과 스불론과 베냐
민과 4단과 납달리와 갓과 아셀이요
5야곱의 허리에서 나온 사람이 모두 칠
십이요 요셉은 애굽에 있었더라 6요셉
과 그의 모든 형제와 그 시대의 사람은
다 죽었고 7이스라엘 자손은 생육하고
불어나 번성하고 매우 강하여 온 땅에
가득하게 되었더라

8요셉을 알지 못하는 새 왕이 일어나
애굽을 다스리더니 9그가 그 백성에게
이르되 이 백성 이스라엘 자손이 우리
보다 많고 강하도다 10자, 우리가 그들
에게 대하여 지혜롭게 하자 두렵건대
그들이 더 많게 되면 전쟁이 일어날 때
에 우리 대적과 합하여 우리와 싸우고
이 땅에서 나갈까 하노라 하고 11감독
들을 그들 위에 세우고 그들에게 무거
운 짐을 지워 괴롭게 하여 그들에게 바
로를 위하여 국고성 비돔과 라암셋을
건축하게 하니라 12그러나 학대를 받
을수록 더욱 번성하여 퍼져나가니 애
굽 사람이 이스라엘 자손으로 말미암
아 근심하여 13이스라엘 자손에게 일을
엄하게 시켜 14어려운 노동으로 그들의
생활을 괴롭게 하니 곧 흙 이기기와 벽
돌 굽기와 농사의 여러 가지 일이라 그
시키는 일이 모두 엄하였더라

15애굽 왕이 히브리 산파 십브라라 하
는 사람과 부아라 하는 사람에게 말하
여 16이르되 너희는 히브리 여인을 위
하여 해산을 도울 때에 그 자리를 살펴
서 아들이거든 그를 죽이고 딸이거든
살려두라 17그러나 산파들이 하나님을
두려워하여 애굽 왕의 명령을 어기고
남자 아기들을 살린지라 18애굽 왕이
산파를 불러 그들에게 이르되 너희가
어찌하여 이같이 남자 아기들을 살렸
느냐 19산파가 바로에게 대답하되 히브
리 여인은 애굽 여인과 같지 아니하고
건장하여 산파가 그들에게 이르기 전
에 해산하였더이다 하매 20하나님이 그
산파들에게 은혜를 베푸시니 그 백성은
번성하고 매우 강해지니라 21그 산파들
은 하나님을 경외하였으므로 하나님이
그들의 집안을 흥왕하게 하신지라 22그
러므로 바로가 그의 모든 백성에게 명
령하여 이르되 아들이 태어나거든 너희
는 그를 나일 강에 던지고 딸이거든 살
려두라 하였더라

출애굽기 2장

1레위 가족 중 한 사람이 가서 레위
여자에게 장가 들어 2그 여자가 임신하
여 아들을 낳으니 그가 잘 생긴 것을 보
고 석 달 동안 그를 숨겼으나 3더 숨길
수 없게 되매 그를 위하여 갈대 상자를
가져다가 역청과 나무 진을 칠하고 아
기를 거기 담아 나일 강 가 갈대 사이
에 두고 4그의 누이가 어떻게 되는지를
알려고 멀리 섰더니 5바로의 딸이 목욕

☐ 비움

침묵으로 기도하며 나를 비웁니다. 성령의 임재를 구하며, 죄를 회개하며, 마음의 걱정이나 복잡한 생각을 내려놓습니다. 삼위일체 하나님께 가는 길이 다시금 열립니다.

채움

말씀이 나를 가득 채웁니다. 성령의 이끄심에 따라 본문을 관찰하며 깨닫고, 그것을 내 마음에 새겨 내 삶과 세계에 연결합니다. 묵상한 말씀이 삶이 되도록 기도합니다.

나눔

말씀대로 살아갑니다. 오늘 그리고 앞으로 내가 실천할 것들을 구체적으로 적습니다. 가정과 교회, 사회와 오늘의 세계에서 어떻게 말씀이 작동될 것인지 적고 실행합니다.

하러 나일 강으로 내려오고 시녀들은
나일 강 가를 거닐 때에 그가 갈대 사
이의 상자를 보고 시녀를 보내어 가져
다가 6열고 그 아기를 보니 아기가 우
는지라 그가 그를 불쌍히 여겨 이르되
이는 히브리 사람의 아기로다 7그의 누
이가 바로의 딸에게 이르되 내가 가서
당신을 위하여 히브리 여인 중에서 유
모를 불러다가 이 아기에게 젖을 먹이
게 하리이까 8바로의 딸이 그에게 이르
되 가라 하매 그 소녀가 가서 그 아기
의 어머니를 불러오니 9바로의 딸이 그
에게 이르되 이 아기를 데려다가 나를
위하여 젖을 먹이라 내가 그 삯을 주리
라 여인이 아기를 데려다가 젖을 먹이
더니 10그 아기가 자라매 바로의 딸에
게로 데려가니 그가 그의 아들이 되니
라 그가 그의 이름을 모세라 하여 이르
되 이는 내가 그를 물에서 건져내었음
이라 하였더라

11모세가 장성한 후에 한번은 자기
형제들에게 나가서 그들이 고되게 노
동하는 것을 보더니 어떤 애굽 사람이
한 히브리 사람 곧 자기 형제를 치는 것
을 본지라 12좌우를 살펴 사람이 없음
을 보고 그 애굽 사람을 쳐죽여 모래 속
에 감추니라 13이튿날 다시 나가니 두
히브리 사람이 서로 싸우는지라 그 잘
못한 사람에게 이르되 네가 어찌하여
동포를 치느냐 하매 14그가 이르되 누
가 너를 우리를 다스리는 자와 재판관
으로 삼았느냐 네가 애굽 사람을 죽인
것처럼 나도 죽이려느냐 모세가 두려
워하여 이르되 일이 탄로되었도다 15바
로가 이 일을 듣고 모세를 죽이고자 하
여 찾는지라 모세가 바로의 낯을 피하
여 미디안 땅에 머물며 하루는 우물 곁
에 앉았더라

16미디안 제사장에게 일곱 딸이 있었
더니 그들이 와서 물을 길어 구유에 채
우고 그들의 아버지의 양 떼에게 먹이
려 하는데 17목자들이 와서 그들을 쫓
는지라 모세가 일어나 그들을 도와 그
양 떼에게 먹이니라 18그들이 그들의
아버지 르우엘에게 이를 때에 아버지
가 이르되 너희가 오늘은 어찌하여 이
같이 속히 돌아오느냐 19그들이 이르되
한 애굽 사람이 우리를 목자들의 손에
서 건져내고 우리를 위하여 물을 길어
양 떼에게 먹였나이다 20아버지가 딸들
에게 이르되 그 사람이 어디에 있느냐
너희가 어찌하여 그 사람을 버려두고
왔느냐 그를 청하여 음식을 대접하라
하였더라 21모세가 그와 동거하기를 기
뻐하매 그가 그의 딸 십보라를 모세에
게 주었더니 22그가 아들을 낳으매 모
세가 그의 이름을 게르솜이라 하여 이
르되 내가 타국에서 나그네가 되었음
이라 하였더라

23여러 해 후에 애굽 왕은 죽었고 이
스라엘 자손은 고된 노동으로 말미암아
탄식하며 부르짖으니 그 고된 노동으로
말미암아 부르짖는 소리가 하나님께 상

비움

침묵으로 기도하며 나를 비웁니다. 성령의 임재를 구하며, 죄를 회개하며, 마음의 걱정이나 복잡한 생각을 내려놓습니다. 삼위일체 하나님께 가는 길이 다시금 열립니다.

채움

말씀이 나를 가득 채웁니다. 성령의 이끄심에 따라 본문을 관찰하며 깨닫고, 그것을 내 마음에 새겨 내 삶과 세계에 연결합니다. 묵상한 말씀이 삶이 되도록 기도합니다.

나눔

말씀대로 살아갑니다. 오늘 그리고 앞으로 내가 실천할 것들을 구체적으로 적습니다. 가정과 교회, 사회와 오늘의 세계에서 어떻게 말씀이 작동될 것인지 적고 실행합니다.

달된지라 24하나님이 그들의 고통 소리
를 들으시고 하나님이 아브라함과 이삭
과 야곱에게 세운 그의 언약을 기억하
사 25하나님이 이스라엘 자손을 돌보셨
고 하나님이 그들을 기억하셨더라

출애굽기 3장

1모세가 그의 장인 미디안 제사장 이
드로의 양 떼를 치더니 그 떼를 광야 서
쪽으로 인도하여 하나님의 산 호렙에
이르매 2여호와의 사자가 떨기나무 가
운데로부터 나오는 불꽃 안에서 그에
게 나타나시니라 그가 보니 떨기나무
에 불이 붙었으나 그 떨기나무가 사라
지지 아니하는지라 3이에 모세가 이르
되 내가 돌이켜 가서 이 큰 광경을 보
리라 떨기나무가 어찌하여 타지 아니
하는고 하니 그 때에 4여호와께서 그가
보려고 돌이켜 오는 것을 보신지라 하
나님이 떨기나무 가운데서 그를 불러
이르시되 모세야 모세야 하시매 그가
이르되 내가 여기 있나이다 5하나님이
이르시되 이리로 가까이 오지 말라 네
가 선 곳은 거룩한 땅이니 네 발에서 신
을 벗으라 6또 이르시되 나는 네 조상
의 하나님이니 아브라함의 하나님, 이
삭의 하나님, 야곱의 하나님이니라 모
세가 하나님 뵈옵기를 두려워하여 얼
굴을 가리매 7여호와께서 이르시되 내
가 애굽에 있는 내 백성의 고통을 분명
히 보고 그들이 그들의 감독자로 말미
암아 부르짖음을 듣고 그 근심을 알고
8내가 내려가서 그들을 애굽인의 손에
서 건져내고 그들을 그 땅에서 인도하
여 아름답고 광대한 땅, 젖과 꿀이 흐
르는 땅 곧 가나안 족속, 헷 족속, 아모
리 족속, 브리스 족속, 히위 족속, 여부
스 족속의 지방에 데려가려 하노라 9이
제 가라 이스라엘 자손의 부르짖음이
내게 달하고 애굽 사람이 그들을 괴롭
히는 학대도 내가 보았으니 10이제 내
가 너를 바로에게 보내어 너에게 내 백
성 이스라엘 자손을 애굽에서 인도하
여 내게 하리라 11모세가 하나님께 아
뢰되 내가 누구이기에 바로에게 가며
이스라엘 자손을 애굽에서 인도하여
내리이까 12하나님이 이르시되 내가 반
드시 너와 함께 있으리라 네가 그 백성
을 애굽에서 인도하여 낸 후에 너희가
이 산에서 하나님을 섬기리니 이것이
내가 너를 보낸 증거니라

13모세가 하나님께 아뢰되 내가 이스
라엘 자손에게 가서 이르기를 너희의
조상의 하나님이 나를 너희에게 보내
셨다 하면 그들이 내게 묻기를 그의 이
름이 무엇이냐 하리니 내가 무엇이라
고 그들에게 말하리이까 14하나님이 모
세에게 이르시되 나는 스스로 있는 자
이니라 또 이르시되 너는 이스라엘 자
손에게 이같이 이르기를 스스로 있는
자가 나를 너희에게 보내셨다 하라

15하나님이 또 모세에게 이르시되 너
는 이스라엘 자손에게 이같이 이르기
를 너희 조상의 하나님 여호와 곧 아브

비움

침묵으로 기도하며 나를 비웁니다. 성령의 임재를 구하며, 죄를 회개하며, 마음의 걱정이나 복잡한 생각을 내려놓습니다. 삼위일체 하나님께 가는 길이 다시금 열립니다.

채움

말씀이 나를 가득 채웁니다. 성령의 이끄심에 따라 본문을 관찰하며 깨닫고, 그것을 내 마음에 새겨 내 삶과 세계에 연결합니다. 묵상한 말씀이 삶이 되도록 기도합니다.

나눔

말씀대로 살아갑니다. 오늘 그리고 앞으로 내가 실천할 것들을 구체적으로 적습니다. 가정과 교회, 사회와 오늘의 세계에서 어떻게 말씀이 작동될 것인지 적고 실행합니다.

라함의 하나님, 이삭의 하나님, 야곱의
하나님께서 나를 너희에게 보내셨다
하라 이는 나의 영원한 이름이요 대대
로 기억할 나의 칭호니라 16너는 가서
이스라엘의 장로들을 모으고 그들에
게 이르기를 여호와 너희 조상의 하나
님 곧 아브라함과 이삭과 야곱의 하나
님이 내게 나타나 이르시되 내가 너희
를 돌보아 너희가 애굽에서 당한 일을
확실히 보았노라 17내가 말하였거니와
내가 너희를 애굽의 고난 중에서 인도
하여 내어 젖과 꿀이 흐르는 땅 곧 가나
안 족속, 헷 족속, 아모리 족속, 브리스
족속, 히위 족속, 여부스 족속의 땅으
로 올라가게 하리라 하셨다 하면 18그
들이 네 말을 들으리니 너는 그들의 장
로들과 함께 애굽 왕에게 이르기를 히
브리 사람의 하나님 여호와께서 우리에
게 임하셨은즉 우리가 우리 하나님 여
호와께 제사를 드리려 하오니 사흘길쯤
광야로 가도록 허락하소서 하라 19내가
아노니 강한 손으로 치기 전에는 애굽
왕이 너희가 가도록 허락하지 아니하다
가 20내가 내 손을 들어 애굽 중에 여러
가지 이적으로 그 나라를 친 후에야 그
가 너희를 보내리라 21내가 애굽 사람
으로 이 백성에게 은혜를 입히게 할지
라 너희가 나갈 때에 빈손으로 가지 아
니하리니 22여인들은 모두 그 이웃 사
람과 및 자기 집에 거류하는 여인에게
은 패물과 금 패물과 의복을 구하여 너
희의 자녀를 꾸미라 너희는 애굽 사람
들의 물품을 취하리라

출애굽기 4장

1모세가 대답하여 이르되 그러나 그
들이 나를 믿지 아니하며 내 말을 듣지
아니하고 이르기를 여호와께서 네게
나타나지 아니하셨다 하리이다 2여호
와께서 그에게 이르시되 네 손에 있는
것이 무엇이냐 그가 이르되 지팡이니
이다 3여호와께서 이르시되 그것을 땅
에 던지라 하시매 곧 땅에 던지니 그것
이 뱀이 된지라 모세가 뱀 앞에서 피하
매 4여호와께서 모세에게 이르시되 네
손을 내밀어 그 꼬리를 잡으라 그가 손
을 내밀어 그것을 잡으니 그의 손에서
지팡이가 된지라 5이는 그들에게 그들
의 조상의 하나님 곧 아브라함의 하나
님, 이삭의 하나님, 야곱의 하나님 여호
와가 네게 나타난 줄을 믿게 하려 함이
라 하시고 6여호와께서 또 그에게 이르
시되 네 손을 품에 넣으라 하시매 그가
손을 품에 넣었다가 내어보니 그의 손
에 나병이 생겨 눈 같이 된지라 7이르
시되 네 손을 다시 품에 넣으라 하시매
그가 다시 손을 품에 넣었다가 내어보
니 그의 손이 본래의 살로 되돌아왔더
라 8여호와께서 이르시되 만일 그들이
너를 믿지 아니하며 그 처음 표적의 표
징을 받지 아니하여도 나중 표적의 표
징은 믿으리라 9그들이 이 두 이적을 믿
지 아니하며 네 말을 듣지 아니하거든
너는 나일 강 물을 조금 떠다가 땅에 부
으라 네가 떠온 나일 강 물이 땅에서 피
가 되리라

□ 비움

침묵으로 기도하며 나를 비웁니다. 성령의 임재를 구하며, 죄를 회개하며, 마음의 걱정이나 복잡한 생각을 내려놓습니다. 삼위일체 하나님께 가는 길이 다시금 열립니다.

■ 채움

말씀이 나를 가득 채웁니다. 성령의 이끄심에 따라 본문을 관찰하며 깨닫고, 그것을 내 마음에 새겨 내 삶과 세계에 연결합니다. 묵상한 말씀이 삶이 되도록 기도합니다.

⊞ 나눔

말씀대로 살아갑니다. 오늘 그리고 앞으로 내가 실천할 것들을 구체적으로 적습니다. 가정과 교회, 사회와 오늘의 세계에서 어떻게 말씀이 작동될 것인지 적고 실행합니다.

10 모세가 여호와께 아뢰되 오 주여
나는 본래 말을 잘 하지 못하는 자니이
다 주께서 주의 종에게 명령하신 후에
도 역시 그러하니 나는 입이 뻣뻣하고
혀가 둔한 자니이다 11 여호와께서 그에
게 이르시되 누가 사람의 입을 지었느
냐 누가 말 못 하는 자나 못 듣는 자나
눈 밝은 자나 맹인이 되게 하였느냐 나
여호와가 아니냐 12 이제 가라 내가 네
입과 함께 있어서 할 말을 가르치리라
13 모세가 이르되 오 주여 보낼 만한 자
를 보내소서 14 여호와께서 모세를 향하
여 노하여 이르시되 레위 사람 네 형 아
론이 있지 아니하냐 그가 말 잘 하는 것
을 내가 아노라 그가 너를 만나러 나오
나니 그가 너를 볼 때에 그의 마음에 기
쁨이 있을 것이라 15 너는 그에게 말하
고 그의 입에 할 말을 주라 내가 네 입
과 그의 입에 함께 있어서 너희들이 행
할 일을 가르치리라 16 그가 너를 대신
하여 백성에게 말할 것이니 그는 네 입
을 대신할 것이요 너는 그에게 하나님
같이 되리라 17 너는 이 지팡이를 손에
잡고 이것으로 이적을 행할지니라

18 모세가 그의 장인 이드로에게로 돌
아가서 그에게 이르되 내가 애굽에 있
는 내 형제들에게로 돌아가서 그들이
아직 살아 있는지 알아보려 하오니 나
로 가게 하소서 이드로가 모세에게 평
안히 가라 하니라 19 여호와께서 미디안
에서 모세에게 이르시되 애굽으로 돌
아가라 네 목숨을 노리던 자가 다 죽
었느니라 20 모세가 그의 아내와 아들
들을 나귀에 태우고 애굽으로 돌아가
는데 모세가 하나님의 지팡이를 손에
잡았더라 21 여호와께서 모세에게 이르
시되 네가 애굽으로 돌아가거든 내가
네 손에 준 이적을 바로 앞에서 다 행하
라 그러나 내가 그의 마음을 완악하게
한즉 그가 백성을 보내 주지 아니하리
니 22 너는 바로에게 이르기를 여호와의
말씀에 이스라엘은 내 아들 내 장자라
23 내가 네게 이르기를 내 아들을 보내
주어 나를 섬기게 하라 하여도 네가 보
내 주기를 거절하니 내가 네 아들 네 장
자를 죽이리라 하셨다 하라 하시니라
24 모세가 길을 가다가 숙소에 있을 때
에 여호와께서 그를 만나사 그를 죽이
려 하신지라 25 십보라가 돌칼을 가져다
가 그의 아들의 포피를 베어 그의 발에
갖다 대며 이르되 당신은 참으로 내게
피 남편이로다 하니 26 여호와께서 그를
놓아 주시니라 그 때에 십보라가 피 남
편이라 함은 할례 때문이었더라

27 여호와께서 아론에게 이르시되 광
야에 가서 모세를 맞으라 하시매 그가
가서 하나님의 산에서 모세를 만나 그
에게 입맞추니 28 모세가 여호와께서 자
기에게 분부하여 보내신 모든 말씀과
여호와께서 자기에게 명령하신 모든
이적을 아론에게 알리니라 29 모세와 아
론이 가서 이스라엘 자손의 모든 장로
를 모으고 30 아론이 여호와께서 모세에
게 이르신 모든 말씀을 전하고 그 백성

☐ 비움

침묵으로 기도하며 나를 비웁니다. 성령의 임재를 구하며, 죄를 회개하며, 마음의 걱정이나 복잡한 생각을 내려놓습니다. 삼위일체 하나님께 가는 길이 다시금 열립니다.

■ 채움

말씀이 나를 가득 채웁니다. 성령의 이끄심에 따라 본문을 관찰하며 깨닫고, 그것을 내 마음에 새겨 내 삶과 세계에 연결합니다. 묵상한 말씀이 삶이 되도록 기도합니다.

▦ 나눔

말씀대로 살아갑니다. 오늘 그리고 앞으로 내가 실천할 것들을 구체적으로 적습니다. 가정과 교회, 사회와 오늘의 세계에서 어떻게 말씀이 작동될 것인지 적고 실행합니다.

앞에서 이적을 행하니 31백성이 믿으며
여호와께서 이스라엘 자손을 찾으시고
그들의 고난을 살피셨다 함을 듣고 머
리 숙여 경배하였더라

출애굽기 5장

1그 후에 모세와 아론이 바로에게 가
서 이르되 이스라엘의 하나님 여호와
께서 이렇게 말씀하시기를 내 백성을
보내라 그러면 그들이 광야에서 내 앞
에 절기를 지킬 것이니라 하셨나이다
2바로가 이르되 여호와가 누구이기에
내가 그의 목소리를 듣고 이스라엘을
보내겠느냐 나는 여호와를 알지 못하
니 이스라엘을 보내지 아니하리라 3그
들이 이르되 히브리인의 하나님이 우
리에게 나타나셨은즉 우리가 광야로
사흘길쯤 가서 우리 하나님 여호와께
제사를 드리려 하오니 가도록 허락하
소서 여호와께서 전염병이나 칼로 우
리를 치실까 두려워하나이다 4애굽 왕
이 그들에게 이르되 모세와 아론아 너
희가 어찌하여 백성의 노역을 쉬게 하
려느냐 가서 너희의 노역이나 하라 5바
로가 또 이르되 이제 이 땅의 백성이
많아졌거늘 너희가 그들로 노역을 쉬
게 하는도다 하고 6바로가 그 날에 백
성의 감독들과 기록원들에게 명령하여
이르되 7너희는 백성에게 다시는 벽돌
에 쓸 짚을 전과 같이 주지 말고 그들
이 가서 스스로 짚을 줍게 하라 8또 그
들이 전에 만든 벽돌 수효대로 그들에
게 만들게 하고 감하지 말라 그들이 게
으르므로 소리 질러 이르기를 우리가
가서 우리 하나님께 제사를 드리자 하
나니 9그 사람들의 노동을 무겁게 함으
로 수고롭게 하여 그들로 거짓말을 듣
지 않게 하라

10백성의 감독들과 기록원들이 나가
서 백성에게 말하여 이르되 바로가 이
렇게 말하기를 내가 너희에게 짚을 주
지 아니하리니 11너희는 짚을 찾을 곳
으로 가서 주우라 그러나 너희 일은 조
금도 감하지 아니하리라 하셨느니라
12백성이 애굽 온 땅에 흩어져 곡초 그
루터기를 거두어다가 짚을 대신하니
13감독들이 그들을 독촉하여 이르되 너
희는 짚이 있을 때와 같이 그 날의 일
을 그 날에 마치라 하며 14바로의 감독
들이 자기들이 세운 바 이스라엘 자손
의 기록원들을 때리며 이르되 너희가
어찌하여 어제와 오늘에 만드는 벽돌
의 수효를 전과 같이 채우지 아니하였
느냐 하니라

15이스라엘 자손의 기록원들이 가서
바로에게 호소하여 이르되 왕은 어찌
하여 당신의 종들에게 이같이 하시나
이까 16당신의 종들에게 짚을 주지 아
니하고 그들이 우리에게 벽돌을 만들
라 하나이다 당신의 종들이 매를 맞
사오니 이는 당신의 백성의 죄니이다
17바로가 이르되 너희가 게으르다 게으
르다 그러므로 너희가 이르기를 우리
가 가서 여호와께 제사를 드리자 하는

☐ 비움

침묵으로 기도하며 나를 비웁니다. 성령의 임재를 구하며, 죄를 회개하며, 마음의 걱정이나 복잡한 생각을 내려놓습니다. 삼위일체 하나님께 가는 길이 다시금 열립니다.

■ 채움

말씀이 나를 가득 채웁니다. 성령의 이끄심에 따라 본문을 관찰하며 깨닫고, 그것을 내 마음에 새겨 내 삶과 세계에 연결합니다. 묵상한 말씀이 삶이 되도록 기도합니다.

나눔

말씀대로 살아갑니다. 오늘 그리고 앞으로 내가 실천할 것들을 구체적으로 적습니다. 가정과 교회, 사회와 오늘의 세계에서 어떻게 말씀이 작동될 것인지 적고 실행합니다.

도다 18이제 가서 일하라 짚은 너희에
게 주지 않을지라도 벽돌은 너희가 수
량대로 바칠지니라 19기록하는 일을 맡
은 이스라엘 자손들이 너희가 매일 만
드는 벽돌을 조금도 감하지 못하리라
함을 듣고 화가 몸에 미친 줄 알고 20그
들이 바로를 떠나 나올 때에 모세와 아
론이 길에 서 있는 것을 보고 21그들에
게 이르되 너희가 우리를 바로의 눈과
그의 신하의 눈에 미운 것이 되게 하고
그들의 손에 칼을 주어 우리를 죽이게
하는도다 여호와는 너희를 살피시고
판단하시기를 원하노라

22모세가 여호와께 돌아와서 아뢰되
주여 어찌하여 이 백성이 학대를 당하
게 하셨나이까 어찌하여 나를 보내셨
나이까 23내가 바로에게 들어가서 주의
이름으로 말한 후로부터 그가 이 백성
을 더 학대하며 주께서도 주의 백성을
구원하지 아니하시나이다

출애굽기 6장

1여호와께서 모세에게 이르시되 이제
내가 바로에게 하는 일을 네가 보리라
강한 손으로 말미암아 바로가 그들을
보내리라 강한 손으로 말미암아 바로
가 그들을 그의 땅에서 쫓아내리라

2하나님이 모세에게 말씀하여 이르
시되 나는 여호와이니라 3내가 아브라
함과 이삭과 야곱에게 전능의 하나님
으로 나타났으나 나의 이름을 여호와
로는 그들에게 알리지 아니하였고 4가
나안 땅 곧 그들이 거류하는 땅을 그들
에게 주기로 그들과 언약하였더니 5이
제 애굽 사람이 종으로 삼은 이스라엘
자손의 신음 소리를 내가 듣고 나의 언
약을 기억하노라 6그러므로 이스라엘
자손에게 말하기를 나는 여호와라 내
가 애굽 사람의 무거운 짐 밑에서 너희
를 빼내며 그들의 노역에서 너희를 건
지며 편 팔과 여러 큰 심판들로써 너희
를 속량하여 7너희를 내 백성으로 삼고
나는 너희의 하나님이 되리니 나는 애
굽 사람의 무거운 짐 밑에서 너희를 빼
낸 너희의 하나님 여호와인 줄 너희가
알지라 8내가 아브라함과 이삭과 야곱
에게 주기로 맹세한 땅으로 너희를 인
도하고 그 땅을 너희에게 주어 기업을
삼게 하리라 나는 여호와라 하셨다 하
라 9모세가 이와 같이 이스라엘 자손에
게 전하나 그들이 마음의 상함과 가혹
한 노역으로 말미암아 모세의 말을 듣
지 아니하였더라

10여호와께서 모세에게 말씀하여 이
르시되 11들어가서 애굽 왕 바로에게
말하여 이스라엘 자손을 그 땅에서 내
보내게 하라 12모세가 여호와 앞에 아
뢰어 이르되 이스라엘 자손도 내 말을
듣지 아니하였거든 바로가 어찌 들으
리이까 나는 입이 둔한 자니이다

13여호와께서 모세와 아론에게 말씀
하사 그들로 이스라엘 자손과 애굽 왕
바로에게 명령을 전하고 이스라엘 자

▢ 비움

침묵으로 기도하며 나를 비웁니다. 성령의 임재를 구하며, 죄를 회개하며, 마음의 걱정이나 복잡한 생각을 내려놓습니다. 삼위일체 하나님께 가는 길이 다시금 열립니다.

■ 채움

말씀이 나를 가득 채웁니다. 성령의 이끄심에 따라 본문을 관찰하며 깨닫고, 그것을 내 마음에 새겨 내 삶과 세계에 연결합니다. 묵상한 말씀이 삶이 되도록 기도합니다.

■ 나눔

말씀대로 살아갑니다. 오늘 그리고 앞으로 내가 실천할 것들을 구체적으로 적습니다. 가정과 교회, 사회와 오늘의 세계에서 어떻게 말씀이 작동될 것인지 적고 실행합니다.

손을 애굽 땅에서 인도하여 내게 하시
니라

14그들의 조상을 따라 집의 어른은
이러하니라 이스라엘의 장자 르우벤의
아들은 하녹과 발루와 헤스론과 갈미
니 이들은 르우벤의 족장이요 15시므온
의 아들들은 여무엘과 야민과 오핫과
야긴과 소할과 가나안 여인의 아들 사
울이니 이들은 시므온의 가족이요 16레
위의 아들들의 이름은 그들의 족보대
로 이러하니 게르손과 고핫과 므라리
요 레위의 나이는 백삼십칠 세였으며
17게르손의 아들들은 그들의 가족대로
립니와 시므이요 18고핫의 아들들은 아
므람과 이스할과 헤브론과 웃시엘이요
고핫의 나이는 백삼십삼 세였으며 19므
라리의 아들들은 마흘리와 무시니 이
들은 그들의 족보대로 레위의 족장이
요 20아므람은 그들의 아버지의 누이
요게벳을 아내로 맞이하였고 그는 아
론과 모세를 낳았으며 아므람의 나이
는 백삼십칠 세였으며 21이스할의 아들
들은 고라와 네벡과 시그리요 22웃시
엘의 아들들은 미사엘과 엘사반과 시
드리요 23아론은 암미나답의 딸 나손
의 누이 엘리세바를 아내로 맞이하였
고 그는 나답과 아비후와 엘르아살과
이다말을 낳았으며 24고라의 아들들은
앗실과 엘가나와 아비아삽이니 이들은
고라 사람의 족장이요 25아론의 아들
엘르아살은 부디엘의 딸 중에서 아내
를 맞이하였고 그는 비느하스를 낳았
으니 이들은 레위 사람의 조상을 따라
가족의 어른들이라 26이스라엘 자손을
그들의 군대대로 애굽 땅에서 인도하
라 하신 여호와의 명령을 받은 자는 이
아론과 모세요 27애굽 왕 바로에게 이
스라엘 자손을 애굽에서 내보내라 말
한 사람도 이 모세와 아론이었더라

28여호와께서 애굽 땅에서 모세에게
말씀하시던 날에 29여호와께서 모세에
게 말씀하여 이르시되 나는 여호와라
내가 네게 이르는 바를 너는 애굽 왕 바
로에게 다 말하라 30모세가 여호와 앞
에서 아뢰되 나는 입이 둔한 자이오니
바로가 어찌 나의 말을 들으리이까

출애굽기 7장

1여호와께서 모세에게 이르시되 볼지
어다 내가 너를 바로에게 신 같이 되게
하였은즉 네 형 아론은 네 대언자가 되
리니 2내가 네게 명령한 바를 너는 네
형 아론에게 말하고 그는 바로에게 말
하여 그에게 이스라엘 자손을 그 땅에
서 내보내게 할지니라 3내가 바로의 마
음을 완악하게 하고 내 표징과 내 이적
을 애굽 땅에서 많이 행할 것이나 4바로
가 너희의 말을 듣지 아니할 터인즉 내
가 내 손을 애굽에 뻗쳐 여러 큰 심판을
내리고 내 군대, 내 백성 이스라엘 자
손을 그 땅에서 인도하여 낼지라 5내가
내 손을 애굽 위에 펴서 이스라엘 자손
을 그 땅에서 인도하여 낼 때에야 애굽
사람이 나를 여호와인 줄 알리라 하시
매 6모세와 아론이 여호와께서 자기들

비움

침묵으로 기도하며 나를 비웁니다. 성령의 임재를 구하며, 죄를 회개하며, 마음의 걱정이나 복잡한 생각을 내려놓습니다. 삼위일체 하나님께 가는 길이 다시금 열립니다.

채움

말씀이 나를 가득 채웁니다. 성령의 이끄심에 따라 본문을 관찰하며 깨닫고, 그것을 내 마음에 새겨 내 삶과 세계에 연결합니다. 묵상한 말씀이 삶이 되도록 기도합니다.

나눔

말씀대로 살아갑니다. 오늘 그리고 앞으로 내가 실천할 것들을 구체적으로 적습니다. 가정과 교회, 사회와 오늘의 세계에서 어떻게 말씀이 작동될 것인지 적고 실행합니다.

에게 명령하신 대로 행하였더라 7그들
이 바로에게 말할 때에 모세는 팔십 세
였고 아론은 팔십삼 세였더라

8여호와께서 모세와 아론에게 말씀
하여 이르시되 9바로가 너희에게 이르
기를 너희는 이적을 보이라 하거든 너
는 아론에게 말하기를 너의 지팡이를
들어서 바로 앞에 던지라 하라 그것이
뱀이 되리라 10모세와 아론이 바로에게
가서 여호와께서 명령하신 대로 행하
여 아론이 바로와 그의 신하 앞에 지팡
이를 던지니 뱀이 된지라 11바로도 현
인들과 마술사들을 부르매 그 애굽 요
술사들도 그들의 요술로 그와 같이 행
하되 12각 사람이 지팡이를 던지매 뱀
이 되었으나 아론의 지팡이가 그들의
지팡이를 삼키니라 13그러나 바로의 마
음이 완악하여 그들의 말을 듣지 아니
하니 여호와의 말씀과 같더라

14여호와께서 모세에게 이르시되 바
로의 마음이 완강하여 백성 보내기를
거절하는도다 15아침에 너는 바로에게
로 가라 보라 그가 물 있는 곳으로 나오
리니 너는 나일 강 가에 서서 그를 맞
으며 그 뱀 되었던 지팡이를 손에 잡고
16그에게 이르기를 히브리 사람의 하나
님 여호와께서 나를 왕에게 보내어 이
르시되 내 백성을 보내라 그러면 그들
이 광야에서 나를 섬길 것이니라 하였
으나 이제까지 네가 듣지 아니하도다
17여호와가 이같이 이르노니 네가 이로
말미암아 나를 여호와인 줄 알리라 볼
지어다 내가 내 손의 지팡이로 나일 강
을 치면 그것이 피로 변하고 18나일 강
의 고기가 죽고 그 물에서는 악취가 나
리니 애굽 사람들이 그 강 물 마시기를
싫어하리라 하라 19여호와께서 또 모세
에게 이르시되 아론에게 명령하기를
네 지팡이를 잡고 네 팔을 애굽의 물들
과 강들과 운하와 못과 모든 호수 위에
내밀라 하라 그것들이 피가 되리니 애
굽 온 땅과 나무 그릇과 돌 그릇 안에
모두 피가 있으리라

20모세와 아론이 여호와께서 명령하
신 대로 행하여 바로와 그의 신하의 목
전에서 지팡이를 들어 나일 강을 치니
그 물이 다 피로 변하고 21나일 강의 고
기가 죽고 그 물에서는 악취가 나니 애
굽 사람들이 나일 강 물을 마시지 못하
며 애굽 온 땅에는 피가 있으나 22애굽
요술사들도 자기들의 요술로 그와 같
이 행하므로 바로의 마음이 완악하여
그들의 말을 듣지 아니하니 여호와의
말씀과 같더라 23바로가 돌이켜 궁으로
들어가고 그 일에 관심을 가지지도 아
니하였고 24애굽 사람들은 나일 강 물
을 마실 수 없으므로 나일 강 가를 두루
파서 마실 물을 구하였더라 25여호와께
서 나일 강을 치신 후 이레가 지나니라

출애굽기 8장

1여호와께서 모세에게 이르시되 너
는 바로에게 가서 그에게 이르기를 여

비움

침묵으로 기도하며 나를 비웁니다. 성령의 임재를 구하며, 죄를 회개하며, 마음의 걱정이나 복잡한 생각을 내려놓습니다. 삼위일체 하나님께 가는 길이 다시금 열립니다.

채움

말씀이 나를 가득 채웁니다. 성령의 이끄심에 따라 본문을 관찰하며 깨닫고, 그것을 내 마음에 새겨 내 삶과 세계에 연결합니다. 묵상한 말씀이 삶이 되도록 기도합니다.

나눔

말씀대로 살아갑니다. 오늘 그리고 앞으로 내가 실천할 것들을 구체적으로 적습니다. 가정과 교회, 사회와 오늘의 세계에서 어떻게 말씀이 작동될 것인지 적고 실행합니다.

호와의 말씀에 내 백성을 보내라 그들
이 나를 섬길 것이니라 [2]네가 만일 보내
기를 거절하면 내가 개구리로 너의 온
땅을 치리라 [3]개구리가 나일 강에서 무
수히 생기고 올라와서 네 궁과 네 침실
과 네 침상 위와 네 신하의 집과 네 백
성과 네 화덕과 네 떡 반죽 그릇에 들
어갈 것이며 [4]개구리가 너와 네 백성과
네 모든 신하에게 기어오르리라 하셨
다 하라 [5]여호와께서 모세에게 이르시
되 아론에게 명령하기를 네 지팡이를
잡고 네 팔을 강들과 운하들과 못 위에
펴서 개구리들이 애굽 땅에 올라오게
하라 할지니라 [6]아론이 애굽 물들 위에
그의 손을 내밀매 개구리가 올라와서
애굽 땅에 덮이니 [7]요술사들도 자기 요
술대로 그와 같이 행하여 개구리가 애
굽 땅에 올라오게 하였더라

[8]바로가 모세와 아론을 불러 이르되
여호와께 구하여 나와 내 백성에게서
개구리를 떠나게 하라 내가 이 백성을
보내리니 그들이 여호와께 제사를 드
릴 것이니라 [9]모세가 바로에게 이르되
내가 왕과 왕의 신하와 왕의 백성을 위
하여 이 개구리를 왕과 왕궁에서 끊어
나일 강에만 있도록 언제 간구하는 것
이 좋을는지 내게 분부하소서 [10]그가
이르되 내일이니라 모세가 이르되 왕
의 말씀대로 하여 왕에게 우리 하나님
여호와와 같은 이가 없는 줄을 알게 하
리니 [11]개구리가 왕과 왕궁과 왕의 신
하와 왕의 백성을 떠나서 나일 강에만
있으리이다 하고 [12]모세와 아론이 바로
를 떠나 나가서 바로에게 내리신 개구
리에 대하여 모세가 여호와께 간구하
매 [13]여호와께서 모세의 말대로 하시니
개구리가 집과 마당과 밭에서부터 나
와서 죽은지라 [14]사람들이 모아 무더기
로 쌓으니 땅에서 악취가 나더라 [15]그
러나 바로가 숨을 쉴 수 있게 됨을 보았
을 때에 그의 마음을 완강하게 하여 그
들의 말을 듣지 아니하였으니 여호와
께서 말씀하신 것과 같더라

[16]여호와께서 모세에게 이르시되 아
론에게 명령하기를 네 지팡이를 들어
땅의 티끌을 치라 하라 그것이 애굽 온
땅에서 이가 되리라 [17]그들이 그대로 행
할새 아론이 지팡이를 잡고 손을 들어
땅의 티끌을 치매 애굽 온 땅의 티끌이
다 이가 되어 사람과 가축에게 오르니
[18]요술사들도 자기 요술로 그같이 행하
여 이를 생기게 하려 하였으나 못 하였
고 이가 사람과 가축에게 생긴지라 [19]요
술사가 바로에게 말하되 이는 하나님의
권능이니이다 하였으나 바로의 마음이
완악하게 되어 그들의 말을 듣지 아니
하였으니 여호와의 말씀과 같더라

[20]여호와께서 모세에게 이르시되 아
침에 일찍이 일어나 바로 앞에 서라 그
가 물 있는 곳으로 나오리니 그에게 이
르기를 여호와께서 이와 같이 말씀하
시기를 내 백성을 보내라 그러면 그들
이 나를 섬길 것이니라 [21]네가 만일 내

☐ 비움

침묵으로 기도하며 나를 비웁니다. 성령의 임재를 구하며, 죄를 회개하며, 마음의 걱정이나 복잡한 생각을 내려놓습니다. 삼위일체 하나님께 가는 길이 다시금 열립니다.

■ 채움

말씀이 나를 가득 채웁니다. 성령의 이끄심에 따라 본문을 관찰하며 깨닫고, 그것을 내 마음에 새겨 내 삶과 세계에 연결합니다. 묵상한 말씀이 삶이 되도록 기도합니다.

나눔

말씀대로 살아갑니다. 오늘 그리고 앞으로 내가 실천할 것들을 구체적으로 적습니다. 가정과 교회, 사회와 오늘의 세계에서 어떻게 말씀이 작동될 것인지 적고 실행합니다.

백성을 보내지 아니하면 내가 너와 네
신하와 네 백성과 네 집들에 파리 떼를
보내리니 애굽 사람의 집집에 파리 떼
가 가득할 것이며 그들이 사는 땅에도
그러하리라 22그 날에 나는 내 백성이
거주하는 고센 땅을 구별하여 그 곳에
는 파리가 없게 하리니 이로 말미암아
이 땅에서 내가 여호와인 줄을 네가 알
게 될 것이라 23내가 내 백성과 네 백성
사이를 구별하리니 내일 이 표징이 있
으리라 하셨다 하라 하시고 24여호와께
서 그와 같이 하시니 무수한 파리가 바
로의 궁과 그의 신하의 집과 애굽 온 땅
에 이르니 파리로 말미암아 그 땅이 황
폐하였더라

25바로가 모세와 아론을 불러 이르되
너희는 가서 이 땅에서 너희 하나님께
제사를 드리라 26모세가 이르되 그리함
은 부당하니이다 우리가 우리 하나님
여호와께 제사를 드리는 것은 애굽 사
람이 싫어하는 바인즉 우리가 만일 애
굽 사람의 목전에서 제사를 드리면 그
들이 그것을 미워하여 우리를 돌로 치
지 아니하리이까 27우리가 사흘길쯤 광
야로 들어가서 우리 하나님 여호와께
제사를 드리되 우리에게 명령하시는
대로 하려 하나이다 28바로가 이르되
내가 너희를 보내리니 너희가 너희의
하나님 여호와께 광야에서 제사를 드
릴 것이나 너무 멀리 가지는 말라 그런
즉 너희는 나를 위하여 간구하라 29모
세가 이르되 내가 왕을 떠나가서 여호
와께 간구하리니 내일이면 파리 떼가
바로와 바로의 신하와 바로의 백성을
떠나려니와 바로는 이 백성을 보내어
여호와께 제사를 드리는 일에 다시 거
짓을 행하지 마소서 하고 30모세가 바
로를 떠나 나와서 여호와께 간구하니
31여호와께서 모세의 말대로 하시니 그
파리 떼가 바로와 그의 신하와 그의 백
성에게서 떠나니 하나도 남지 아니하
였더라 32그러나 바로가 이 때에도 그
의 마음을 완강하게 하여 그 백성을 보
내지 아니하였더라

출애굽기 9장

1여호와께서 모세에게 이르시되 바
로에게 들어가서 그에게 이르라 히브리
사람의 하나님 여호와께서 말씀하시기
를 내 백성을 보내라 그들이 나를 섬길
것이니라 2네가 만일 보내기를 거절하
고 억지로 잡아두면 3여호와의 손이 들
에 있는 네 가축 곧 말과 나귀와 낙타
와 소와 양에게 더하리니 심한 돌림병
이 있을 것이며 4여호와가 이스라엘의
가축과 애굽의 가축을 구별하리니 이스
라엘 자손에게 속한 것은 하나도 죽지
아니하리라 하셨다 하라 하시고 5여호
와께서 기한을 정하여 이르시되 여호와
가 내일 이 땅에서 이 일을 행하리라 하
시더니 6이튿날에 여호와께서 이 일을
행하시니 애굽의 모든 가축은 죽었으나
이스라엘 자손의 가축은 하나도 죽지
아니한지라 7바로가 사람을 보내어 본
즉 이스라엘의 가축은 하나도 죽지 아

☐ 비움

침묵으로 기도하며 나를 비웁니다. 성령의 임재를 구하며, 죄를 회개하며, 마음의 걱정이나 복잡한 생각을 내려놓습니다. 삼위일체 하나님께 가는 길이 다시금 열립니다.

채움

말씀이 나를 가득 채웁니다. 성령의 이끄심에 따라 본문을 관찰하며 깨닫고, 그것을 내 마음에 새겨 내 삶과 세계에 연결합니다. 묵상한 말씀이 삶이 되도록 기도합니다.

나눔

말씀대로 살아갑니다. 오늘 그리고 앞으로 내가 실천할 것들을 구체적으로 적습니다. 가정과 교회, 사회와 오늘의 세계에서 어떻게 말씀이 작동될 것인지 적고 실행합니다.

니하였더라 그러나 바로의 마음이 완강
하여 백성을 보내지 아니하니라

8여호와께서 모세와 아론에게 이르
시되 너희는 화덕의 재 두 움큼을 가지
고 모세가 바로의 목전에서 하늘을 향
하여 날리라 9그 재가 애굽 온 땅의 티
끌이 되어 애굽 온 땅의 사람과 짐승에
게 붙어서 악성 종기가 생기리라 10그
들이 화덕의 재를 가지고 바로 앞에 서
서 모세가 하늘을 향하여 날리니 사람
과 짐승에게 붙어 악성 종기가 생기고
11요술사들도 악성 종기로 말미암아 모
세 앞에 서지 못하니 악성 종기가 요술
사들로부터 애굽 모든 사람에게 생겼
음이라 12그러나 여호와께서 바로의 마
음을 완악하게 하셨으므로 그들의 말
을 듣지 아니하였으니 여호와께서 모
세에게 말씀하심과 같더라

13여호와께서 모세에게 이르시되 아
침에 일찍이 일어나 바로 앞에 서서 그
에게 이르기를 히브리 사람의 하나님
여호와의 말씀에 내 백성을 보내라 그
들이 나를 섬길 것이니라 14내가 이번
에는 모든 재앙을 너와 네 신하와 네 백
성에게 내려 온 천하에 나와 같은 자가
없음을 네가 알게 하리라 15내가 손을
펴서 돌림병으로 너와 네 백성을 쳤더
라면 네가 세상에서 끊어졌을 것이나
16내가 너를 세웠음은 나의 능력을 네
게 보이고 내 이름이 온 천하에 전파되
게 하려 하였음이니라 17네가 여전히
내 백성 앞에 교만하여 그들을 보내지
아니하느냐 18내일 이맘때면 내가 무거
운 우박을 내리리니 애굽 나라가 세워
진 그 날로부터 지금까지 그와 같은 일
이 없었더라 19이제 사람을 보내어 네
가축과 네 들에 있는 것을 다 모으라 사
람이나 짐승이나 무릇 들에 있어서 집
에 돌아오지 않는 것들에게는 우박이
그 위에 내리리니 그것들이 죽으리라
하셨다 하라 하시니라 20바로의 신하
중에 여호와의 말씀을 두려워하는 자
들은 그 종들과 가축을 집으로 피하여
들였으나 21여호와의 말씀을 마음에 두
지 아니하는 사람은 그의 종들과 가축
을 들에 그대로 두었더라

22여호와께서 모세에게 이르시되 너
는 하늘을 향하여 손을 들어 애굽 전국
에 우박이 애굽 땅의 사람과 짐승과 밭
의 모든 채소에 내리게 하라 23모세가
하늘을 향하여 지팡이를 들매 여호와
께서 우렛소리와 우박을 보내시고 불
을 내려 땅에 달리게 하시니라 여호와
께서 우박을 애굽 땅에 내리시매 24우
박이 내림과 불덩이가 우박에 섞여 내
림이 심히 맹렬하니 나라가 생긴 그 때
로부터 애굽 온 땅에는 그와 같은 일이
없었더라 25우박이 애굽 온 땅에서 사
람과 짐승을 막론하고 밭에 있는 모든
것을 쳤으며 우박이 또 밭의 모든 채
소를 치고 들의 모든 나무를 꺾었으되
26이스라엘 자손들이 있는 그 곳 고센
땅에는 우박이 없었더라

▢ 비움

침묵으로 기도하며 나를 비웁니다. 성령의 임재를 구하며, 죄를 회개하며, 마음의 걱정이나 복잡한 생각을 내려놓습니다. 삼위일체 하나님께 가는 길이 다시금 열립니다.

■ 채움

말씀이 나를 가득 채웁니다. 성령의 이끄심에 따라 본문을 관찰하며 깨닫고, 그것을 내 마음에 새겨 내 삶과 세계에 연결합니다. 묵상한 말씀이 삶이 되도록 기도합니다.

나눔

말씀대로 살아갑니다. 오늘 그리고 앞으로 내가 실천할 것들을 구체적으로 적습니다. 가정과 교회, 사회와 오늘의 세계에서 어떻게 말씀이 작동될 것인지 적고 실행합니다.

27바로가 사람을 보내어 모세와 아론
을 불러 그들에게 이르되 이번은 내가
범죄하였노라 여호와는 의로우시고 나
와 나의 백성은 악하도다 28여호와께
구하여 이 우렛소리와 우박을 그만 그
치게 하라 내가 너희를 보내리니 너희
가 다시는 머물지 아니하리라 29모세가
그에게 이르되 내가 성에서 나가서 곧
내 손을 여호와를 향하여 펴리니 그리
하면 우렛소리가 그치고 우박이 다시
있지 아니할지라 세상이 여호와께 속
한 줄을 왕이 알리이다 30그러나 왕과
왕의 신하들이 여호와 하나님을 아직
도 두려워하지 아니할 줄을 내가 아나
이다 31그 때에 보리는 이삭이 나왔고
삼은 꽃이 피었으므로 삼과 보리가 상
하였으나 32그러나 밀과 쌀보리는 자
라지 아니한 고로 상하지 아니하였더
라 33모세가 바로를 떠나 성에서 나가
여호와를 향하여 손을 펴매 우렛소리
와 우박이 그치고 비가 땅에 내리지 아
니하니라 34바로가 비와 우박과 우렛
소리가 그친 것을 보고 다시 범죄하여
마음을 완악하게 하니 그와 그의 신하
가 꼭 같더라 35바로의 마음이 완악하
여 이스라엘 자손을 내보내지 아니하
였으니 여호와께서 모세에게 말씀하심
과 같더라

출애굽기 10장

1여호와께서 모세에게 이르시되 바
로에게로 들어가라 내가 그의 마음과
그의 신하들의 마음을 완강하게 함은
나의 표징을 그들 중에 보이기 위함이
며 2네게 내가 애굽에서 행한 일들 곧
내가 그들 가운데에서 행한 표징을 네
아들과 네 자손의 귀에 전하기 위함이
라 너희는 내가 여호와인 줄을 알리라
3모세와 아론이 바로에게 들어가서 그
에게 이르되 히브리 사람의 하나님 여
호와께서 말씀하시기를 네가 어느 때
까지 내 앞에 겸비하지 아니하겠느냐
내 백성을 보내라 그들이 나를 섬길 것
이라 4네가 만일 내 백성 보내기를 거절
하면 내일 내가 메뚜기를 네 경내에 들
어가게 하리니 5메뚜기가 지면을 덮어
서 사람이 땅을 볼 수 없을 것이라 메뚜
기가 네게 남은 그것 곧 우박을 면하고
남은 것을 먹으며 너희를 위하여 들에
서 자라나는 모든 나무를 먹을 것이며
6또 네 집들과 네 모든 신하의 집들과
모든 애굽 사람의 집들에 가득하리니
이는 네 아버지와 네 조상이 이 땅에 있
었던 그 날로부터 오늘까지 보지 못하
였던 것이리라 하셨다 하고 돌이켜 바
로에게서 나오니 7바로의 신하들이 그
에게 말하되 어느 때까지 이 사람이 우
리의 함정이 되리이까 그 사람들을 보
내어 그들의 하나님 여호와를 섬기게
하소서 왕은 아직도 애굽이 망한 줄을
알지 못하시나이까 하고 8모세와 아론
을 바로에게로 다시 데려오니 바로가
그들에게 이르되 가서 너희의 하나님
여호와를 섬기라 갈 자는 누구 누구냐
9모세가 이르되 우리가 여호와 앞에 절
기를 지킬 것인즉 우리가 남녀 노소와

☐ 비움

침묵으로 기도하며 나를 비웁니다. 성령의 임재를 구하며, 죄를 회개하며, 마음의 걱정이나 복잡한 생각을 내려놓습니다. 삼위일체 하나님께 가는 길이 다시금 열립니다.

■ 채움

말씀이 나를 가득 채웁니다. 성령의 이끄심에 따라 본문을 관찰하며 깨닫고, 그것을 내 마음에 새겨 내 삶과 세계에 연결합니다. 묵상한 말씀이 삶이 되도록 기도합니다.

■ 나눔

말씀대로 살아갑니다. 오늘 그리고 앞으로 내가 실천할 것들을 구체적으로 적습니다. 가정과 교회, 사회와 오늘의 세계에서 어떻게 말씀이 작동될 것인지 적고 실행합니다.

양과 소를 데리고 가겠나이다 10바로가
그들에게 이르되 내가 너희와 너희의
어린 아이들을 보내면 여호와가 너희
와 함께 함과 같으니라 보라 그것이 너
희에게는 나쁜 것이니라 11그렇게 하지
말고 너희 장정만 가서 여호와를 섬기
라 이것이 너희가 구하는 바니라 이에
그들이 바로 앞에서 쫓겨나니라

12여호와께서 모세에게 이르시되 애
굽 땅 위에 네 손을 내밀어 메뚜기를
애굽 땅에 올라오게 하여 우박에 상하
지 아니한 밭의 모든 채소를 먹게 하라
13모세가 애굽 땅 위에 그 지팡이를 들
매 여호와께서 동풍을 일으켜 온 낮과
온 밤에 불게 하시니 아침이 되매 동풍
이 메뚜기를 불어 들인지라 14메뚜기가
애굽 온 땅에 이르러 그 사방에 내리매
그 피해가 심하니 이런 메뚜기는 전에
도 없었고 후에도 없을 것이라 15메뚜
기가 온 땅을 덮어 땅이 어둡게 되었으
며 메뚜기가 우박에 상하지 아니한 밭
의 채소와 나무 열매를 다 먹었으므로
애굽 온 땅에서 나무나 밭의 채소나 푸
른 것은 남지 아니하였더라 16바로가
모세와 아론을 급히 불러 이르되 내가
너희의 하나님 여호와와 너희에게 죄
를 지었으니 17바라건대 이번만 나의
죄를 용서하고 너희의 하나님 여호와
께 구하여 이 죽음만은 내게서 떠나게
하라 18그가 바로에게서 나가서 여호와
께 구하매 19여호와께서 돌이켜 강렬한
서풍을 불게 하사 메뚜기를 홍해에 몰
아넣으시니 애굽 온 땅에 메뚜기가 하
나도 남지 아니하니라 20그러나 여호와
께서 바로의 마음을 완악하게 하셨으
므로 이스라엘 자손을 보내지 아니하
였더라

21여호와께서 모세에게 이르시되 하
늘을 향하여 네 손을 내밀어 애굽 땅 위
에 흑암이 있게 하라 곧 더듬을 만한 흑
암이리라 22모세가 하늘을 향하여 손
을 내밀매 캄캄한 흑암이 삼 일 동안 애
굽 온 땅에 있어서 23그 동안은 사람들
이 서로 볼 수 없으며 자기 처소에서 일
어나는 자가 없으되 온 이스라엘 자손
들이 거주하는 곳에는 빛이 있었더라
24바로가 모세를 불러서 이르되 너희는
가서 여호와를 섬기되 너희의 양과 소
는 머물러 두고 너희 어린 것들은 너희
와 함께 갈지니라 25모세가 이르되 왕
이라도 우리 하나님 여호와께 드릴 제
사와 번제물을 우리에게 주어야 하겠
고 26우리의 가축도 우리와 함께 가고
한 마리도 남길 수 없으니 이는 우리가
그 중에서 가져다가 우리 하나님 여호
와를 섬길 것임이며 또 우리가 거기에
이르기까지는 어떤 것으로 여호와를
섬길는지 알지 못함이니이다 하나 27여
호와께서 바로의 마음을 완악하게 하
셨으므로 그들 보내기를 기뻐하지 아
니하고 28바로가 모세에게 이르되 너는
나를 떠나가고 스스로 삼가 다시 내 얼
굴을 보지 말라 네가 내 얼굴을 보는 날
에는 죽으리라 29모세가 이르되 당신이

비움

침묵으로 기도하며 나를 비웁니다. 성령의 임재를 구하며, 죄를 회개하며, 마음의 걱정이나 복잡한 생각을 내려놓습니다. 삼위일체 하나님께 가는 길이 다시금 열립니다.

채움

말씀이 나를 가득 채웁니다. 성령의 이끄심에 따라 본문을 관찰하며 깨닫고, 그것을 내 마음에 새겨 내 삶과 세계에 연결합니다. 묵상한 말씀이 삶이 되도록 기도합니다.

나눔

말씀대로 살아갑니다. 오늘 그리고 앞으로 내가 실천할 것들을 구체적으로 적습니다. 가정과 교회, 사회와 오늘의 세계에서 어떻게 말씀이 작동될 것인지 적고 실행합니다.

말씀하신 대로 내가 다시는 당신의 얼
굴을 보지 아니하리이다

출애굽기 11장

1여호와께서 모세에게 이르시기를 내
가 이제 한 가지 재앙을 바로와 애굽에
내린 후에야 그가 너희를 여기서 내보
내리라 그가 너희를 내보낼 때에는 여
기서 반드시 다 쫓아내리니 2백성에게
말하여 사람들에게 각기 이웃들에게 은
금 패물을 구하게 하라 하시더니 3여호
와께서 그 백성으로 애굽 사람의 은혜
를 받게 하셨고 또 그 사람 모세는 애굽
땅에 있는 바로의 신하와 백성의 눈에
아주 위대하게 보였더라

4모세가 바로에게 이르되 여호와께
서 이와 같이 말씀하시기를 밤중에 내
가 애굽 가운데로 들어가리니 5애굽 땅
에 있는 모든 처음 난 것은 왕위에 앉
아 있는 바로의 장자로부터 맷돌 뒤에
있는 몸종의 장자와 모든 가축의 처음
난 것까지 죽으리니 6애굽 온 땅에 전
무후무한 큰 부르짖음이 있으리라 7그
러나 이스라엘 자손에게는 사람에게나
짐승에게나 개 한 마리도 그 혀를 움직
이지 아니하리니 여호와께서 애굽 사
람과 이스라엘 사이를 구별하는 줄을
너희가 알리라 하셨나니 8왕의 이 모든
신하가 내게 내려와 내게 절하며 이르
기를 너와 너를 따르는 온 백성은 나가
라 한 후에야 내가 나가리라 하고 심히
노하여 바로에게서 나오니라

9여호와께서 모세에게 이르시기를 바
로가 너희의 말을 듣지 아니하리라 그
러므로 내가 애굽 땅에서 나의 기적을
더하리라 하셨고 10모세와 아론이 이 모
든 기적을 바로 앞에서 행하였으나 여
호와께서 바로의 마음을 완악하게 하셨
으므로 그가 이스라엘 자손을 그 나라
에서 보내지 아니하였더라

출애굽기 12장

1여호와께서 애굽 땅에서 모세와 아
론에게 일러 말씀하시되 2이 달을 너희
에게 달의 시작 곧 해의 첫 달이 되게
하고 3너희는 이스라엘 온 회중에게 말
하여 이르라 이 달 열흘에 너희 각자가
어린 양을 취할지니 각 가족대로 그 식
구를 위하여 어린 양을 취하되 4그 어
린 양에 대하여 식구가 너무 적으면 그
집의 이웃과 함께 사람 수를 따라서 하
나를 취하며 각 사람이 먹을 수 있는 분
량에 따라서 너희 어린 양을 계산할 것
이며 5너희 어린 양은 흠 없고 일 년 된
수컷으로 하되 양이나 염소 중에서 취
하고 6이 달 열나흗날까지 간직하였다
가 해 질 때에 이스라엘 회중이 그 양을
잡고 7그 피를 양을 먹을 집 좌우 문설
주와 인방에 바르고 8그 밤에 그 고기
를 불에 구워 무교병과 쓴 나물과 아울
러 먹되 9날것으로나 물에 삶아서 먹지
말고 머리와 다리와 내장을 다 불에 구
워 먹고 10아침까지 남겨두지 말며 아
침까지 남은 것은 곧 불사르라 11너희
는 그것을 이렇게 먹을지니 허리에 띠

비움

침묵으로 기도하며 나를 비웁니다. 성령의 임재를 구하며, 죄를 회개하며, 마음의 걱정이나 복잡한 생각을 내려놓습니다. 삼위일체 하나님께 가는 길이 다시금 열립니다.

채움

말씀이 나를 가득 채웁니다. 성령의 이끄심에 따라 본문을 관찰하며 깨닫고, 그것을 내 마음에 새겨 내 삶과 세계에 연결합니다. 묵상한 말씀이 삶이 되도록 기도합니다.

나눔

말씀대로 살아갑니다. 오늘 그리고 앞으로 내가 실천할 것들을 구체적으로 적습니다. 가정과 교회, 사회와 오늘의 세계에서 어떻게 말씀이 작동될 것인지 적고 실행합니다.

를 띠고 발에 신을 신고 손에 지팡이를
잡고 급히 먹으라 이것이 여호와의 유
월절이니라 12내가 그 밤에 애굽 땅에
두루 다니며 사람이나 짐승을 막론하
고 애굽 땅에 있는 모든 처음 난 것을
다 치고 애굽의 모든 신을 내가 심판하
리라 나는 여호와라 13내가 애굽 땅을
칠 때에 그 피가 너희가 사는 집에 있
어서 너희를 위하여 표적이 될지라 내
가 피를 볼 때에 너희를 넘어가리니 재
앙이 너희에게 내려 멸하지 아니하리
라 14너희는 이 날을 기념하여 여호와
의 절기를 삼아 영원한 규례로 대대로
지킬지니라

15너희는 이레 동안 무교병을 먹을지
니 그 첫날에 누룩을 너희 집에서 제하
라 무릇 첫날부터 일곱째 날까지 유교
병을 먹는 자는 이스라엘에서 끊어지
리라 16너희에게 첫날에도 성회요 일
곱째 날에도 성회가 되리니 너희는 이
두 날에는 아무 일도 하지 말고 각자의
먹을 것만 갖출 것이니라 17너희는 무
교절을 지키라 이 날에 내가 너희 군대
를 애굽 땅에서 인도하여 내었음이니
라 그러므로 너희가 영원한 규례로 삼
아 대대로 이 날을 지킬지니라 18첫째
달 그 달 열나흗날 저녁부터 이십일일
저녁까지 너희는 무교병을 먹을 것이
요 19이레 동안은 누룩이 너희 집에서
발견되지 아니하도록 하라 무릇 유교
물을 먹는 자는 타국인이든지 본국에
서 난 자든지를 막론하고 이스라엘 회
중에서 끊어지리니 20너희는 아무 유교
물이든지 먹지 말고 너희 모든 유하는
곳에서 무교병을 먹을지니라

21모세가 이스라엘 모든 장로를 불러
서 그들에게 이르되 너희는 나가서 너
희의 가족대로 어린 양을 택하여 유월
절 양으로 잡고 22우슬초 묶음을 가져
다가 그릇에 담은 피에 적셔서 그 피를
문 인방과 좌우 설주에 뿌리고 아침까
지 한 사람도 자기 집 문 밖에 나가지
말라 23여호와께서 애굽 사람들에게 재
앙을 내리려고 지나가실 때에 문 인방
과 좌우 문설주의 피를 보시면 여호와
께서 그 문을 넘으시고 멸하는 자에게
너희 집에 들어가서 너희를 치지 못하
게 하실 것임이니라 24너희는 이 일을
규례로 삼아 너희와 너희 자손이 영원
히 지킬 것이니 25너희는 여호와께서
허락하신 대로 너희에게 주시는 땅에
이를 때에 이 예식을 지킬 것이라 26이
후에 너희의 자녀가 묻기를 이 예식이
무슨 뜻이냐 하거든 27너희는 이르기
를 이는 여호와의 유월절 제사라 여호
와께서 애굽 사람에게 재앙을 내리실
때에 애굽에 있는 이스라엘 자손의 집
을 넘으사 우리의 집을 구원하셨느니
라 하라 하매 백성이 머리 숙여 경배하
니라 28이스라엘 자손이 물러가서 그대
로 행하되 여호와께서 모세와 아론에
게 명령하신 대로 행하니라

29밤중에 여호와께서 애굽 땅에서 모

비움

침묵으로 기도하며 나를 비웁니다. 성령의 임재를 구하며, 죄를 회개하며, 마음의 걱정이나 복잡한 생각을 내려놓습니다. 삼위일체 하나님께 가는 길이 다시금 열립니다.

채움

말씀이 나를 가득 채웁니다. 성령의 이끄심에 따라 본문을 관찰하며 깨닫고, 그것을 내 마음에 새겨 내 삶과 세계에 연결합니다. 묵상한 말씀이 삶이 되도록 기도합니다.

나눔

말씀대로 살아갑니다. 오늘 그리고 앞으로 내가 실천할 것들을 구체적으로 적습니다. 가정과 교회, 사회와 오늘의 세계에서 어떻게 말씀이 작동될 것인지 적고 실행합니다.

든 처음 난 것 곧 왕위에 앉은 바로의
장자로부터 옥에 갇힌 사람의 장자까
지와 가축의 처음 난 것을 다 치시매
30그 밤에 바로와 그 모든 신하와 모
든 애굽 사람이 일어나고 애굽에 큰 부
르짖음이 있었으니 이는 그 나라에 죽
임을 당하지 아니한 집이 하나도 없었
음이었더라 31밤에 바로가 모세와 아
론을 불러서 이르되 너희와 이스라엘
자손은 일어나 내 백성 가운데에서 떠
나 너희의 말대로 가서 여호와를 섬기
며 32너희가 말한 대로 너희 양과 너희
소도 몰아가고 나를 위하여 축복하라
하며 33애굽 사람들은 말하기를 우리
가 다 죽은 자가 되도다 하고 그 백성
을 재촉하여 그 땅에서 속히 내보내려
하므로 34그 백성이 발교되지 못한 반
죽 담은 그릇을 옷에 싸서 어깨에 메
니라 35이스라엘 자손이 모세의 말대
로 하여 애굽 사람에게 은금 패물과 의
복을 구하매 36여호와께서 애굽 사람
들에게 이스라엘 백성에게 은혜를 입
히게 하사 그들이 구하는 대로 주게 하
시므로 그들이 애굽 사람의 물품을 취
하였더라

37이스라엘 자손이 라암셋을 떠나서
숙곳에 이르니 유아 외에 보행하는 장
정이 육십만 가량이요 38수많은 잡족과
양과 소와 심히 많은 가축이 그들과 함
께 하였으며 39그들이 애굽으로부터 가
지고 나온 발교되지 못한 반죽으로 무
교병을 구웠으니 이는 그들이 애굽에
서 쫓겨나므로 지체할 수 없었음이며
아무 양식도 준비하지 못하였음이었더
라 40이스라엘 자손이 애굽에 거주한
지 사백삼십 년이라 41사백삼십 년이
끝나는 그 날에 여호와의 군대가 다 애
굽 땅에서 나왔은즉 42이 밤은 그들을
애굽 땅에서 인도하여 내심으로 말미
암아 여호와 앞에 지킬 것이니 이는 여
호와의 밤이라 이스라엘 자손이 다 대
대로 지킬 것이니라

43여호와께서 모세와 아론에게 이르
시되 유월절 규례는 이러하니라 이방
사람은 먹지 못할 것이나 44각 사람이
돈으로 산 종은 할례를 받은 후에 먹
을 것이며 45거류인과 타국 품꾼은 먹
지 못하리라 46한 집에서 먹되 그 고기
를 조금도 집 밖으로 내지 말고 뼈도 꺾
지 말지며 47이스라엘 회중이 다 이것
을 지킬지니라 48너희와 함께 거류하는
타국인이 여호와의 유월절을 지키고자
하거든 그 모든 남자는 할례를 받은 후
에야 가까이 하여 지킬지니 곧 그는 본
토인과 같이 될 것이나 할례 받지 못한
자는 먹지 못할 것이니라 49본토인에게
나 너희 중에 거류하는 이방인에게 이
법이 동일하니라 하셨으므로 50온 이스
라엘 자손이 이와 같이 행하되 여호와
께서 모세와 아론에게 명령하신 대로
행하였으며 51바로 그 날에 여호와께서
이스라엘 자손을 그 무리대로 애굽 땅
에서 인도하여 내셨더라

비움

침묵으로 기도하며 나를 비웁니다. 성령의 임재를 구하며, 죄를 회개하며, 마음의 걱정이나 복잡한 생각을 내려놓습니다. 삼위일체 하나님께 가는 길이 다시금 열립니다.

채움

말씀이 나를 가득 채웁니다. 성령의 이끄심에 따라 본문을 관찰하며 깨닫고, 그것을 내 마음에 새겨 내 삶과 세계에 연결합니다. 묵상한 말씀이 삶이 되도록 기도합니다.

나눔

말씀대로 살아갑니다. 오늘 그리고 앞으로 내가 실천할 것들을 구체적으로 적습니다. 가정과 교회, 사회와 오늘의 세계에서 어떻게 말씀이 작동될 것인지 적고 실행합니다.

출애굽기 13장

1여호와께서 모세에게 일러 이르시
되 2이스라엘 자손 중에서 사람이나 짐
승을 막론하고 태에서 처음 난 모든 것
은 다 거룩히 구별하여 내게 돌리라 이
는 내 것이니라 하시니라 3모세가 백성
에게 이르되 너희는 애굽 곧 종 되었던
집에서 나온 그 날을 기념하여 유교병
을 먹지 말라 여호와께서 그 손의 권능
으로 너희를 그 곳에서 인도해 내셨음
이니라 4아빕월 이 날에 너희가 나왔으
니 5여호와께서 너를 인도하여 가나안
사람과 헷 사람과 아모리 사람과 히위
사람과 여부스 사람의 땅 곧 네게 주시
려고 네 조상들에게 맹세하신 바 젖과
꿀이 흐르는 땅에 이르게 하시거든 너
는 이 달에 이 예식을 지켜 6이레 동안
무교병을 먹고 일곱째 날에는 여호와
께 절기를 지키라 7이레 동안에는 무교
병을 먹고 유교병을 네게 보이지 아니
하게 하며 네 땅에서 누룩을 네게 보이
지 아니하게 하라 8너는 그 날에 네 아
들에게 보여 이르기를 이 예식은 내가
애굽에서 나올 때에 여호와께서 나를
위하여 행하신 일로 말미암음이라 하
고 9이것으로 네 손의 기호와 네 미간
의 표를 삼고 여호와의 율법이 네 입에
있게 하라 이는 여호와께서 강하신 손
으로 너를 애굽에서 인도하여 내셨음
이니 10해마다 절기가 되면 이 규례를
지킬지니라

11여호와께서 너와 네 조상에게 맹세
하신 대로 너를 가나안 사람의 땅에 인
도하시고 그 땅을 네게 주시거든 12너
는 태에서 처음 난 모든 것과 네게 있
는 가축의 태에서 처음 난 것을 다 구
별하여 여호와께 돌리라 수컷은 여호
와의 것이니라 13나귀의 첫 새끼는 다
어린 양으로 대속할 것이요 그렇게 하
지 아니하려면 그 목을 꺾을 것이며 네
아들 중 처음 난 모든 자는 대속할지니
라 14후일에 네 아들이 네게 묻기를 이
것이 어찌 됨이냐 하거든 너는 그에게
이르기를 여호와께서 그 손의 권능으
로 우리를 애굽에서 곧 종이 되었던 집
에서 인도하여 내실새 15그 때에 바로
가 완악하여 우리를 보내지 아니하매
여호와께서 애굽 나라 가운데 처음 난
모든 것은 사람의 장자로부터 가축의
처음 난 것까지 다 죽이셨으므로 태에
서 처음 난 모든 수컷들은 내가 여호와
께 제사를 드려서 내 아들 중에 모든 처
음 난 자를 다 대속하리니 16이것이 네
손의 기호와 네 미간의 표가 되리라 이
는 여호와께서 그 손의 권능으로 우리
를 애굽에서 인도하여 내셨음이니라 할
지니라

17바로가 백성을 보낸 후에 블레셋
사람의 땅의 길은 가까울지라도 하나
님이 그들을 그 길로 인도하지 아니하
셨으니 이는 하나님이 말씀하시기를 이
백성이 전쟁을 하게 되면 마음을 돌이
켜 애굽으로 돌아갈까 하셨음이라 18그
러므로 하나님이 홍해의 광야 길로 돌

☐ 비움

침묵으로 기도하며 나를 비웁니다. 성령의 임재를 구하며, 죄를 회개하며, 마음의 걱정이나 복잡한 생각을 내려놓습니다. 삼위일체 하나님께 가는 길이 다시금 열립니다.

■ 채움

말씀이 나를 가득 채웁니다. 성령의 이끄심에 따라 본문을 관찰하며 깨닫고, 그것을 내 마음에 새겨 내 삶과 세계에 연결합니다. 묵상한 말씀이 삶이 되도록 기도합니다.

나눔

말씀대로 살아갑니다. 오늘 그리고 앞으로 내가 실천할 것들을 구체적으로 적습니다. 가정과 교회, 사회와 오늘의 세계에서 어떻게 말씀이 작동될 것인지 적고 실행합니다.

려 백성을 인도하시매 이스라엘 자손
이 애굽 땅에서 대열을 지어 나올 때에
19모세가 요셉의 유골을 가졌으니 이는
요셉이 이스라엘 자손으로 단단히 맹
세하게 하여 이르기를 하나님이 반드
시 너희를 찾아오시리니 너희는 내 유
골을 여기서 가지고 나가라 하였음이
더라 20그들이 숙곳을 떠나서 광야 끝
에담에 장막을 치니 21여호와께서 그들
앞에서 가시며 낮에는 구름 기둥으로
그들의 길을 인도하시고 밤에는 불 기
둥을 그들에게 비추사 낮이나 밤이나
진행하게 하시니 22낮에는 구름 기둥,
밤에는 불 기둥이 백성 앞에서 떠나지
아니하니라

출애굽기 14장

1여호와께서 모세에게 말씀하여 이
르시되 2이스라엘 자손에게 명령하여
돌이켜 바다와 믹돌 사이의 비하히롯
앞 곧 바알스본 맞은편 바닷가에 장막
을 치게 하라 3바로가 이스라엘 자손에
대하여 말하기를 그들이 그 땅에서 멀
리 떠나 광야에 갇힌 바 되었다 하리라
4내가 바로의 마음을 완악하게 한즉 바
로가 그들의 뒤를 따르리니 내가 그와
그의 온 군대로 말미암아 영광을 얻어
애굽 사람들이 나를 여호와인 줄 알게
하리라 하시매 무리가 그대로 행하니
라 5그 백성이 도망한 사실이 애굽 왕
에게 알려지매 바로와 그의 신하들이
그 백성에 대하여 마음이 변하여 이르
되 우리가 어찌 이같이 하여 이스라엘
을 우리를 섬김에서 놓아 보내었는가
하고 6바로가 곧 그의 병거를 갖추고
그의 백성을 데리고 갈새 7선발된 병거
육백 대와 애굽의 모든 병거를 동원하
니 지휘관들이 다 거느렸더라 8여호와
께서 애굽 왕 바로의 마음을 완악하게
하셨으므로 그가 이스라엘 자손의 뒤
를 따르니 이스라엘 자손이 담대히 나
갔음이라 9애굽 사람들과 바로의 말들,
병거들과 그 마병과 그 군대가 그들의
뒤를 따라 바알스본 맞은편 비하히롯
곁 해변 그들이 장막 친 데에 미치니라

10바로가 가까이 올 때에 이스라엘
자손이 눈을 들어 본즉 애굽 사람들이
자기들 뒤에 이른지라 이스라엘 자손
이 심히 두려워하여 여호와께 부르짖
고 11그들이 또 모세에게 이르되 애굽
에 매장지가 없어서 당신이 우리를 이
끌어 내어 이 광야에서 죽게 하느냐 어
찌하여 당신이 우리를 애굽에서 이끌
어 내어 우리에게 이같이 하느냐 12우
리가 애굽에서 당신에게 이른 말이 이
것이 아니냐 이르기를 우리를 내버려
두라 우리가 애굽 사람을 섬길 것이라
하지 아니하더냐 애굽 사람을 섬기는
것이 광야에서 죽는 것보다 낫겠노라
13모세가 백성에게 이르되 너희는 두려
워하지 말고 가만히 서서 여호와께서
오늘 너희를 위하여 행하시는 구원을
보라 너희가 오늘 본 애굽 사람을 영원
히 다시 보지 아니하리라 14여호와께서
너희를 위하여 싸우시리니 너희는 가

☐ 비움

침묵으로 기도하며 나를 비웁니다. 성령의 임재를 구하며, 죄를 회개하며, 마음의 걱정이나 복잡한 생각을 내려놓습니다. 삼위일체 하나님께 가는 길이 다시금 열립니다.

■ 채움

말씀이 나를 가득 채웁니다. 성령의 이끄심에 따라 본문을 관찰하며 깨닫고, 그것을 내 마음에 새겨 내 삶과 세계에 연결합니다. 묵상한 말씀이 삶이 되도록 기도합니다.

■ 나눔

말씀대로 살아갑니다. 오늘 그리고 앞으로 내가 실천할 것들을 구체적으로 적습니다. 가정과 교회, 사회와 오늘의 세계에서 어떻게 말씀이 작동될 것인지 적고 실행합니다.

만히 있을지니라

15여호와께서 모세에게 이르시되 너
는 어찌하여 내게 부르짖느냐 이스라
엘 자손에게 명령하여 앞으로 나아가
게 하고 16지팡이를 들고 손을 바다 위
로 내밀어 그것이 갈라지게 하라 이스
라엘 자손이 바다 가운데서 마른 땅으
로 행하리라 17내가 애굽 사람들의 마음
을 완악하게 할 것인즉 그들이 그 뒤를
따라 들어갈 것이라 내가 바로와 그의
모든 군대와 그의 병거와 마병으로 말
미암아 영광을 얻으리니 18내가 바로와
그의 병거와 마병으로 말미암아 영광을
얻을 때에야 애굽 사람들이 나를 여호
와인 줄 알리라 하시더니 19이스라엘 진
앞에 가던 하나님의 사자가 그들의 뒤
로 옮겨 가매 구름 기둥도 앞에서 그 뒤
로 옮겨 20애굽 진과 이스라엘 진 사이
에 이르러 서니 저쪽에는 구름과 흑암
이 있고 이쪽에는 밤이 밝으므로 밤새
도록 저쪽이 이쪽에 가까이 못하였더라

21모세가 바다 위로 손을 내밀매 여
호와께서 큰 동풍이 밤새도록 바닷물
을 물러가게 하시니 물이 갈라져 바다
가 마른 땅이 된지라 22이스라엘 자손
이 바다 가운데를 육지로 걸어가고 물
은 그들의 좌우에 벽이 되니 23애굽 사
람들과 바로의 말들, 병거들과 그 마병
들이 다 그들의 뒤를 추격하여 바다 가
운데로 들어오는지라 24새벽에 여호와
께서 불과 구름 기둥 가운데서 애굽 군
대를 보시고 애굽 군대를 어지럽게 하
시며 25그들의 병거 바퀴를 벗겨서 달
리기가 어렵게 하시니 애굽 사람들이
이르되 이스라엘 앞에서 우리가 도망
하자 여호와가 그들을 위하여 싸워 애
굽 사람들을 치는도다

26여호와께서 모세에게 이르시되 네
손을 바다 위로 내밀어 물이 애굽 사람
들과 그들의 병거들과 마병들 위에 다
시 흐르게 하라 하시니 27모세가 곧 손
을 바다 위로 내밀매 새벽이 되어 바다
의 힘이 회복된지라 애굽 사람들이 물
을 거슬러 도망하나 여호와께서 애굽
사람들을 바다 가운데 엎으시니 28물이
다시 흘러 병거들과 기병들을 덮되 그
들의 뒤를 따라 바다에 들어간 바로의
군대를 다 덮으니 하나도 남지 아니하
였더라 29그러나 이스라엘 자손은 바다
가운데를 육지로 행하였고 물이 좌우
에 벽이 되었더라 30그 날에 여호와께
서 이같이 이스라엘을 애굽 사람의 손
에서 구원하시매 이스라엘이 바닷가에
서 애굽 사람들이 죽어 있는 것을 보았
더라 31이스라엘이 여호와께서 애굽 사
람들에게 행하신 그 큰 능력을 보았으
므로 백성이 여호와를 경외하며 여호와
와 그의 종 모세를 믿었더라

출애굽기 15장

1이 때에 모세와 이스라엘 자손이 이
노래로 여호와께 노래하니 일렀으되
내가 여호와를 찬송하리니 그는 높고

비움

침묵으로 기도하며 나를 비웁니다. 성령의 임재를 구하며, 죄를 회개하며, 마음의 걱정이나 복잡한 생각을 내려놓습니다. 삼위일체 하나님께 가는 길이 다시금 열립니다.

채움

말씀이 나를 가득 채웁니다. 성령의 이끄심에 따라 본문을 관찰하며 깨닫고, 그것을 내 마음에 새겨 내 삶과 세계에 연결합니다. 묵상한 말씀이 삶이 되도록 기도합니다.

나눔

말씀대로 살아갑니다. 오늘 그리고 앞으로 내가 실천할 것들을 구체적으로 적습니다. 가정과 교회, 사회와 오늘의 세계에서 어떻게 말씀이 작동될 것인지 적고 실행합니다.

영화로우심이요 말과 그 탄 자를 바
다에 던지셨음이로다 2여호와는 나
의 힘이요 노래시며 나의 구원이시로
다 그는 나의 하나님이시니 내가 그
를 찬송할 것이요 내 아버지의 하나
님이시니 내가 그를 높이리로다 3여
호와는 용사시니 여호와는 그의 이름
이시로다 4그가 바로의 병거와 그의
군대를 바다에 던지시니 최고의 지휘
관들이 홍해에 잠겼고 5깊은 물이 그
들을 덮으니 그들이 돌처럼 깊음 속
에 가라앉았도다 6여호와여 주의 오
른손이 권능으로 영광을 나타내시니
이다 여호와여 주의 오른손이 원수를
부수시니이다 7주께서 주의 큰 위엄
으로 주를 거스르는 자를 엎으시니이
다 주께서 진노를 발하시니 그 진노
가 그들을 지푸라기 같이 사르니이다
8주의 콧김에 물이 쌓이되 파도가 언
덕 같이 일어서고 큰 물이 바다 가운
데 엉기니이다 9원수가 말하기를 내
가 뒤쫓아 따라잡아 탈취물을 나누리
라, 내가 그들로 말미암아 내 욕망을
채우리라, 내가 내 칼을 빼리니 내 손
이 그들을 멸하리라 하였으나 10주께
서 바람을 일으키시매 바다가 그들을
덮으니 그들이 거센 물에 납 같이 잠
겼나이다 11여호와여 신 중에 주와 같
은 자가 누구니이까 주와 같이 거룩
함으로 영광스러우며 찬송할 만한 위
엄이 있으며 기이한 일을 행하는 자
가 누구니이까 12주께서 오른손을 드
신즉 땅이 그들을 삼켰나이다 13주의
인자하심으로 주께서 구속하신 백성
을 인도하시되 주의 힘으로 그들을
주의 거룩한 처소에 들어가게 하시
나이다 14여러 나라가 듣고 떨며 블
레셋 주민이 두려움에 잡히며 15에돔
두령들이 놀라고 모압 영웅이 떨림에
잡히며 가나안 주민이 다 낙담하나이
다 16놀람과 두려움이 그들에게 임하
매 주의 팔이 크므로 그들이 돌 같이
침묵하였사오니 여호와여 주의 백성
이 통과하기까지 곧 주께서 사신 백
성이 통과하기까지였나이다 17주께
서 백성을 인도하사 그들을 주의 기
업의 산에 심으시리이다 여호와여 이
는 주의 처소를 삼으시려고 예비하신
것이라 주여 이것이 주의 손으로 세
우신 성소로소이다 18여호와께서 영
원무궁 하도록 다스리시도다
하였더라

19바로의 말과 병거와 마병이 함께 바
다에 들어가매 여호와께서 바닷물을 그
들 위에 되돌려 흐르게 하셨으나 이스
라엘 자손은 바다 가운데서 마른 땅으
로 지나간지라 20아론의 누이 선지자 미
리암이 손에 소고를 잡으매 모든 여인도
그를 따라 나오며 소고를 잡고 춤추니
21미리암이 그들에게 화답하여 이르되
너희는 여호와를 찬송하라 그는 높
고 영화로우심이요 말과 그 탄 자를
바다에 던지셨음이로다
하였더라

비움

침묵으로 기도하며 나를 비웁니다. 성령의 임재를 구하며, 죄를 회개하며, 마음의 걱정이나 복잡한 생각을 내려놓습니다. 삼위일체 하나님께 가는 길이 다시금 열립니다.

채움

말씀이 나를 가득 채웁니다. 성령의 이끄심에 따라 본문을 관찰하며 깨닫고, 그것을 내 마음에 새겨 내 삶과 세계에 연결합니다. 묵상한 말씀이 삶이 되도록 기도합니다.

나눔

말씀대로 살아갑니다. 오늘 그리고 앞으로 내가 실천할 것들을 구체적으로 적습니다. 가정과 교회, 사회와 오늘의 세계에서 어떻게 말씀이 작동될 것인지 적고 실행합니다.

○□△메출
동 네 세 메 출

동네세메출성경 1

6

출애굽기

15장 22절–24장 18절

출애굽기 15장

22모세가 홍해에서 이스라엘을 인도
하매 그들이 나와서 수르 광야로 들어
가서 거기서 사흘길을 걸었으나 물을
얻지 못하고 23마라에 이르렀더니 그
곳 물이 써서 마시지 못하겠으므로 그
이름을 마라라 하였더라 24백성이 모
세에게 원망하여 이르되 우리가 무엇
을 마실까 하매 25모세가 여호와께 부
르짖었더니 여호와께서 그에게 한 나
무를 가리키시니 그가 물에 던지니 물
이 달게 되었더라 거기서 여호와께서
그들을 위하여 법도와 율례를 정하시
고 그들을 시험하실새 26이르시되 너희
가 너희 하나님 나 여호와의 말을 들어
순종하고 내가 보기에 의를 행하며 내
계명에 귀를 기울이며 내 모든 규례를
지키면 내가 애굽 사람에게 내린 모든
질병 중 하나도 너희에게 내리지 아니
하리니 나는 너희를 치료하는 여호와
임이라

27그들이 엘림에 이르니 거기에 물
샘 열둘과 종려나무 일흔 그루가 있는
지라 거기서 그들이 그 물 곁에 장막을
치니라

출애굽기 16장

1이스라엘 자손의 온 회중이 엘림에
서 떠나 엘림과 시내 산 사이에 있는 신
광야에 이르니 애굽에서 나온 후 둘째
달 십오일이라 2이스라엘 자손 온 회중
이 그 광야에서 모세와 아론을 원망하
여 3이스라엘 자손이 그들에게 이르되
우리가 애굽 땅에서 고기 가마 곁에 앉
아 있던 때와 떡을 배불리 먹던 때에 여
호와의 손에 죽었더라면 좋았을 것을
너희가 이 광야로 우리를 인도해 내어
이 온 회중이 주려 죽게 하는도다

4그 때에 여호와께서 모세에게 이르
시되 보라 내가 너희를 위하여 하늘에
서 양식을 비 같이 내리리니 백성이 나
가서 일용할 것을 날마다 거둘 것이라
이같이 하여 그들이 내 율법을 준행하
나 아니하나 내가 시험하리라 5여섯째
날에는 그들이 그 거둔 것을 준비할지
니 날마다 거두던 것의 갑절이 되리라
6모세와 아론이 온 이스라엘 자손에게
이르되 저녁이 되면 너희가 여호와께
서 너희를 애굽 땅에서 인도하여 내셨
음을 알 것이요 7아침에는 너희가 여호
와의 영광을 보리니 이는 여호와께서
너희가 자기를 향하여 원망함을 들으
셨음이라 우리가 누구이기에 너희가
우리에게 대하여 원망하느냐 8모세가
또 이르되 여호와께서 저녁에는 너희
에게 고기를 주어 먹이시고 아침에는
떡으로 배불리시리니 이는 여호와께
서 자기를 향하여 너희가 원망하는 그
말을 들으셨음이라 우리가 누구냐 너
희의 원망은 우리를 향하여 함이 아니
요 여호와를 향하여 함이로다 9모세가
또 아론에게 이르되 이스라엘 자손의
온 회중에게 말하기를 여호와께 가까
이 나아오라 여호와께서 너희의 원망

비움

침묵으로 기도하며 나를 비웁니다. 성령의 임재를 구하며, 죄를 회개하며, 마음의 걱정이나 복잡한 생각을 내려놓습니다. 삼위일체 하나님께 가는 길이 다시금 열립니다.

채움

말씀이 나를 가득 채웁니다. 성령의 이끄심에 따라 본문을 관찰하며 깨닫고, 그것을 내 마음에 새겨 내 삶과 세계에 연결합니다. 묵상한 말씀이 삶이 되도록 기도합니다.

나눔

말씀대로 살아갑니다. 오늘 그리고 앞으로 내가 실천할 것들을 구체적으로 적습니다. 가정과 교회, 사회와 오늘의 세계에서 어떻게 말씀이 작동될 것인지 적고 실행합니다.

함을 들으셨느니라 하라 10아론이 이스
라엘 자손의 온 회중에게 말하매 그들
이 광야를 바라보니 여호와의 영광이
구름 속에 나타나더라 11여호와께서 모
세에게 말씀하여 이르시되 12내가 이스
라엘 자손의 원망함을 들었노라 그들
에게 말하여 이르기를 너희가 해 질 때
에는 고기를 먹고 아침에는 떡으로 배
부르리니 내가 여호와 너희의 하나님
인 줄 알리라 하라 하시니라

13저녁에는 메추라기가 와서 진에 덮
이고 아침에는 이슬이 진 주위에 있더
니 14그 이슬이 마른 후에 광야 지면에
작고 둥글며 서리 같이 가는 것이 있는
지라 15이스라엘 자손이 보고 그것이
무엇인지 알지 못하여 서로 이르되 이
것이 무엇이냐 하니 모세가 그들에게
이르되 이는 여호와께서 너희에게 주
어 먹게 하신 양식이라 16여호와께서
이같이 명령하시기를 너희 각 사람은
먹을 만큼만 이것을 거둘지니 곧 너희
사람 수효대로 한 사람에 한 오멜씩 거
두되 각 사람이 그의 장막에 있는 자들
을 위하여 거둘지니라 하셨느니라 17이
스라엘 자손이 그같이 하였더니 그 거
둔 것이 많기도 하고 적기도 하나 18오
멜로 되어 본즉 많이 거둔 자도 남음이
없고 적게 거둔 자도 부족함이 없이 각
사람은 먹을 만큼만 거두었더라 19모세
가 그들에게 이르기를 아무든지 아침
까지 그것을 남겨두지 말라 하였으나
20그들이 모세에게 순종하지 아니하고
더러는 아침까지 두었더니 벌레가 생
기고 냄새가 난지라 모세가 그들에게
노하니라

21무리가 아침마다 각 사람은 먹을
만큼만 거두었고 햇볕이 뜨겁게 쬐면
그것이 스러졌더라 22여섯째 날에는 각
사람이 갑절의 식물 곧 하나에 두 오멜
씩 거둔지라 회중의 모든 지도자가 와
서 모세에게 알리매 23모세가 그들에게
이르되 여호와께서 이같이 말씀하셨느
니라 내일은 휴일이니 여호와께 거룩
한 안식일이라 너희가 구울 것은 굽고
삶을 것은 삶고 그 나머지는 다 너희를
위하여 아침까지 간수하라 24그들이 모
세의 명령대로 아침까지 간수하였으나
냄새도 나지 아니하고 벌레도 생기지
아니한지라 25모세가 이르되 오늘은 그
것을 먹으라 오늘은 여호와의 안식일
인즉 오늘은 너희가 들에서 그것을 얻
지 못하리라 26엿새 동안은 너희가 그
것을 거두되 일곱째 날은 안식일인즉
그 날에는 없으리라 하였으나 27일곱째
날에 백성 중 어떤 사람들이 거두러 나
갔다가 얻지 못하니라 28여호와께서 모
세에게 이르시되 어느 때까지 너희가
내 계명과 내 율법을 지키지 아니하려
느냐 29볼지어다 여호와가 너희에게 안
식일을 줌으로 여섯째 날에는 이틀 양
식을 너희에게 주는 것이니 너희는 각
기 처소에 있고 일곱째 날에는 아무도
그의 처소에서 나오지 말지니라 30그러
므로 백성이 일곱째 날에 안식하니라

비움

침묵으로 기도하며 나를 비웁니다. 성령의 임재를 구하며, 죄를 회개하며, 마음의 걱정이나 복잡한 생각을 내려놓습니다. 삼위일체 하나님께 가는 길이 다시금 열립니다.

채움

말씀이 나를 가득 채웁니다. 성령의 이끄심에 따라 본문을 관찰하며 깨닫고, 그것을 내 마음에 새겨 내 삶과 세계에 연결합니다. 묵상한 말씀이 삶이 되도록 기도합니다.

나눔

말씀대로 살아갑니다. 오늘 그리고 앞으로 내가 실천할 것들을 구체적으로 적습니다. 가정과 교회, 사회와 오늘의 세계에서 어떻게 말씀이 작동될 것인지 적고 실행합니다.

31이스라엘 족속이 그 이름을 만나라
하였으며 깟씨 같이 희고 맛은 꿀 섞은
과자 같았더라 32모세가 이르되 여호와
께서 이같이 명령하시기를 이것을 오
멜에 채워서 너희의 대대 후손을 위하
여 간수하라 이는 내가 너희를 애굽 땅
에서 인도하여 낼 때에 광야에서 너희
에게 먹인 양식을 그들에게 보이기 위
함이니라 하셨다 하고 33또 모세가 아
론에게 이르되 항아리를 가져다가 그
속에 만나 한 오멜을 담아 여호와 앞
에 두어 너희 대대로 간수하라 34아론
이 여호와께서 모세에게 명령하신 대
로 그것을 증거판 앞에 두어 간수하게
하였고 35사람이 사는 땅에 이르기까지
이스라엘 자손이 사십 년 동안 만나를
먹었으니 곧 가나안 땅 접경에 이르기
까지 그들이 만나를 먹었더라 36오멜은
십분의 일 에바이더라

출애굽기 17장

1이스라엘 자손의 온 회중이 여호와
의 명령대로 신 광야에서 떠나 그 노
정대로 행하여 르비딤에 장막을 쳤으
나 백성이 마실 물이 없는지라 2백성이
모세와 다투어 이르되 우리에게 물을
주어 마시게 하라 모세가 그들에게 이
르되 너희가 어찌하여 나와 다투느냐
너희가 어찌하여 여호와를 시험하느
냐 3거기서 백성이 목이 말라 물을 찾
으매 그들이 모세에게 대하여 원망하
여 이르되 당신이 어찌하여 우리를 애
굽에서 인도해 내어서 우리와 우리 자
녀와 우리 가축이 목말라 죽게 하느냐
4모세가 여호와께 부르짖어 이르되 내
가 이 백성에게 어떻게 하리이까 그들
이 조금 있으면 내게 돌을 던지겠나이
다 5여호와께서 모세에게 이르시되 백
성 앞을 지나서 이스라엘 장로들을 데
리고 나일 강을 치던 네 지팡이를 손에
잡고 가라 6내가 호렙 산에 있는 그 반
석 위 거기서 네 앞에 서리니 너는 그
반석을 치라 그것에서 물이 나오리니
백성이 마시리라 모세가 이스라엘 장
로들의 목전에서 그대로 행하니라 7그
가 그 곳 이름을 맛사 또는 므리바라 불
렀으니 이는 이스라엘 자손이 다투었
음이요 또는 그들이 여호와를 시험하
여 이르기를 여호와께서 우리 중에 계
신가 안 계신가 하였음이더라

8그 때에 아말렉이 와서 이스라엘과
르비딤에서 싸우니라 9모세가 여호수
아에게 이르되 우리를 위하여 사람들
을 택하여 나가서 아말렉과 싸우라 내
일 내가 하나님의 지팡이를 손에 잡고
산 꼭대기에 서리라 10여호수아가 모세
의 말대로 행하여 아말렉과 싸우고 모
세와 아론과 훌은 산 꼭대기에 올라가
서 11모세가 손을 들면 이스라엘이 이
기고 손을 내리면 아말렉이 이기더니
12모세의 팔이 피곤하매 그들이 돌을
가져다가 모세의 아래에 놓아 그가 그
위에 앉게 하고 아론과 훌이 한 사람은
이쪽에서, 한 사람은 저쪽에서 모세의
손을 붙들어 올렸더니 그 손이 해가 지

☐ 비움

침묵으로 기도하며 나를 비웁니다. 성령의 임재를 구하며, 죄를 회개하며, 마음의 걱정이나 복잡한 생각을 내려놓습니다. 삼위일체 하나님께 가는 길이 다시금 열립니다.

■ 채움

말씀이 나를 가득 채웁니다. 성령의 이끄심에 따라 본문을 관찰하며 깨닫고, 그것을 내 마음에 새겨 내 삶과 세계에 연결합니다. 묵상한 말씀이 삶이 되도록 기도합니다.

▦ 나눔

말씀대로 살아갑니다. 오늘 그리고 앞으로 내가 실천할 것들을 구체적으로 적습니다. 가정과 교회, 사회와 오늘의 세계에서 어떻게 말씀이 작동될 것인지 적고 실행합니다.

도록 내려오지 아니한지라 13여호수아
가 칼날로 아말렉과 그 백성을 쳐서 무
찌르니라 14여호와께서 모세에게 이르
시되 이것을 책에 기록하여 기념하게
하고 여호수아의 귀에 외워 들리라 내
가 아말렉을 없이하여 천하에서 기억
도 못 하게 하리라 15모세가 제단을 쌓
고 그 이름을 여호와 닛시라 하고 16이
르되 여호와께서 맹세하시기를 여호와
가 아말렉과 더불어 대대로 싸우리라
하셨다 하였더라

출애굽기 18장

1모세의 장인이며 미디안 제사장인
이드로가 하나님이 모세에게와 자기
백성 이스라엘에게 하신 일 곧 여호와
께서 이스라엘을 애굽에서 인도하여
내신 모든 일을 들으니라 2모세의 장인
이드로가 모세가 돌려 보냈던 그의 아
내 십보라와 3그의 두 아들을 데리고 왔
으니 그 하나의 이름은 게르솜이라 이
는 모세가 이르기를 내가 이방에서 나
그네가 되었다 함이요 4하나의 이름은
엘리에셀이라 이는 내 아버지의 하나
님이 나를 도우사 바로의 칼에서 구원
하셨다 함이더라 5모세의 장인 이드로
가 모세의 아들들과 그의 아내와 더불
어 광야에 들어와 모세에게 이르니 곧
모세가 하나님의 산에 진 친 곳이라 6그
가 모세에게 말을 전하되 네 장인 나 이
드로가 네 아내와 그와 함께 한 그의 두
아들과 더불어 네게 왔노라 7모세가 나
가서 그의 장인을 맞아 절하고 그에게
입 맞추고 그들이 서로 문안하고 함께
장막에 들어가서 8모세가 여호와께서
이스라엘을 위하여 바로와 애굽 사람
에게 행하신 모든 일과 길에서 그들이
당한 모든 고난과 여호와께서 그들을
구원하신 일을 다 그 장인에게 말하매
9이드로가 여호와께서 이스라엘에게
큰 은혜를 베푸사 애굽 사람의 손에서
구원하심을 기뻐하여 10이드로가 이르
되 여호와를 찬송하리로다 너희를 애
굽 사람의 손에서와 바로의 손에서 건
져내시고 백성을 애굽 사람의 손 아래
에서 건지셨도다 11이제 내가 알았도다
여호와는 모든 신보다 크시므로 이스
라엘에게 교만하게 행하는 그들을 이
기셨도다 하고 12모세의 장인 이드로가
번제물과 희생제물들을 하나님께 가져
오매 아론과 이스라엘 모든 장로가 와
서 모세의 장인과 함께 하나님 앞에서
떡을 먹으니라

13이튿날 모세가 백성을 재판하느라
고 앉아 있고 백성은 아침부터 저녁까
지 모세 곁에 서 있는지라 14모세의 장
인이 모세가 백성에게 행하는 모든 일
을 보고 이르되 네가 이 백성에게 행하
는 이 일이 어찌 됨이냐 어찌하여 네가
홀로 앉아 있고 백성은 아침부터 저녁
까지 네 곁에 서 있느냐 15모세가 그의
장인에게 대답하되 백성이 하나님께
물으려고 내게로 옴이라 16그들이 일
이 있으면 내게로 오나니 내가 그 양쪽
을 재판하여 하나님의 율례와 법도를

비움

침묵으로 기도하며 나를 비웁니다. 성령의 임재를 구하며, 죄를 회개하며, 마음의 걱정이나 복잡한 생각을 내려놓습니다. 삼위일체 하나님께 가는 길이 다시금 열립니다.

채움

말씀이 나를 가득 채웁니다. 성령의 이끄심에 따라 본문을 관찰하며 깨닫고, 그것을 내 마음에 새겨 내 삶과 세계에 연결합니다. 묵상한 말씀이 삶이 되도록 기도합니다.

나눔

말씀대로 살아갑니다. 오늘 그리고 앞으로 내가 실천할 것들을 구체적으로 적습니다. 가정과 교회, 사회와 오늘의 세계에서 어떻게 말씀이 작동될 것인지 적고 실행합니다.

알게 하나이다 17모세의 장인이 그에게
이르되 네가 하는 것이 옳지 못하도다
18너와 또 너와 함께 한 이 백성이 필경
기력이 쇠하리니 이 일이 네게 너무 중
함이라 네가 혼자 할 수 없으리라 19이
제 내 말을 들으라 내가 네게 방침을 가
르치리니 하나님이 너와 함께 계실지
로다 너는 하나님 앞에서 그 백성을 위
하여 그 사건들을 하나님께 가져오며
20그들에게 율례와 법도를 가르쳐서 마
땅히 갈 길과 할 일을 그들에게 보이고
21너는 또 온 백성 가운데서 능력 있는
사람들 곧 하나님을 두려워하며 진실
하며 불의한 이익을 미워하는 자를 살
펴서 백성 위에 세워 천부장과 백부장
과 오십부장과 십부장을 삼아 22그들이
때를 따라 백성을 재판하게 하라 큰 일
은 모두 네게 가져갈 것이요 작은 일은
모두 그들이 스스로 재판할 것이니 그
리하면 그들이 너와 함께 담당할 것인
즉 일이 네게 쉬우리라 23네가 만일 이
일을 하고 하나님께서도 네게 허락하
시면 네가 이 일을 감당하고 이 모든 백
성도 자기 곳으로 평안히 가리라 24이
에 모세가 자기 장인의 말을 듣고 그 모
든 말대로 하여 25모세가 이스라엘 무
리 중에서 능력 있는 사람들을 택하여
그들을 백성의 우두머리 곧 천부장과
백부장과 오십부장과 십부장을 삼으
매 26그들이 때를 따라 백성을 재판하
되 어려운 일은 모세에게 가져오고 모
든 작은 일은 스스로 재판하더라 27모
세가 그의 장인을 보내니 그가 자기 땅
으로 가니라

출애굽기 19장

1이스라엘 자손이 애굽 땅을 떠난 지
삼 개월이 되던 날 그들이 시내 광야에
이르니라 2그들이 르비딤을 떠나 시내
광야에 이르러 그 광야에 장막을 치되
이스라엘이 거기 산 앞에 장막을 치니
라 3모세가 하나님 앞에 올라가니 여호
와께서 산에서 그를 불러 말씀하시되
너는 이같이 야곱의 집에 말하고 이스
라엘 자손들에게 말하라 4내가 애굽 사
람에게 어떻게 행하였음과 내가 어떻
게 독수리 날개로 너희를 업어 내게로
인도하였음을 너희가 보았느니라 5세
계가 다 내게 속하였나니 너희가 내 말
을 잘 듣고 내 언약을 지키면 너희는 모
든 민족 중에서 내 소유가 되겠고 6너희
가 내게 대하여 제사장 나라가 되며 거
룩한 백성이 되리라 너는 이 말을 이스
라엘 자손에게 전할지니라

7모세가 내려와서 백성의 장로들을
불러 여호와께서 자기에게 명령하신 그
모든 말씀을 그들 앞에 진술하니 8백성
이 일제히 응답하여 이르되 여호와께
서 명령하신 대로 우리가 다 행하리이
다 모세가 백성의 말을 여호와께 전하
매 9여호와께서 모세에게 이르시되 내
가 빽빽한 구름 가운데서 네게 임함은
내가 너와 말하는 것을 백성들이 듣게
하며 또한 너를 영영히 믿게 하려 함이
니라 모세가 백성의 말을 여호와께 아

비움

침묵으로 기도하며 나를 비웁니다. 성령의 임재를 구하며, 죄를 회개하며, 마음의 걱정이나 복잡한 생각을 내려놓습니다. 삼위일체 하나님께 가는 길이 다시금 열립니다.

채움

말씀이 나를 가득 채웁니다. 성령의 이끄심에 따라 본문을 관찰하며 깨닫고, 그것을 내 마음에 새겨 내 삶과 세계에 연결합니다. 묵상한 말씀이 삶이 되도록 기도합니다.

나눔

말씀대로 살아갑니다. 오늘 그리고 앞으로 내가 실천할 것들을 구체적으로 적습니다. 가정과 교회, 사회와 오늘의 세계에서 어떻게 말씀이 작동될 것인지 적고 실행합니다.

되었으므로 10여호와께서 모세에게 이
르시되 너는 백성에게로 가서 오늘과
내일 그들을 성결하게 하며 그들에게
옷을 빨게 하고 11준비하게 하여 셋째
날을 기다리게 하라 이는 셋째 날에 나
여호와가 온 백성의 목전에서 시내 산
에 강림할 것임이니 12너는 백성을 위
하여 주위에 경계를 정하고 이르기를
너희는 삼가 산에 오르거나 그 경계를
침범하지 말지니 산을 침범하는 자는
반드시 죽임을 당할 것이라 13그런 자
에게는 손을 대지 말고 돌로 쳐죽이거
나 화살로 쏘아 죽여야 하리니 짐승이
나 사람을 막론하고 살아남지 못하리
라 하고 나팔을 길게 불거든 산 앞에 이
를 것이니라 하라 14모세가 산에서 내
려와 백성에게 이르러 백성을 성결하
게 하니 그들이 자기 옷을 빨더라 15모
세가 백성에게 이르되 준비하여 셋째
날을 기다리고 여인을 가까이 하지 말
라 하니라

16셋째 날 아침에 우레와 번개와 빽
빽한 구름이 산 위에 있고 나팔 소리가
매우 크게 들리니 진중에 있는 모든 백
성이 다 떨더라 17모세가 하나님을 맞
으려고 백성을 거느리고 진에서 나오
매 그들이 산 기슭에 서 있는데 18시내
산에 연기가 자욱하니 여호와께서 불
가운데서 거기 강림하심이라 그 연기
가 옹기 가마 연기 같이 떠오르고 온 산
이 크게 진동하며 19나팔 소리가 점점
커질 때에 모세가 말한즉 하나님이 음
성으로 대답하시더라 20여호와께서 시
내 산 곧 그 산 꼭대기에 강림하시고 모
세를 그리로 부르시니 모세가 올라가
매 21여호와께서 모세에게 이르시되 내
려가서 백성을 경고하라 백성이 밀고
들어와 나 여호와에게로 와서 보려고
하다가 많이 죽을까 하노라 22또 여호
와에게 가까이 하는 제사장들에게 그
몸을 성결히 하게 하라 나 여호와가 그
들을 칠까 하노라 23모세가 여호와께
아뢰되 주께서 우리에게 명령하여 이
르시기를 산 주위에 경계를 세워 산을
거룩하게 하라 하셨사온즉 백성이 시
내 산에 오르지 못하리이다 24여호와께
서 그에게 이르시되 가라 너는 내려가
서 아론과 함께 올라오고 제사장들과
백성에게는 경계를 넘어 나 여호와에
게로 올라오지 못하게 하라 내가 그들
을 칠까 하노라 25모세가 백성에게 내
려가서 그들에게 알리니라

출애굽기 20장

1하나님이 이 모든 말씀으로 말씀하
여 이르시되 2나는 너를 애굽 땅, 종 되
었던 집에서 인도하여 낸 네 하나님 여
호와니라

3너는 나 외에는 다른 신들을 네게 두
지 말라

4너를 위하여 새긴 우상을 만들지 말
고 또 위로 하늘에 있는 것이나 아래로
땅에 있는 것이나 땅 아래 물 속에 있는

□ 비움

침묵으로 기도하며 나를 비웁니다. 성령의 임재를 구하며, 죄를 회개하며, 마음의 걱정이나 복잡한 생각을 내려놓습니다. 삼위일체 하나님께 가는 길이 다시금 열립니다.

■ 채움

말씀이 나를 가득 채웁니다. 성령의 이끄심에 따라 본문을 관찰하며 깨닫고, 그것을 내 마음에 새겨 내 삶과 세계에 연결합니다. 묵상한 말씀이 삶이 되도록 기도합니다.

나눔

말씀대로 살아갑니다. 오늘 그리고 앞으로 내가 실천할 것들을 구체적으로 적습니다. 가정과 교회, 사회와 오늘의 세계에서 어떻게 말씀이 작동될 것인지 적고 실행합니다.

것의 어떤 형상도 만들지 말며 5그것들
에게 절하지 말며 그것들을 섬기지 말
라 나 네 하나님 여호와는 질투하는 하
나님인즉 나를 미워하는 자의 죄를 갚
되 아버지로부터 아들에게로 삼사 대
까지 이르게 하거니와 6나를 사랑하고
내 계명을 지키는 자에게는 천 대까지
은혜를 베푸느니라

7너는 네 하나님 여호와의 이름을 망
령되게 부르지 말라 여호와는 그의 이
름을 망령되게 부르는 자를 죄 없다 하
지 아니하리라

8안식일을 기억하여 거룩하게 지키
라 9엿새 동안은 힘써 네 모든 일을 행
할 것이나 10일곱째 날은 네 하나님 여
호와의 안식일인즉 너나 네 아들이나
네 딸이나 네 남종이나 네 여종이나 네
가축이나 네 문안에 머무는 객이라도
아무 일도 하지 말라 11이는 엿새 동안
에 나 여호와가 하늘과 땅과 바다와 그
가운데 모든 것을 만들고 일곱째 날에
쉬었음이라 그러므로 나 여호와가 안
식일을 복되게 하여 그 날을 거룩하게
하였느니라

12네 부모를 공경하라 그리하면 네
하나님 여호와가 네게 준 땅에서 네 생
명이 길리라

13살인하지 말라

14간음하지 말라

15도둑질하지 말라

16네 이웃에 대하여 거짓 증거하지
말라

17네 이웃의 집을 탐내지 말라 네 이
웃의 아내나 그의 남종이나 그의 여종
이나 그의 소나 그의 나귀나 무릇 네 이
웃의 소유를 탐내지 말라

18뭇 백성이 우레와 번개와 나팔 소
리와 산의 연기를 본지라 그들이 볼 때
에 떨며 멀리 서서 19모세에게 이르되
당신이 우리에게 말씀하소서 우리가
들으리이다 하나님이 우리에게 말씀
하시지 말게 하소서 우리가 죽을까 하
나이다 20모세가 백성에게 이르되 두려
워하지 말라 하나님이 임하심은 너희
를 시험하고 너희로 경외하여 범죄하
지 않게 하려 하심이니라 21백성은 멀
리 서 있고 모세는 하나님이 계신 흑암
으로 가까이 가니라

22여호와께서 모세에게 이르시되 너
는 이스라엘 자손에게 이같이 이르라
내가 하늘로부터 너희에게 말하는 것
을 너희 스스로 보았으니 23너희는 나
를 비겨서 은으로나 금으로나 너희를
위하여 신상을 만들지 말고 24내게 토
단을 쌓고 그 위에 네 양과 소로 네 번
제와 화목제를 드리라 내가 내 이름을

비움

침묵으로 기도하며 나를 비웁니다. 성령의 임재를 구하며, 죄를 회개하며, 마음의 걱정이나 복잡한 생각을 내려놓습니다. 삼위일체 하나님께 가는 길이 다시금 열립니다.

채움

말씀이 나를 가득 채웁니다. 성령의 이끄심에 따라 본문을 관찰하며 깨닫고, 그것을 내 마음에 새겨 내 삶과 세계에 연결합니다. 묵상한 말씀이 삶이 되도록 기도합니다.

나눔

말씀대로 살아갑니다. 오늘 그리고 앞으로 내가 실천할 것들을 구체적으로 적습니다. 가정과 교회, 사회와 오늘의 세계에서 어떻게 말씀이 작동될 것인지 적고 실행합니다.

기념하게 하는 모든 곳에서 네게 임하
여 복을 주리라 25네가 내게 돌로 제단
을 쌓거든 다듬은 돌로 쌓지 말라 네가
정으로 그것을 쪼면 부정하게 함이니
라 26너는 층계로 내 제단에 오르지 말
라 네 하체가 그 위에서 드러날까 함이
니라

출애굽기 21장

1네가 백성 앞에 세울 법규는 이러하
니라

2네가 히브리 종을 사면 그는 여섯 해
동안 섬길 것이요 일곱째 해에는 몸값
을 물지 않고 나가 자유인이 될 것이며
3만일 그가 단신으로 왔으면 단신으로
나갈 것이요 장가 들었으면 그의 아내
도 그와 함께 나가려니와 4만일 상전이
그에게 아내를 주어 그의 아내가 아들
이나 딸을 낳았으면 그의 아내와 그의
자식들은 상전에게 속할 것이요 그는
단신으로 나갈 것이로되 5만일 종이 분
명히 말하기를 내가 상전과 내 처자를
사랑하니 나가서 자유인이 되지 않겠
노라 하면 6상전이 그를 데리고 재판장
에게로 갈 것이요 또 그를 문이나 문설
주 앞으로 데리고 가서 그것에다가 송
곳으로 그의 귀를 뚫을 것이라 그는 종
신토록 그 상전을 섬기리라

7사람이 자기의 딸을 여종으로 팔았
으면 그는 남종 같이 나오지 못할지며
8만일 상전이 그를 기뻐하지 아니하여
상관하지 아니하면 그를 속량하게 할
것이나 상전이 그 여자를 속인 것이 되
었으니 외국인에게는 팔지 못할 것이요
9만일 그를 자기 아들에게 주기로 하였
으면 그를 딸 같이 대우할 것이요 10만
일 상전이 다른 여자에게 장가 들지라
도 그 여자의 음식과 의복과 동침하는
것은 끊지 말 것이요 11그가 이 세 가
지를 시행하지 아니하면, 여자는 속전
을 내지 않고 거저 나가게 할 것이니라

12사람을 쳐죽인 자는 반드시 죽일
것이나 13만일 사람이 고의적으로 한
것이 아니라 나 하나님이 사람을 그의
손에 넘긴 것이면 내가 그를 위하여 한
곳을 정하리니 그 사람이 그리로 도망
할 것이며 14사람이 그의 이웃을 고의
로 죽였으면 너는 그를 내 제단에서라
도 잡아내려 죽일지니라

15자기 아버지나 어머니를 치는 자는
반드시 죽일지니라

16사람을 납치한 자가 그 사람을 팔
았든지 자기 수하에 두었든지 그를 반
드시 죽일지니라

17자기의 아버지나 어머니를 저주하
는 자는 반드시 죽일지니라

18사람이 서로 싸우다가 하나가 돌이
나 주먹으로 그의 상대방을 쳤으나 그
가 죽지 않고 자리에 누웠다가 19지팡

☐ 비움

침묵으로 기도하며 나를 비웁니다. 성령의 임재를 구하며, 죄를 회개하며, 마음의 걱정이나 복잡한 생각을 내려놓습니다. 삼위일체 하나님께 가는 길이 다시금 열립니다.

■ 채움

말씀이 나를 가득 채웁니다. 성령의 이끄심에 따라 본문을 관찰하며 깨닫고, 그것을 내 마음에 새겨 내 삶과 세계에 연결합니다. 묵상한 말씀이 삶이 되도록 기도합니다.

나눔

말씀대로 살아갑니다. 오늘 그리고 앞으로 내가 실천할 것들을 구체적으로 적습니다. 가정과 교회, 사회와 오늘의 세계에서 어떻게 말씀이 작동될 것인지 적고 실행합니다.

이를 짚고 일어나 걸으면 그를 친 자가
형벌은 면하되 그간의 손해를 배상하
고 그가 완치되게 할 것이니라

20사람이 매로 그 남종이나 여종을
쳐서 당장에 죽으면 반드시 형벌을 받
으려니와 21그가 하루나 이틀을 연명하
면 형벌을 면하리니 그는 상전의 재산
임이라

22사람이 서로 싸우다가 임신한 여인
을 쳐서 낙태하게 하였으나 다른 해가
없으면 그 남편의 청구대로 반드시 벌
금을 내되 재판장의 판결을 따라 낼 것
이니라 23그러나 다른 해가 있으면 갚
되 생명은 생명으로, 24눈은 눈으로, 이
는 이로, 손은 손으로, 발은 발로, 25덴
것은 덴 것으로, 상하게 한 것은 상함
으로, 때린 것은 때림으로 갚을지니라

26사람이 그 남종의 한 눈이나 여종
의 한 눈을 쳐서 상하게 하면 그 눈에
대한 보상으로 그를 놓아 줄 것이며
27그 남종의 이나 여종의 이를 쳐서 빠
뜨리면 그 이에 대한 보상으로 그를 놓
아 줄지니라

28소가 남자나 여자를 받아서 죽이면
그 소는 반드시 돌로 쳐서 죽일 것이요
그 고기는 먹지 말 것이며 임자는 형벌
을 면하려니와 29소가 본래 받는 버릇
이 있고 그 임자는 그로 말미암아 경고
를 받았으되 단속하지 아니하여 남녀를
막론하고 받아 죽이면 그 소는 돌로 쳐
죽일 것이고 임자도 죽일 것이며 30만
일 그에게 속죄금을 부과하면 무릇 그
명령한 것을 생명의 대가로 낼 것이요
31아들을 받든지 딸을 받든지 이 법규
대로 그 임자에게 행할 것이며 32소가
만일 남종이나 여종을 받으면 소 임자
가 은 삼십 세겔을 그의 상전에게 줄 것
이요 소는 돌로 쳐서 죽일지니라

33사람이 구덩이를 열어두거나 구덩
이를 파고 덮지 아니하므로 소나 나귀
가 거기에 빠지면 34그 구덩이 주인이
잘 보상하여 짐승의 임자에게 돈을 줄
것이요 죽은 것은 그가 차지할 것이니
라

35이 사람의 소가 저 사람의 소를 받
아 죽이면 살아 있는 소를 팔아 그 값을
반으로 나누고 또한 죽은 것도 반으로
나누려니와 36그 소가 본래 받는 버릇
이 있는 줄을 알고도 그 임자가 단속하
지 아니하였으면 그는 소로 소를 갚을
것이요 죽은 것은 그가 차지할지니라

출애굽기 22장

1사람이 소나 양을 도둑질하여 잡거
나 팔면 그는 소 한 마리에 소 다섯 마
리로 갚고 양 한 마리에 양 네 마리로
갚을지니라 2도둑이 뚫고 들어오는 것
을 보고 그를 쳐죽이면 피 흘린 죄가 없
으나 3해 돋은 후에는 피 흘린 죄가 있
으리라 도둑은 반드시 배상할 것이나

비움

침묵으로 기도하며 나를 비웁니다. 성령의 임재를 구하며, 죄를 회개하며, 마음의 걱정이나 복잡한 생각을 내려놓습니다. 삼위일체 하나님께 가는 길이 다시금 열립니다.

채움

말씀이 나를 가득 채웁니다. 성령의 이끄심에 따라 본문을 관찰하며 깨닫고, 그것을 내 마음에 새겨 내 삶과 세계에 연결합니다. 묵상한 말씀이 삶이 되도록 기도합니다.

나눔

말씀대로 살아갑니다. 오늘 그리고 앞으로 내가 실천할 것들을 구체적으로 적습니다. 가정과 교회, 사회와 오늘의 세계에서 어떻게 말씀이 작동될 것인지 적고 실행합니다.

배상할 것이 없으면 그 몸을 팔아 그 도
둑질한 것을 배상할 것이요 4도둑질한
것이 살아 그의 손에 있으면 소나 나귀
나 양을 막론하고 갑절을 배상할지니라

5사람이 밭에서나 포도원에서 짐승
을 먹이다가 자기의 짐승을 놓아 남의
밭에서 먹게 하면 자기 밭의 가장 좋은
것과 자기 포도원의 가장 좋은 것으로
배상할지니라

6불이 나서 가시나무에 댕겨 낟가리
나 거두지 못한 곡식이나 밭을 태우면
불 놓은 자가 반드시 배상할지니라

7사람이 돈이나 물품을 이웃에게 맡
겨 지키게 하였다가 그 이웃 집에서 도
둑을 맞았는데 그 도둑이 잡히면 갑절
을 배상할 것이요 8도둑이 잡히지 아니
하면 그 집 주인이 재판장 앞에 가서 자
기가 그 이웃의 물품에 손 댄 여부의 조
사를 받을 것이며 9어떤 잃은 물건 즉
소나 나귀나 양이나 의복이나 또는 다
른 잃은 물건에 대하여 어떤 사람이 이
르기를 이것이 그것이라 하면 양편이
재판장 앞에 나아갈 것이요 재판장이
죄 있다고 하는 자가 그 상대편에게 갑
절을 배상할지니라

10사람이 나귀나 소나 양이나 다른
짐승을 이웃에게 맡겨 지키게 하였다
가 죽거나 상하거나 끌려가도 본 사람
이 없으면 11두 사람 사이에 맡은 자가
이웃의 것에 손을 대지 아니하였다고
여호와께 맹세할 것이요 그 임자는 그
대로 믿을 것이며 그 사람은 배상하지
아니하려니와 12만일 자기에게서 도둑
맞았으면 그 임자에게 배상할 것이며
13만일 찢겼으면 그것을 가져다가 증언
할 것이요 그 찢긴 것에 대하여 배상하
지 아니할지니라

14만일 이웃에게 빌려온 것이 그 임
자가 함께 있지 아니할 때에 상하거나
죽으면 반드시 배상하려니와 15그 임자
가 그것과 함께 있었으면 배상하지 아
니할지니라 만일 세 낸 것이면 세로 족
하니라

16사람이 약혼하지 아니한 처녀를 꾀
어 동침하였으면 납폐금을 주고 아내
로 삼을 것이요 17만일 처녀의 아버지
가 딸을 그에게 주기를 거절하면 그는
처녀에게 납폐금으로 돈을 낼지니라

18너는 무당을 살려두지 말라

19짐승과 행음하는 자는 반드시 죽일
지니라

20여호와 외에 다른 신에게 제사를
드리는 자는 멸할지니라 21너는 이방
나그네를 압제하지 말며 그들을 학대
하지 말라 너희도 애굽 땅에서 나그네
였음이라 22너는 과부나 고아를 해롭게
하지 말라 23네가 만일 그들을 해롭게

☐ 비움

침묵으로 기도하며 나를 비웁니다. 성령의 임재를 구하며, 죄를 회개하며, 마음의 걱정이나 복잡한 생각을 내려놓습니다. 삼위일체 하나님께 가는 길이 다시금 열립니다.

■ 채움

말씀이 나를 가득 채웁니다. 성령의 이끄심에 따라 본문을 관찰하며 깨닫고, 그것을 내 마음에 새겨 내 삶과 세계에 연결합니다. 묵상한 말씀이 삶이 되도록 기도합니다.

나눔

말씀대로 살아갑니다. 오늘 그리고 앞으로 내가 실천할 것들을 구체적으로 적습니다. 가정과 교회, 사회와 오늘의 세계에서 어떻게 말씀이 작동될 것인지 적고 실행합니다.

하므로 그들이 내게 부르짖으면 내가
반드시 그 부르짖음을 들으리라 24나의
노가 맹렬하므로 내가 칼로 너희를 죽
이리니 너희의 아내는 과부가 되고 너
희 자녀는 고아가 되리라

25네가 만일 너와 함께 한 내 백성 중
에서 가난한 자에게 돈을 꾸어 주면 너
는 그에게 채권자 같이 하지 말며 이자
를 받지 말 것이며 26네가 만일 이웃의
옷을 전당 잡거든 해가 지기 전에 그에
게 돌려보내라 27그것이 유일한 옷이라
그것이 그의 알몸을 가릴 옷인즉 그가
무엇을 입고 자겠느냐 그가 내게 부르
짖으면 내가 들으리니 나는 자비로운
자임이니라

28너는 재판장을 모독하지 말며 백성
의 지도자를 저주하지 말지니라 29너
는 네가 추수한 것과 네가 짜낸 즙을 바
치기를 더디하지 말지며 네 처음 난 아
들들을 내게 줄지며 30네 소와 양도 그
와 같이 하되 이레 동안 어미와 함께 있
게 하다가 여드레 만에 내게 줄지니라
31너희는 내게 거룩한 사람이 될지니
들에서 짐승에게 찢긴 동물의 고기를
먹지 말고 그것을 개에게 던질지니라

출애굽기 23장

1너는 거짓된 풍설을 퍼뜨리지 말며
악인과 연합하여 위증하는 증인이 되
지 말며 2다수를 따라 악을 행하지 말
며 송사에 다수를 따라 부당한 증언을
하지 말며 3가난한 자의 송사라고 해서
편벽되이 두둔하지 말지니라

4네가 만일 네 원수의 길 잃은 소나
나귀를 보거든 반드시 그 사람에게로
돌릴지며 5네가 만일 너를 미워하는 자
의 나귀가 짐을 싣고 엎드러짐을 보거
든 그것을 버려두지 말고 그것을 도와
그 짐을 부릴지니라

6너는 가난한 자의 송사라고 정의를
굽게 하지 말며 7거짓 일을 멀리 하며
무죄한 자와 의로운 자를 죽이지 말라
나는 악인을 의롭다 하지 아니하겠노
라 8너는 뇌물을 받지 말라 뇌물은 밝은
자의 눈을 어둡게 하고 의로운 자의 말
을 굽게 하느니라 9너는 이방 나그네를
압제하지 말라 너희가 애굽 땅에서 나
그네 되었었은즉 나그네의 사정을 아
느니라

10너는 여섯 해 동안은 너의 땅에 파
종하여 그 소산을 거두고 11일곱째 해
에는 갈지 말고 묵혀두어서 네 백성의
가난한 자들이 먹게 하라 그 남은 것은
들짐승이 먹으리라 네 포도원과 감람
원도 그리할지니라 12너는 엿새 동안에
네 일을 하고 일곱째 날에는 쉬라 네 소
와 나귀가 쉴 것이며 네 여종의 자식과
나그네가 숨을 돌리리라 13내가 네게
이른 모든 일을 삼가 지키고 다른 신들
의 이름은 부르지도 말며 네 입에서 들
리게도 하지 말지니라

비움

침묵으로 기도하며 나를 비웁니다. 성령의 임재를 구하며, 죄를 회개하며, 마음의 걱정이나 복잡한 생각을 내려놓습니다. 삼위일체 하나님께 가는 길이 다시금 열립니다.

채움

말씀이 나를 가득 채웁니다. 성령의 이끄심에 따라 본문을 관찰하며 깨닫고, 그것을 내 마음에 새겨 내 삶과 세계에 연결합니다. 묵상한 말씀이 삶이 되도록 기도합니다.

나눔

말씀대로 살아갑니다. 오늘 그리고 앞으로 내가 실천할 것들을 구체적으로 적습니다. 가정과 교회, 사회와 오늘의 세계에서 어떻게 말씀이 작동될 것인지 적고 실행합니다.

14너는 매년 세 번 내게 절기를 지킬
지니라 15너는 무교병의 절기를 지키
라 내가 네게 명령한 대로 아빕월의 정
한 때에 이레 동안 무교병을 먹을지니
이는 그 달에 네가 애굽에서 나왔음이
라 빈 손으로 내 앞에 나오지 말지니라
16맥추절을 지키라 이는 네가 수고하여
밭에 뿌린 것의 첫 열매를 거둠이니라
수장절을 지키라 이는 네가 수고하여
이룬 것을 연말에 밭에서부터 거두어
저장함이니라 17네 모든 남자는 매년
세 번씩 주 여호와께 보일지니라

18너는 네 제물의 피를 유교병과 함
께 드리지 말며 내 절기 제물의 기름을
아침까지 남겨두지 말지니라 19네 토지
에서 처음 거둔 열매의 가장 좋은 것을
가져다가 너의 하나님 여호와의 전에
드릴지니라 너는 염소 새끼를 그 어미
의 젖으로 삶지 말지니라

20내가 사자를 네 앞서 보내어 길에서
너를 보호하여 너를 내가 예비한 곳에
이르게 하리니 21너희는 삼가 그의 목
소리를 청종하고 그를 노엽게 하지 말
라 그가 너희의 허물을 용서하지 아니
할 것은 내 이름이 그에게 있음이니라
22네가 그의 목소리를 잘 청종하고 내
모든 말대로 행하면 내가 네 원수에게
원수가 되고 네 대적에게 대적이 될지
라 23내 사자가 네 앞서 가서 너를 아모
리 사람과 헷 사람과 브리스 사람과 가
나안 사람과 히위 사람과 여부스 사람
에게로 인도하고 나는 그들을 끊으리니
24너는 그들의 신을 경배하지 말며 섬기
지 말며 그들의 행위를 본받지 말고 그
것들을 다 깨뜨리며 그들의 주상을 부
수고 25네 하나님 여호와를 섬기라 그리
하면 여호와가 너희의 양식과 물에 복
을 내리고 너희 중에서 병을 제하리니
26네 나라에 낙태하는 자가 없고 임신하
지 못하는 자가 없을 것이라 내가 너의
날 수를 채우리라 27내가 내 위엄을 네
앞서 보내어 네가 이를 곳의 모든 백성
을 물리치고 네 모든 원수들이 네게 등
을 돌려 도망하게 할 것이며 28내가 왕
벌을 네 앞에 보내리니 그 벌이 히위 족
속과 가나안 족속과 헷 족속을 네 앞에
서 쫓아내리라 29그러나 그 땅이 황폐
하게 됨으로 들짐승이 번성하여 너희를
해할까 하여 일 년 안에는 그들을 네 앞
에서 쫓아내지 아니하고 30네가 번성하
여 그 땅을 기업으로 얻을 때까지 내가
그들을 네 앞에서 조금씩 쫓아내리라
31내가 네 경계를 홍해에서부터 블레셋
바다까지, 광야에서부터 강까지 정하고
그 땅의 주민을 네 손에 넘기리니 네가
그들을 네 앞에서 쫓아낼지라 32너는 그
들과 그들의 신들과 언약하지 말라 33그
들이 네 땅에 머무르지 못할 것은 그들
이 너를 내게 범죄하게 할까 두려움이
라 네가 그 신들을 섬기면 그것이 너의
올무가 되리라

출애굽기 24장

1또 모세에게 이르시되 너는 아론과

비움

침묵으로 기도하며 나를 비웁니다. 성령의 임재를 구하며, 죄를 회개하며, 마음의 걱정이나 복잡한 생각을 내려놓습니다. 삼위일체 하나님께 가는 길이 다시금 열립니다.

채움

말씀이 나를 가득 채웁니다. 성령의 이끄심에 따라 본문을 관찰하며 깨닫고, 그것을 내 마음에 새겨 내 삶과 세계에 연결합니다. 묵상한 말씀이 삶이 되도록 기도합니다.

나눔

말씀대로 살아갑니다. 오늘 그리고 앞으로 내가 실천할 것들을 구체적으로 적습니다. 가정과 교회, 사회와 오늘의 세계에서 어떻게 말씀이 작동될 것인지 적고 실행합니다.

나답과 아비후와 이스라엘 장로 칠십
명과 함께 여호와께로 올라와 멀리서
경배하고 2너 모세만 여호와께 가까이
나아오고 그들은 가까이 나아오지 말
며 백성은 너와 함께 올라오지 말지니
라 3모세가 와서 여호와의 모든 말씀과
그의 모든 율례를 백성에게 전하매 그
들이 한 소리로 응답하여 이르되 여호
와께서 말씀하신 모든 것을 우리가 준
행하리이다 4모세가 여호와의 모든 말
씀을 기록하고 이른 아침에 일어나 산
아래에 제단을 쌓고 이스라엘 열두 지
파대로 열두 기둥을 세우고 5이스라엘
자손의 청년들을 보내어 여호와께 소
로 번제와 화목제를 드리게 하고 6모세
가 피를 가지고 반은 여러 양푼에 담고
반은 제단에 뿌리고 7언약서를 가져다
가 백성에게 낭독하여 듣게 하니 그들
이 이르되 여호와의 모든 말씀을 우리
가 준행하리이다 8모세가 그 피를 가지
고 백성에게 뿌리며 이르되 이는 여호
와께서 이 모든 말씀에 대하여 너희와
세우신 언약의 피니라

9모세와 아론과 나답과 아비후와 이
스라엘 장로 칠십 인이 올라가서 10이
스라엘의 하나님을 보니 그의 발 아래
에는 청옥을 편 듯하고 하늘 같이 청명
하더라 11하나님이 이스라엘 자손들의
존귀한 자들에게 손을 대지 아니하셨고
그들은 하나님을 뵙고 먹고 마셨더라

12여호와께서 모세에게 이르시되 너
는 산에 올라 내게로 와서 거기 있으라
네가 그들을 가르치도록 내가 율법과
계명을 친히 기록한 돌판을 네게 주리
라 13모세가 그의 부하 여호수아와 함
께 일어나 모세가 하나님의 산으로 올
라가며 14장로들에게 이르되 너희는 여
기서 우리가 너희에게로 돌아오기까지
기다리라 아론과 훌이 너희와 함께 하
리니 무릇 일이 있는 자는 그들에게로
나아갈지니라 하고 15모세가 산에 오르
매 구름이 산을 가리며 16여호와의 영
광이 시내 산 위에 머무르고 구름이 엿
새 동안 산을 가리더니 일곱째 날에 여
호와께서 구름 가운데서 모세를 부르
시니라 17산 위의 여호와의 영광이 이
스라엘 자손의 눈에 맹렬한 불 같이 보
였고 18모세는 구름 속으로 들어가서
산 위에 올랐으며 모세가 사십 일 사십
야를 산에 있으니라

비움

침묵으로 기도하며 나를 비웁니다. 성령의 임재를 구하며, 죄를 회개하며, 마음의 걱정이나 복잡한 생각을 내려놓습니다. 삼위일체 하나님께 가는 길이 다시금 열립니다.

채움

말씀이 나를 가득 채웁니다. 성령의 이끄심에 따라 본문을 관찰하며 깨닫고, 그것을 내 마음에 새겨 내 삶과 세계에 연결합니다. 묵상한 말씀이 삶이 되도록 기도합니다.

나눔

말씀대로 살아갑니다. 오늘 그리고 앞으로 내가 실천할 것들을 구체적으로 적습니다. 가정과 교회, 사회와 오늘의 세계에서 어떻게 말씀이 작동될 것인지 적고 실행합니다.

○□△메줄
동 네 세 메 줄

동네세메줄성경 1

7

출애굽기

25장 1절-40장 38절

출애굽기 25장

1여호와께서 모세에게 말씀하여 이
르시되 2이스라엘 자손에게 명령하여
내게 예물을 가져오라 하고 기쁜 마음
으로 내는 자가 내게 바치는 모든 것을
너희는 받을지니라 3너희가 그들에게
서 받을 예물은 이러하니 금과 은과 놋
과 4청색 자색 홍색 실과 가는 베 실과
염소 털과 5붉은 물 들인 숫양의 가죽
과 해달의 가죽과 조각목과 6등유와 관
유에 드는 향료와 분향할 향을 만들 향
품과 7호마노며 에봇과 흉패에 물릴 보
석이니라 8내가 그들 중에 거할 성소를
그들이 나를 위하여 짓되 9무릇 내가 네
게 보이는 모양대로 장막을 짓고 기구
들도 그 모양을 따라 지을지니라

10그들은 조각목으로 궤를 짜되 길이
는 두 규빗 반, 너비는 한 규빗 반, 높
이는 한 규빗 반이 되게 하고 11너는 순
금으로 그것을 싸되 그 안팎을 싸고 위
쪽 가장자리로 돌아가며 금 테를 두르
고 12금 고리 넷을 부어 만들어 그 네 발
에 달되 이쪽에 두 고리 저쪽에 두 고리
를 달며 13조각목으로 채를 만들어 금
으로 싸고 14그 채를 궤 양쪽 고리에 꿰
어서 궤를 메게 하며 15채를 궤의 고리
에 꿴 대로 두고 빼내지 말지며 16내가
네게 줄 증거판을 궤 속에 둘지며 17순
금으로 속죄소를 만들되 길이는 두 규
빗 반, 너비는 한 규빗 반이 되게 하고
18금으로 그룹 둘을 속죄소 두 끝에 쳐
서 만들되 19한 그룹은 이 끝에, 또 한
그룹은 저 끝에 곧 속죄소 두 끝에 속죄
소와 한 덩이로 연결할지며 20그룹들은
그 날개를 높이 펴서 그 날개로 속죄소
를 덮으며 그 얼굴을 서로 대하여 속죄
소를 향하게 하고 21속죄소를 궤 위에
얹고 내가 네게 줄 증거판을 궤 속에 넣
으라 22거기서 내가 너와 만나고 속죄
소 위 곧 증거궤 위에 있는 두 그룹 사
이에서 내가 이스라엘 자손을 위하여
네게 명령할 모든 일을 네게 이르리라

23너는 조각목으로 상을 만들되 길이
는 두 규빗, 너비는 한 규빗, 높이는 한
규빗 반이 되게 하고 24순금으로 싸고
주위에 금 테를 두르고 25그 주위에 손
바닥 넓이만한 턱을 만들고 그 턱 주위
에 금으로 테를 만들고 26그것을 위하
여 금 고리 넷을 만들어 그 네 발 위 네
모퉁이에 달되 27턱 곁에 붙이라 이는
상을 멜 채를 꿸 곳이며 28또 조각목으
로 그 채를 만들고 금으로 싸라 상을 이
것으로 멜 것이니라 29너는 대접과 숟
가락과 병과 붓는 잔을 만들되 순금으
로 만들며 30상 위에 진설병을 두어 항
상 내 앞에 있게 할지니라

31너는 순금으로 등잔대를 쳐 만들되
그 밑판과 줄기와 잔과 꽃받침과 꽃을
한 덩이로 연결하고 32가지 여섯을 등
잔대 곁에서 나오게 하되 다른 세 가지
는 이쪽으로 나오고 다른 세 가지는 저
쪽으로 나오게 하며 33이쪽 가지에 살
구꽃 형상의 잔 셋과 꽃받침과 꽃이 있

비움

침묵으로 기도하며 나를 비웁니다. 성령의 임재를 구하며, 죄를 회개하며, 마음의 걱정이나 복잡한 생각을 내려놓습니다. 삼위일체 하나님께 가는 길이 다시금 열립니다.

채움

말씀이 나를 가득 채웁니다. 성령의 이끄심에 따라 본문을 관찰하며 깨닫고, 그것을 내 마음에 새겨 내 삶과 세계에 연결합니다. 묵상한 말씀이 삶이 되도록 기도합니다.

나눔

말씀대로 살아갑니다. 오늘 그리고 앞으로 내가 실천할 것들을 구체적으로 적습니다. 가정과 교회, 사회와 오늘의 세계에서 어떻게 말씀이 작동될 것인지 적고 실행합니다.

게 하고 저쪽 가지에도 살구꽃 형상의
잔 셋과 꽃받침과 꽃이 있게 하여 등잔
대에서 나온 가지 여섯을 같게 할지며
34등잔대 줄기에는 살구꽃 형상의 잔
넷과 꽃받침과 꽃이 있게 하고 35등잔
대에서 나온 가지 여섯을 위하여 꽃받
침이 있게 하되 두 가지 아래에 한 꽃받
침이 있어 줄기와 연결하며 또 두 가지
아래에 한 꽃받침이 있어 줄기와 연결
하며 또 두 가지 아래에 한 꽃받침이 있
어 줄기와 연결하게 하고 36그 꽃받침
과 가지를 줄기와 연결하여 전부를 순
금으로 쳐 만들고 37등잔 일곱을 만들
어 그 위에 두어 앞을 비추게 하며 38그
불 집게와 불 똥 그릇도 순금으로 만들
지니 39등잔대와 이 모든 기구를 순금
한 달란트로 만들되 40너는 삼가 이 산
에서 네게 보인 양식대로 할지니라

출애굽기 26장

1너는 성막을 만들되 가늘게 꼰 베
실과 청색 자색 홍색 실로 그룹을 정교
하게 수 놓은 열 폭의 휘장을 만들지니
2매 폭의 길이는 스물여덟 규빗, 너비
는 네 규빗으로 각 폭의 장단을 같게 하
고 3그 휘장 다섯 폭을 서로 연결하며
다른 다섯 폭도 서로 연결하고 4그 휘장
을 이을 끝폭 가에 청색 고를 만들며 이
어질 다른 끝폭 가에도 그와 같이 하고
5휘장 끝폭 가에 고 쉰 개를 달며 다른
휘장 끝폭 가에도 고 쉰 개를 달고 그
고들을 서로 마주 보게 하고 6금 갈고리
쉰 개를 만들고 그 갈고리로 휘장을 연
결하여 한 성막을 이룰지며 7그 성막을
덮는 막 곧 휘장을 염소털로 만들되 열
한 폭을 만들지며 8각 폭의 길이는 서른
규빗, 너비는 네 규빗으로 열한 폭의 길
이를 같게 하고 9그 휘장 다섯 폭을 서
로 연결하며 또 여섯 폭을 서로 연결하
고 그 여섯째 폭 절반은 성막 전면에 접
어 드리우고 10휘장을 이을 끝폭 가에
고 쉰 개를 달며 다른 이을 끝폭 가에도
고 쉰 개를 달고 11놋 갈고리 쉰 개를 만
들고 그 갈고리로 그 고를 꿰어 연결하
여 한 막이 되게 하고 12그 막 곧 휘장
의 그 나머지 반 폭은 성막 뒤에 늘어뜨
리고 13막 곧 휘장의 길이의 남은 것은
이쪽에 한 규빗, 저쪽에 한 규빗씩 성
막 좌우 양쪽에 덮어 늘어뜨리고 14붉
은 물 들인 숫양의 가죽으로 막의 덮개
를 만들고 해달의 가죽으로 그 웃덮개
를 만들지니라

15너는 조각목으로 성막을 위하여 널
판을 만들어 세우되 16각 판의 길이는
열 규빗, 너비는 한 규빗 반으로 하고
17각 판에 두 촉씩 내어 서로 연결하게
하되 너는 성막 널판을 다 그와 같이 하
라 18너는 성막을 위하여 널판을 만들
되 남쪽을 위하여 널판 스무 개를 만들
고 19스무 널판 아래에 은 받침 마흔 개
를 만들지니 이쪽 널판 아래에도 그 두
촉을 위하여 두 받침을 만들고 저쪽 널
판 아래에도 그 두 촉을 위하여 두 받침
을 만들지며 20성막 다른 쪽 곧 그 북쪽
을 위하여도 널판 스무 개로 하고 21은

비움

침묵으로 기도하며 나를 비웁니다. 성령의 임재를 구하며, 죄를 회개하며, 마음의 걱정이나 복잡한 생각을 내려놓습니다. 삼위일체 하나님께 가는 길이 다시금 열립니다.

채움

말씀이 나를 가득 채웁니다. 성령의 이끄심에 따라 본문을 관찰하며 깨닫고, 그것을 내 마음에 새겨 내 삶과 세계에 연결합니다. 묵상한 말씀이 삶이 되도록 기도합니다.

나눔

말씀대로 살아갑니다. 오늘 그리고 앞으로 내가 실천할 것들을 구체적으로 적습니다. 가정과 교회, 사회와 오늘의 세계에서 어떻게 말씀이 작동될 것인지 적고 실행합니다.

받침 마흔 개를 이쪽 널판 아래에도 두
받침, 저쪽 널판 아래에도 두 받침으로
하며 22성막 뒤 곧 그 서쪽을 위하여는
널판 여섯 개를 만들고 23성막 뒤 두 모
퉁이 쪽을 위하여는 널판 두 개를 만들
되 24아래에서부터 위까지 각기 두 겹
두께로 하여 윗고리에 이르게 하고 두
모퉁이 쪽을 다 그리하며 25그 여덟 널
판에는 은 받침이 열여섯이니 이쪽 판
아래에도 두 받침이요 저쪽 판 아래에
도 두 받침이니라 26너는 조각목으로
띠를 만들지니 성막 이쪽 널판을 위하
여 다섯 개요 27성막 저쪽 널판을 위하
여 다섯 개요 성막 뒤 곧 서쪽 널판을
위하여 다섯 개이며 28널판 가운데에
있는 중간 띠는 이 끝에서 저 끝에 미치
게 하고 29그 널판들을 금으로 싸고 그
널판들의 띠를 꿸 금 고리를 만들고 그
띠를 금으로 싸라 30너는 산에서 보인
양식대로 성막을 세울지니라

31너는 청색 자색 홍색 실과 가늘게
꼰 베 실로 짜서 휘장을 만들고 그 위
에 그룹들을 정교하게 수 놓아서 32금
갈고리를 네 기둥 위에 늘어뜨리되 그
네 기둥을 조각목으로 만들고 금으로
싸서 네 은 받침 위에 둘지며 33그 휘
장을 갈고리 아래에 늘어뜨린 후에 증
거궤를 그 휘장 안에 들여놓으라 그 휘
장이 너희를 위하여 성소와 지성소를
구분하리라 34너는 지성소에 있는 증거
궤 위에 속죄소를 두고 35그 휘장 바깥
북쪽에 상을 놓고 남쪽에 등잔대를 놓
아 상과 마주하게 할지며 36청색 자색
홍색 실과 가늘게 꼰 베 실로 수 놓아
짜서 성막 문을 위하여 휘장을 만들고
37그 휘장 문을 위하여 기둥 다섯을 조
각목으로 만들어 금으로 싸고 그 갈고
리도 금으로 만들지며 또 그 기둥을 위
하여 받침 다섯 개를 놋으로 부어 만들
지니라

출애굽기 27장

1너는 조각목으로 길이가 다섯 규빗,
너비가 다섯 규빗의 제단을 만들되 네
모 반듯하게 하며 높이는 삼 규빗으로
하고 2그 네 모퉁이 위에 뿔을 만들되
그 뿔이 그것에 이어지게 하고 그 제단
을 놋으로 싸고 3재를 담는 통과 부삽
과 대야와 고기 갈고리와 불 옮기는 그
릇을 만들되 제단의 그릇을 다 놋으로
만들지며 4제단을 위하여 놋으로 그물
을 만들고 그 위 네 모퉁이에 놋 고리
넷을 만들고 5그물은 제단 주위 가장자
리 아래 곧 제단 절반에 오르게 할지며
6또 그 제단을 위하여 채를 만들되 조
각목으로 만들고 놋으로 쌀지며 7제단
양쪽 고리에 그 채를 꿰어 제단을 메게
할지며 8제단은 널판으로 속이 비게 만
들되 산에서 네게 보인 대로 그들이 만
들게 하라

9너는 성막의 뜰을 만들지니 남쪽을
향하여 뜰 남쪽에 너비가 백 규빗의 세
마포 휘장을 쳐서 그 한 쪽을 당하게 할
지니 10그 기둥이 스물이며 그 받침 스

비움

침묵으로 기도하며 나를 비웁니다. 성령의 임재를 구하며, 죄를 회개하며, 마음의 걱정이나 복잡한 생각을 내려놓습니다. 삼위일체 하나님께 가는 길이 다시금 열립니다.

채움

말씀이 나를 가득 채웁니다. 성령의 이끄심에 따라 본문을 관찰하며 깨닫고, 그것을 내 마음에 새겨 내 삶과 세계에 연결합니다. 묵상한 말씀이 삶이 되도록 기도합니다.

나눔

말씀대로 살아갑니다. 오늘 그리고 앞으로 내가 실천할 것들을 구체적으로 적습니다. 가정과 교회, 사회와 오늘의 세계에서 어떻게 말씀이 작동될 것인지 적고 실행합니다.

물은 놋으로 하고 그 기둥의 갈고리와
가름대는 은으로 할지며 11그 북쪽에도
너비가 백 규빗의 포장을 치되 그 기둥
이 스물이며 그 기둥의 받침 스물은 놋
으로 하고 그 기둥의 갈고리와 가름대
는 은으로 할지며 12뜰의 옆 곧 서쪽에
너비 쉰 규빗의 포장을 치되 그 기둥이
열이요 받침이 열이며 13동쪽을 향하
여 뜰 동쪽의 너비도 쉰 규빗이 될지며
14문 이쪽을 위하여 포장이 열다섯 규
빗이며 그 기둥이 셋이요 받침이 셋이
요 15문 저쪽을 위하여도 포장이 열다
섯 규빗이며 그 기둥이 셋이요 받침이
셋이며 16뜰 문을 위하여는 청색 자색
홍색 실과 가늘게 꼰 베 실로 수 놓아
짠 스무 규빗의 휘장이 있게 할지니 그
기둥이 넷이요 받침이 넷이며 17뜰 주
위 모든 기둥의 가름대와 갈고리는 은
이요 그 받침은 놋이며 18뜰의 길이는
백 규빗이요 너비는 쉰 규빗이요 세마
포 휘장의 높이는 다섯 규빗이요 그 받
침은 놋이며 19성막에서 쓰는 모든 기
구와 그 말뚝과 뜰의 포장 말뚝을 다 놋
으로 할지니라

20너는 또 이스라엘 자손에게 명령하
여 감람으로 짠 순수한 기름을 등불을
위하여 네게로 가져오게 하고 끊이지
않게 등불을 켜되 21아론과 그의 아들
들로 회막 안 증거궤 앞 휘장 밖에서 저
녁부터 아침까지 항상 여호와 앞에 그
등불을 보살피게 하라 이는 이스라엘
자손이 대대로 지킬 규례이니라

출애굽기 28장

1너는 이스라엘 자손 중 네 형 아론과
그의 아들들 곧 아론과 아론의 아들들
나답과 아비후와 엘르아살과 이다말을
그와 함께 네게로 나아오게 하여 나를
섬기는 제사장 직분을 행하게 하되 2네
형 아론을 위하여 거룩한 옷을 지어 영
화롭고 아름답게 할지니 3너는 무릇 마
음에 지혜 있는 모든 자 곧 내가 지혜
로운 영으로 채운 자들에게 말하여 아
론의 옷을 지어 그를 거룩하게 하여 내
게 제사장 직분을 행하게 하라 4그들이
지을 옷은 이러하니 곧 흉패와 에봇과
겉옷과 반포 속옷과 관과 띠라 그들이
네 형 아론과 그 아들들을 위하여 거룩
한 옷을 지어 아론이 내게 제사장 직분
을 행하게 하라 5그들이 쓸 것은 금 실
과 청색 자색 홍색 실과 가늘게 꼰 베
실이니라

6그들이 금 실과 청색 자색 홍색 실
과 가늘게 꼰 베 실로 정교하게 짜서 에
봇을 짓되 7그것에 어깨받이 둘을 달아
그 두 끝을 이어지게 하고 8에봇 위에
매는 띠는 에봇 짜는 법으로 금 실과 청
색 자색 홍색 실과 가늘게 꼰 베 실로
에봇에 정교하게 붙여 짤지며 9호마노
두 개를 가져다가 그 위에 이스라엘 아
들들의 이름을 새기되 10그들의 나이대
로 여섯 이름을 한 보석에, 나머지 여
섯 이름은 다른 보석에 새기라 11보석
을 새기는 자가 도장에 새김 같이 너는
이스라엘 아들들의 이름을 그 두 보석

비움

침묵으로 기도하며 나를 비웁니다. 성령의 임재를 구하며, 죄를 회개하며, 마음의 걱정이나 복잡한 생각을 내려놓습니다. 삼위일체 하나님께 가는 길이 다시금 열립니다.

채움

말씀이 나를 가득 채웁니다. 성령의 이끄심에 따라 본문을 관찰하며 깨닫고, 그것을 내 마음에 새겨 내 삶과 세계에 연결합니다. 묵상한 말씀이 삶이 되도록 기도합니다.

나눔

말씀대로 살아갑니다. 오늘 그리고 앞으로 내가 실천할 것들을 구체적으로 적습니다. 가정과 교회, 사회와 오늘의 세계에서 어떻게 말씀이 작동될 것인지 적고 실행합니다.

에 새겨 금 테에 물리고 12그 두 보석
을 에봇의 두 어깨받이에 붙여 이스라
엘 아들들의 기념 보석을 삼되 아론이
여호와 앞에서 그들의 이름을 그 두 어
깨에 메워서 기념이 되게 할지며 13너
는 금으로 테를 만들고 14순금으로 노
끈처럼 두 사슬을 땋고 그 땋은 사슬을
그 테에 달지니라

15너는 판결 흉패를 에봇 짜는 방법
으로 금 실과 청색 자색 홍색 실과 가
늘게 꼰 베 실로 정교하게 짜서 만들되
16길이와 너비가 한 뼘씩 두 겹으로 네
모 반듯하게 하고 17그것에 네 줄로 보
석을 물리되 첫 줄은 홍보석 황옥 녹주
옥이요 18둘째 줄은 석류석 남보석 홍
마노요 19셋째 줄은 호박 백마노 자수
정이요 20넷째 줄은 녹보석 호마노 벽
옥으로 다 금 테에 물릴지니 21이 보석
들은 이스라엘 아들들의 이름대로 열
둘이라 보석마다 열두 지파의 한 이름
씩 도장을 새기는 법으로 새기고 22순
금으로 노끈처럼 땋은 사슬을 흉패 위
에 붙이고 23또 금 고리 둘을 만들어 흉
패 위 곧 흉패 두 끝에 그 두 고리를 달
고 24땋은 두 금 사슬로 흉패 두 끝 두
고리에 꿰어 매고 25두 땋은 사슬의 다
른 두 끝을 에봇 앞 두 어깨받이의 금
테에 매고 26또 금 고리 둘을 만들어 흉
패 아래 양쪽 가 안쪽 곧 에봇에 닿은
곳에 달고 27또 금 고리 둘을 만들어 에
봇 앞 두 어깨받이 아래 매는 자리 가
까운 쪽 곧 정교하게 짠 띠 위쪽에 달
고 28청색 끈으로 흉패 고리와 에봇 고
리에 꿰어 흉패로 정교하게 짠 에봇 띠
위에 붙여 떨어지지 않게 하라 29아론
이 성소에 들어갈 때에는 이스라엘 아
들들의 이름을 기록한 이 판결 흉패를
가슴에 붙여 여호와 앞에 영원한 기념
을 삼을 것이니라 30너는 우림과 둠밈
을 판결 흉패 안에 넣어 아론이 여호와
앞에 들어갈 때에 그의 가슴에 붙이게
하라 아론은 여호와 앞에서 이스라엘
자손의 흉패를 항상 그의 가슴에 붙일
지니라

31너는 에봇 받침 겉옷을 전부 청색
으로 하되 32두 어깨 사이에 머리 들어
갈 구멍을 내고 그 주위에 갑옷 깃 같이
깃을 짜서 찢어지지 않게 하고 33그 옷
가장자리로 돌아가며 청색 자색 홍색
실로 석류를 수 놓고 금 방울을 간격을
두어 달되 34그 옷 가장자리로 돌아가
며 한 금 방울, 한 석류, 한 금 방울, 한
석류가 있게 하라 35아론이 입고 여호
와를 섬기러 성소에 들어갈 때와 성소
에서 나올 때에 그 소리가 들릴 것이라
그리하면 그가 죽지 아니하리라

36너는 또 순금으로 패를 만들어 도
장을 새기는 법으로 그 위에 새기되 '여
호와께 성결'이라 하고 37그 패를 청색
끈으로 관 위에 매되 곧 관 전면에 있
게 하라 38이 패를 아론의 이마에 두어
그가 이스라엘 자손이 거룩하게 드리
는 성물과 관련된 죄책을 담당하게 하

☐ 비움

침묵으로 기도하며 나를 비웁니다. 성령의 임재를 구하며, 죄를 회개하며, 마음의 걱정이나 복잡한 생각을 내려놓습니다. 삼위일체 하나님께 가는 길이 다시금 열립니다.

■ 채움

말씀이 나를 가득 채웁니다. 성령의 이끄심에 따라 본문을 관찰하며 깨닫고, 그것을 내 마음에 새겨 내 삶과 세계에 연결합니다. 묵상한 말씀이 삶이 되도록 기도합니다.

나눔

말씀대로 살아갑니다. 오늘 그리고 앞으로 내가 실천할 것들을 구체적으로 적습니다. 가정과 교회, 사회와 오늘의 세계에서 어떻게 말씀이 작동될 것인지 적고 실행합니다.

라 그 패가 아론의 이마에 늘 있으므로
그 성물을 여호와께서 받으시게 되리
라 39너는 가는 베 실로 반포 속옷을 짜
고 가는 베 실로 관을 만들고 띠를 수
놓아 만들지니라

40너는 아론의 아들들을 위하여 속옷
을 만들며 그들을 위하여 띠를 만들며
그들을 위하여 관을 만들어 영화롭고
아름답게 하되 41너는 그것들로 네 형
아론과 그와 함께 한 그의 아들들에게
입히고 그들에게 기름을 부어 위임하
고 거룩하게 하여 그들이 제사장 직분
을 내게 행하게 할지며 42또 그들을 위
하여 베로 속바지를 만들어 허리에서
부터 두 넓적다리까지 이르게 하여 하
체를 가리게 하라 43아론과 그의 아들
들이 회막에 들어갈 때에나 제단에 가
까이 하여 거룩한 곳에서 섬길 때에 그
것들을 입어야 죄를 짊어진 채 죽지 아
니하리니 그와 그의 후손이 영원히 지
킬 규례니라

출애굽기 29장

1네가 그들에게 나를 섬길 제사장 직
분을 위임하여 그들을 거룩하게 할 일
은 이러하니 곧 어린 수소 하나와 흠 없
는 숫양 둘을 택하고 2무교병과 기름 섞
인 무교 과자와 기름 바른 무교 전병을
모두 고운 밀가루로 만들고 3그것들을
한 광주리에 담고 그것을 광주리에 담
은 채 그 송아지와 두 양과 함께 가져오
라 4너는 아론과 그의 아들들을 회막 문
으로 데려다가 물로 씻기고 5의복을 가
져다가 아론에게 속옷과 에봇 받침 겉
옷과 에봇을 입히고 흉패를 달고 에봇
에 정교하게 짠 띠를 띠게 하고 6그의
머리에 관을 씌우고 그 위에 거룩한 패
를 더하고 7관유를 가져다가 그의 머리
에 부어 바르고 8그의 아들들을 데려다
가 그들에게 속옷을 입히고 9아론과 그
의 아들들에게 띠를 띠우며 관을 씌워
그들에게 제사장의 직분을 맡겨 영원
한 규례가 되게 하라 너는 이같이 아론
과 그의 아들들에게 위임하여 거룩하
게 할지니라

10너는 수송아지를 회막 앞으로 끌어
오고 아론과 그의 아들들은 그 송아지
머리에 안수할지며 11너는 회막 문 여
호와 앞에서 그 송아지를 잡고 12그 피
를 네 손가락으로 제단 뿔들에 바르고
그 피 전부를 제단 밑에 쏟을지며 13내
장에 덮인 모든 기름과 간 위에 있는 꺼
풀과 두 콩팥과 그 위의 기름을 가져다
가 제단 위에 불사르고 14그 수소의 고
기와 가죽과 똥을 진 밖에서 불사르라
이는 속죄제니라

15너는 또 숫양 한 마리를 끌어오고
아론과 그의 아들들은 그 숫양의 머리
위에 안수할지며 16너는 그 숫양을 잡
고 그 피를 가져다가 제단 위의 주위에
뿌리고 17그 숫양의 각을 뜨고 그 장부
와 다리는 씻어 각을 뜬 고기와 그 머리
와 함께 두고 18그 숫양 전부를 제단 위

☐ 비움

침묵으로 기도하며 나를 비웁니다. 성령의 임재를 구하며, 죄를 회개하며, 마음의 걱정이나 복잡한 생각을 내려놓습니다. 삼위일체 하나님께 가는 길이 다시금 열립니다.

■ 채움

말씀이 나를 가득 채웁니다. 성령의 이끄심에 따라 본문을 관찰하며 깨닫고, 그것을 내 마음에 새겨 내 삶과 세계에 연결합니다. 묵상한 말씀이 삶이 되도록 기도합니다.

나눔

말씀대로 살아갑니다. 오늘 그리고 앞으로 내가 실천할 것들을 구체적으로 적습니다. 가정과 교회, 사회와 오늘의 세계에서 어떻게 말씀이 작동될 것인지 적고 실행합니다.

에 불사르라 이는 여호와께 드리는 번
제요 이는 향기로운 냄새니 여호와께
드리는 화제니라

19 너는 다른 숫양을 택하고 아론과
그 아들들은 그 숫양의 머리 위에 안
수할지며 20 너는 그 숫양을 잡고 그것
의 피를 가져다가 아론의 오른쪽 귓부
리와 그의 아들들의 오른쪽 귓부리에
바르고 그 오른손 엄지와 오른발 엄지
에 바르고 그 피를 제단 주위에 뿌리고
21 제단 위의 피와 관유를 가져다가 아
론과 그의 옷과 그의 아들들과 그의 아
들들의 옷에 뿌리라 그와 그의 옷과 그
의 아들들과 그의 아들들의 옷이 거룩
하리라 22 또 너는 그 숫양의 기름과 기
름진 꼬리와 그것의 내장에 덮인 기름
과 간 위의 꺼풀과 두 콩팥과 그것들 위
의 기름과 오른쪽 넓적다리를 가지라
이는 위임식의 숫양이라 23 또 여호와
앞에 있는 무교병 광주리에서 떡 한 개
와 기름 바른 과자 한 개와 전병 한 개
를 가져다가 24 그 전부를 아론의 손과
그의 아들들의 손에 주고 그것을 흔들
어 여호와 앞에 요제를 삼을지며 25 너
는 그것을 그들의 손에서 가져다가 제
단 위에서 번제물을 더하여 불사르라
이는 여호와 앞에 향기로운 냄새니 곧
여호와께 드리는 화제니라

26 너는 아론의 위임식 숫양의 가슴을
가져다가 여호와 앞에 흔들어 요제를
삼으라 이것이 네 분깃이니라 27 너는
그 흔든 요제물 곧 아론과 그의 아들들
의 위임식 숫양의 가슴과 넓적다리를
거룩하게 하라 28 이는 이스라엘 자손이
아론과 그의 자손에게 돌릴 영원한 분
깃이요 거제물이니 곧 이스라엘 자손
이 화목제의 제물 중에서 취한 거제물
로서 여호와께 드리는 거제물이니라

29 아론의 성의는 후에 아론의 아들들
에게 돌릴지니 그들이 그것을 입고 기
름 부음으로 위임을 받을 것이며 30 그
를 이어 제사장이 되는 아들이 회막에
들어가서 성소에서 섬길 때에는 이레
동안 그것을 입을지니라

31 너는 위임식 숫양을 가져다가 거룩
한 곳에서 그 고기를 삶고 32 아론과 그
의 아들들은 회막 문에서 그 숫양의 고
기와 광주리에 있는 떡을 먹을지라 33 그
들은 속죄물 곧 그들을 위임하며 그들
을 거룩하게 하는 데 쓰는 것을 먹되 타
인은 먹지 못할지니 그것이 거룩하기
때문이라 34 위임식 고기나 떡이 아침까
지 남아 있으면 그것을 불에 사를지니
이는 거룩한즉 먹지 못할지니라

35 너는 내가 네게 한 모든 명령대로
아론과 그의 아들들에게 그같이 하여
이레 동안 위임식을 행하되 36 매일 수
송아지 하나로 속죄하기 위하여 속죄제
를 드리며 또 제단을 위하여 속죄하여
깨끗하게 하고 그것에 기름을 부어 거
룩하게 하라 37 너는 이레 동안 제단을

□ 비움

침묵으로 기도하며 나를 비웁니다. 성령의 임재를 구하며, 죄를 회개하며, 마음의 걱정이나 복잡한 생각을 내려놓습니다. 삼위일체 하나님께 가는 길이 다시금 열립니다.

■ 채움

말씀이 나를 가득 채웁니다. 성령의 이끄심에 따라 본문을 관찰하며 깨닫고, 그것을 내 마음에 새겨 내 삶과 세계에 연결합니다. 묵상한 말씀이 삶이 되도록 기도합니다.

나눔

말씀대로 살아갑니다. 오늘 그리고 앞으로 내가 실천할 것들을 구체적으로 적습니다. 가정과 교회, 사회와 오늘의 세계에서 어떻게 말씀이 작동될 것인지 적고 실행합니다.

위하여 속죄하여 거룩하게 하라 그리하
면 지극히 거룩한 제단이 되리니 제단
에 접촉하는 모든 것이 거룩하리라

38네가 제단 위에 드릴 것은 이러하
니라 매일 일 년 된 어린 양 두 마리니
39한 어린 양은 아침에 드리고 한 어린
양은 저녁 때에 드릴지며 40한 어린 양
에 고운 밀가루 십분의 일 에바와 찧은
기름 사분의 일 힌을 더하고 또 전제로
포도주 사분의 일 힌을 더할지며 41한
어린 양은 저녁 때에 드리되 아침에 한
것처럼 소제와 전제를 그것과 함께 드
려 향기로운 냄새가 되게 하여 여호와
께 화제로 삼을지니 42이는 너희가 대
대로 여호와 앞 회막 문에서 늘 드릴 번
제라 내가 거기서 너희와 만나고 네게
말하리라 43내가 거기서 이스라엘 자손
을 만나리니 내 영광으로 말미암아 회
막이 거룩하게 될지라 44내가 그 회막
과 제단을 거룩하게 하며 아론과 그의
아들들도 거룩하게 하여 내게 제사장
직분을 행하게 하며 45내가 이스라엘
자손 중에 거하여 그들의 하나님이 되
리니 46그들은 내가 그들의 하나님 여
호와로서 그들 중에 거하려고 그들을
애굽 땅에서 인도하여 낸 줄을 알리라
나는 그들의 하나님 여호와니라

출애굽기 30장

1너는 분향할 제단을 만들지니 곧 조
각목으로 만들되 2길이가 한 규빗, 너
비가 한 규빗으로 네모가 반듯하게 하
고 높이는 두 규빗으로 하며 그 뿔을 그
것과 이어지게 하고 3제단 상면과 전후
좌우 면과 뿔을 순금으로 싸고 주위에
금 테를 두를지며 4금 테 아래 양쪽에
금 고리 둘을 만들되 곧 그 양쪽에 만들
지니 이는 제단을 메는 채를 꿸 곳이며
5그 채를 조각목으로 만들고 금으로 싸
고 6그 제단을 증거궤 위 속죄소 맞은편
곧 증거궤 앞에 있는 휘장 밖에 두라 그
속죄소는 내가 너와 만날 곳이며 7아론
이 아침마다 그 위에 향기로운 향을 사
르되 등불을 손질할 때에 사를지며 8또
저녁 때 등불을 켤 때에 사를지니 이 향
은 너희가 대대로 여호와 앞에 끊지 못
할지며 9너희는 그 위에 다른 향을 사르
지 말며 번제나 소제를 드리지 말며 전
제의 술을 붓지 말며 10아론이 일 년에
한 번씩 이 향단 뿔을 위하여 속죄하되
속죄제의 피로 일 년에 한 번씩 대대로
속죄할지니라 이 제단은 여호와께 지
극히 거룩하니라

11여호와께서 모세에게 말씀하여 이
르시되 12네가 이스라엘 자손의 수효를
조사할 때에 조사 받은 각 사람은 그들
을 계수할 때에 자기의 생명의 속전을
여호와께 드릴지니 이는 그들을 계수
할 때에 그들 중에 질병이 없게 하려 함
이라 13무릇 계수 중에 드는 자마다 성
소의 세겔로 반 세겔을 낼지니 한 세겔
은 이십 게라라 그 반 세겔을 여호와께
드릴지며 14계수 중에 드는 모든 자 곧
스무 살 이상 된 자가 여호와께 드리되

▢ 비움

침묵으로 기도하며 나를 비웁니다. 성령의 임재를 구하며, 죄를 회개하며, 마음의 걱정이나 복잡한 생각을 내려놓습니다. 삼위일체 하나님께 가는 길이 다시금 열립니다.

■ 채움

말씀이 나를 가득 채웁니다. 성령의 이끄심에 따라 본문을 관찰하며 깨닫고, 그것을 내 마음에 새겨 내 삶과 세계에 연결합니다. 묵상한 말씀이 삶이 되도록 기도합니다.

▦ 나눔

말씀대로 살아갑니다. 오늘 그리고 앞으로 내가 실천할 것들을 구체적으로 적습니다. 가정과 교회, 사회와 오늘의 세계에서 어떻게 말씀이 작동될 것인지 적고 실행합니다.

15너희의 생명을 대속하기 위하여 여호
와께 드릴 때에 부자라고 반 세겔에서
더 내지 말고 가난한 자라고 덜 내지 말
지며 16너는 이스라엘 자손에게서 속전
을 취하여 회막 봉사에 쓰라 이것이 여
호와 앞에서 이스라엘 자손의 기념이
되어서 너희의 생명을 대속하리라

17여호와께서 모세에게 말씀하여 이
르시되 18너는 물두멍을 놋으로 만들고
그 받침도 놋으로 만들어 씻게 하되 그
것을 회막과 제단 사이에 두고 그 속에
물을 담으라 19아론과 그의 아들들이
그 두멍에서 수족을 씻되 20그들이 회
막에 들어갈 때에 물로 씻어 죽기를 면
할 것이요 제단에 가까이 가서 그 직분
을 행하여 여호와 앞에 화제를 사를 때
에도 그리 할지니라 21이와 같이 그들
이 그 수족을 씻어 죽기를 면할지니 이
는 그와 그의 자손이 대대로 영원히 지
킬 규례니라

22여호와께서 모세에게 또 말씀하여
이르시되 23너는 상등 향품을 가지되
액체 몰약 오백 세겔과 그 반수의 향기
로운 육계 이백오십 세겔과 향기로운
창포 이백오십 세겔과 24계피 오백 세
겔을 성소의 세겔로 하고 감람 기름 한
힌을 가지고 25그것으로 거룩한 관유를
만들되 향을 제조하는 법대로 향기름
을 만들지니 그것이 거룩한 관유가 될
지라 26너는 그것을 회막과 증거궤에
바르고 27상과 그 모든 기구이며 등잔
대와 그 기구이며 분향단과 28및 번제
단과 그 모든 기구와 물두멍과 그 받침
에 발라 29그것들을 지극히 거룩한 것
으로 구별하라 이것에 접촉하는 것은
모두 거룩하리라 30너는 아론과 그의
아들들에게 기름을 발라 그들을 거룩
하게 하고 그들이 내게 제사장 직분을
행하게 하고 31이스라엘 자손에게 말하
여 이르기를 이것은 너희 대대로 내게
거룩한 관유니 32사람의 몸에 붓지 말
며 이 방법대로 이와 같은 것을 만들지
말라 이는 거룩하니 너희는 거룩히 여
기라 33이와 같은 것을 만드는 모든 자
와 이것을 타인에게 붓는 모든 자는 그
백성 중에서 끊어지리라 하라

34여호와께서 모세에게 이르시되 너
는 소합향과 나감향과 풍자향의 향품
을 가져다가 그 향품을 유향에 섞되 각
기 같은 분량으로 하고 35그것으로 향
을 만들되 향 만드는 법대로 만들고 그
것에 소금을 쳐서 성결하게 하고 36그
향 얼마를 곱게 찧어 내가 너와 만날 회
막 안 증거궤 앞에 두라 이 향은 너희에
게 지극히 거룩하니라 37네가 여호와를
위하여 만들 향은 거룩한 것이니 너희
를 위하여는 그 방법대로 만들지 말라
38냄새를 맡으려고 이같은 것을 만드는
모든 자는 그 백성 중에서 끊어지리라

출애굽기 31장

1여호와께서 모세에게 말씀하여 이
르시되 2내가 유다 지파 훌의 손자요

비움

침묵으로 기도하며 나를 비웁니다. 성령의 임재를 구하며, 죄를 회개하며, 마음의 걱정이나 복잡한 생각을 내려놓습니다. 삼위일체 하나님께 가는 길이 다시금 열립니다.

채움

말씀이 나를 가득 채웁니다. 성령의 이끄심에 따라 본문을 관찰하며 깨닫고, 그것을 내 마음에 새겨 내 삶과 세계에 연결합니다. 묵상한 말씀이 삶이 되도록 기도합니다.

나눔

말씀대로 살아갑니다. 오늘 그리고 앞으로 내가 실천할 것들을 구체적으로 적습니다. 가정과 교회, 사회와 오늘의 세계에서 어떻게 말씀이 작동될 것인지 적고 실행합니다.

우리의 아들인 브살렐을 지명하여 부
르고 3하나님의 영을 그에게 충만하게
하여 지혜와 총명과 지식과 여러 가지
재주로 4정교한 일을 연구하여 금과 은
과 놋으로 만들게 하며 5보석을 깎아 물
리며 여러 가지 기술로 나무를 새겨 만
들게 하리라 6내가 또 단 지파 아히사막
의 아들 오홀리압을 세워 그와 함께 하
게 하며 지혜로운 마음이 있는 모든 자
에게 내가 지혜를 주어 그들이 내가 네
게 명령한 것을 다 만들게 할지니 7곧
회막과 증거궤와 그 위의 속죄소와 회
막의 모든 기구와 8상과 그 기구와 순
금 등잔대와 그 모든 기구와 분향단과
9번제단과 그 모든 기구와 물두멍과 그
받침과 10제사직을 행할 때에 입는 정
교하게 짠 의복 곧 제사장 아론의 성의
와 그의 아들들의 옷과 11관유와 성소
의 향기로운 향이라 무릇 내가 네게 명
령한 대로 그들이 만들지니라

12여호와께서 모세에게 말씀하여 이
르시되 13너는 이스라엘 자손에게 말
하여 이르기를 너희는 나의 안식일을
지키라 이는 나와 너희 사이에 너희 대
대의 표징이니 나는 너희를 거룩하게
하는 여호와인 줄 너희가 알게 함이라
14너희는 안식일을 지킬지니 이는 너희
에게 거룩한 날이 됨이니라 그 날을 더
럽히는 자는 모두 죽일지며 그 날에 일
하는 자는 모두 그 백성 중에서 그 생명
이 끊어지리라 15엿새 동안은 일할 것
이나 일곱째 날은 큰 안식일이니 여호
와께 거룩한 것이라 안식일에 일하는
자는 누구든지 반드시 죽일지니라 16이
같이 이스라엘 자손이 안식일을 지켜
서 그것으로 대대로 영원한 언약을 삼
을 것이니 17이는 나와 이스라엘 자손
사이에 영원한 표징이며 나 여호와가
엿새 동안에 천지를 창조하고 일곱째
날에 일을 마치고 쉬었음이니라 하라

18여호와께서 시내 산 위에서 모세에
게 이르시기를 마치신 때에 증거판 둘
을 모세에게 주시니 이는 돌판이요 하
나님이 친히 쓰신 것이더라

출애굽기 32장

1백성이 모세가 산에서 내려옴이 더
딤을 보고 모여 백성이 아론에게 이르
러 말하되 일어나라 우리를 위하여 우
리를 인도할 신을 만들라 이 모세 곧 우
리를 애굽 땅에서 인도하여 낸 사람은
어찌 되었는지 알지 못함이니라 2아론
이 그들에게 이르되 너희의 아내와 자
녀의 귀에서 금 고리를 빼어 내게로 가
져오라 3모든 백성이 그 귀에서 금 고
리를 빼어 아론에게로 가져가매 4아론
이 그들의 손에서 금 고리를 받아 부어
서 조각칼로 새겨 송아지 형상을 만드
니 그들이 말하되 이스라엘아 이는 너
희를 애굽 땅에서 인도하여 낸 너희의
신이로다 하는지라 5아론이 보고 그 앞
에 제단을 쌓고 이에 아론이 공포하
여 이르되 내일은 여호와의 절일이니
라 하니 6이튿날에 그들이 일찍이 일어

비움

침묵으로 기도하며 나를 비웁니다. 성령의 임재를 구하며, 죄를 회개하며, 마음의 걱정이나 복잡한 생각을 내려놓습니다. 삼위일체 하나님께 가는 길이 다시금 열립니다.

채움

말씀이 나를 가득 채웁니다. 성령의 이끄심에 따라 본문을 관찰하며 깨닫고, 그것을 내 마음에 새겨 내 삶과 세계에 연결합니다. 묵상한 말씀이 삶이 되도록 기도합니다.

나눔

말씀대로 살아갑니다. 오늘 그리고 앞으로 내가 실천할 것들을 구체적으로 적습니다. 가정과 교회, 사회와 오늘의 세계에서 어떻게 말씀이 작동될 것인지 적고 실행합니다.

나 번제를 드리며 화목제를 드리고 백
성이 앉아서 먹고 마시며 일어나서 뛰
놀더라

7여호와께서 모세에게 이르시되 너
는 내려가라 네가 애굽 땅에서 인도하
여 낸 네 백성이 부패하였도다 8그들이
내가 그들에게 명령한 길을 속히 떠나
자기를 위하여 송아지를 부어 만들고
그것을 예배하며 그것에게 제물을 드
리며 말하기를 이스라엘아 이는 너희
를 애굽 땅에서 인도하여 낸 너희 신이
라 하였도다 9여호와께서 또 모세에게
이르시되 내가 이 백성을 보니 목이 뻣
뻣한 백성이로다 10그런즉 내가 하는
대로 두라 내가 그들에게 진노하여 그
들을 진멸하고 너를 큰 나라가 되게 하
리라 11모세가 그의 하나님 여호와께
구하여 이르되 여호와여 어찌하여 그
큰 권능과 강한 손으로 애굽 땅에서 인
도하여 내신 주의 백성에게 진노하시
나이까 12어찌하여 애굽 사람들이 이르
기를 여호와가 자기의 백성을 산에서
죽이고 지면에서 진멸하려는 악한 의
도로 인도해 내었다고 말하게 하시려
하나이까 주의 맹렬한 노를 그치시고
뜻을 돌이키사 주의 백성에게 이 화를
내리지 마옵소서 13주의 종 아브라함과
이삭과 이스라엘을 기억하소서 주께서
그들을 위하여 주를 가리켜 맹세하여
이르시기를 내가 너희의 자손을 하늘
의 별처럼 많게 하고 내가 허락한 이 온
땅을 너희의 자손에게 주어 영원한 기
업이 되게 하리라 하셨나이다 14여호와
께서 뜻을 돌이키사 말씀하신 화를 그
백성에게 내리지 아니하시니라

15모세가 돌이켜 산에서 내려오는데
두 증거판이 그의 손에 있고 그 판의 양
면 이쪽 저쪽에 글자가 있으니 16그 판
은 하나님이 만드신 것이요 글자는 하
나님이 쓰셔서 판에 새기신 것이더라
17여호수아가 백성들의 요란한 소리를
듣고 모세에게 말하되 진중에서 싸우
는 소리가 나나이다 18모세가 이르되
이는 승전가도 아니요 패하여 부르짖
는 소리도 아니라 내가 듣기에는 노래
하는 소리로다 하고 19진에 가까이 이
르러 그 송아지와 그 춤 추는 것들을 보
고 크게 노하여 손에서 그 판들을 산 아
래로 던져 깨뜨리니라 20모세가 그들이
만든 송아지를 가져다가 불살라 부수
어 가루를 만들어 물에 뿌려 이스라엘
자손에게 마시게 하니라 21모세가 아론
에게 이르되 이 백성이 당신에게 어떻
게 하였기에 당신이 그들을 큰 죄에 빠
지게 하였느냐 22아론이 이르되 내 주
여 노하지 마소서 이 백성의 악함을 당
신이 아나이다 23그들이 내게 말하기를
우리를 위하여 우리를 인도할 신을 만
들라 이 모세 곧 우리를 애굽 땅에서 인
도하여 낸 사람은 어찌 되었는지 알 수
없노라 하기에 24내가 그들에게 이르기
를 금이 있는 자는 빼내라 한즉 그들이
그것을 내게로 가져왔기로 내가 불에
던졌더니 이 송아지가 나왔나이다

비움

침묵으로 기도하며 나를 비웁니다. 성령의 임재를 구하며, 죄를 회개하며, 마음의 걱정이나 복잡한 생각을 내려놓습니다. 삼위일체 하나님께 가는 길이 다시금 열립니다.

채움

말씀이 나를 가득 채웁니다. 성령의 이끄심에 따라 본문을 관찰하며 깨닫고, 그것을 내 마음에 새겨 내 삶과 세계에 연결합니다. 묵상한 말씀이 삶이 되도록 기도합니다.

나눔

말씀대로 살아갑니다. 오늘 그리고 앞으로 내가 실천할 것들을 구체적으로 적습니다. 가정과 교회, 사회와 오늘의 세계에서 어떻게 말씀이 작동될 것인지 적고 실행합니다.

25모세가 본즉 백성이 방자하니 이는
아론이 그들을 방자하게 하여 원수에
게 조롱거리가 되게 하였음이라 26이에
모세가 진 문에 서서 이르되 누구든지
여호와의 편에 있는 자는 내게로 나아
오라 하매 레위 자손이 다 모여 그에게
로 가는지라 27모세가 그들에게 이르되
이스라엘의 하나님 여호와께서 이렇게
말씀하시기를 너희는 각각 허리에 칼
을 차고 진 이 문에서 저 문까지 왕래하
며 각 사람이 그 형제를, 각 사람이 자
기의 친구를, 각 사람이 자기의 이웃을
죽이라 하셨느니라 28레위 자손이 모세
의 말대로 행하매 이 날에 백성 중에 삼
천 명 가량이 죽임을 당하니라 29모세
가 이르되 각 사람이 자기의 아들과 자
기의 형제를 쳤으니 오늘 여호와께 헌
신하게 되었느니라 그가 오늘 너희에
게 복을 내리시리라

30이튿날 모세가 백성에게 이르되 너
희가 큰 죄를 범하였도다 내가 이제 여
호와께로 올라가노니 혹 너희를 위하
여 속죄가 될까 하노라 하고 31모세가
여호와께로 다시 나아가 여짜오되 슬
프도소이다 이 백성이 자기들을 위하
여 금 신을 만들었사오니 큰 죄를 범하
였나이다 32그러나 이제 그들의 죄를
사하시옵소서 그렇지 아니하시오면 원
하건대 주께서 기록하신 책에서 내 이
름을 지워 버려 주옵소서 33여호와께서
모세에게 이르시되 누구든지 내게 범
죄하면 내가 내 책에서 그를 지워 버리
리라 34이제 가서 내가 네게 말한 곳으
로 백성을 인도하라 내 사자가 네 앞서
가리라 그러나 내가 보응할 날에는 그
들의 죄를 보응하리라 35여호와께서 백
성을 치시니 이는 그들이 아론이 만든
바 그 송아지를 만들었음이더라

출애굽기 33장

1여호와께서 모세에게 이르시되 너
는 네가 애굽 땅에서 인도하여 낸 백성
과 함께 여기를 떠나서 내가 아브라함
과 이삭과 야곱에게 맹세하여 네 자손
에게 주기로 한 그 땅으로 올라가라 2내
가 사자를 너보다 앞서 보내어 가나안
사람과 아모리 사람과 헷 사람과 브리
스 사람과 히위 사람과 여부스 사람을
쫓아내고 3너희를 젖과 꿀이 흐르는 땅
에 이르게 하려니와 나는 너희와 함께
올라가지 아니하리니 너희는 목이 곧
은 백성인즉 내가 길에서 너희를 진멸
할까 염려함이니라 하시니 4백성이 이
준엄한 말씀을 듣고 슬퍼하여 한 사람
도 자기의 몸을 단장하지 아니하니 5여
호와께서 모세에게 이르시기를 이스라
엘 자손에게 이르라 너희는 목이 곧은
백성인즉 내가 한 순간이라도 너희 가
운데에 이르면 너희를 진멸하리니 너
희는 장신구를 떼어 내라 그리하면 내
가 너희에게 어떻게 할 것인지 정하겠
노라 하셨음이라 6이스라엘 자손이 호
렙 산에서부터 그들의 장신구를 떼어
내니라

☐ 비움

침묵으로 기도하며 나를 비웁니다. 성령의 임재를 구하며, 죄를 회개하며, 마음의 걱정이나 복잡한 생각을 내려놓습니다. 삼위일체 하나님께 가는 길이 다시금 열립니다.

■ 채움

말씀이 나를 가득 채웁니다. 성령의 이끄심에 따라 본문을 관찰하며 깨닫고, 그것을 내 마음에 새겨 내 삶과 세계에 연결합니다. 묵상한 말씀이 삶이 되도록 기도합니다.

나눔

말씀대로 살아갑니다. 오늘 그리고 앞으로 내가 실천할 것들을 구체적으로 적습니다. 가정과 교회, 사회와 오늘의 세계에서 어떻게 말씀이 작동될 것인지 적고 실행합니다.

7모세가 항상 장막을 취하여 진 밖에
쳐서 진과 멀리 떠나게 하고 회막이라
이름하니 여호와를 앙모하는 자는 다
진 바깥 회막으로 나아가며 8모세가 회
막으로 나아갈 때에는 백성이 다 일어
나 자기 장막 문에 서서 모세가 회막에
들어가기까지 바라보며 9모세가 회막
에 들어갈 때에 구름 기둥이 내려 회막
문에 서며 여호와께서 모세와 말씀하
시니 10모든 백성이 회막 문에 구름 기
둥이 서 있는 것을 보고 다 일어나 각기
장막 문에 서서 예배하며 11사람이 자
기의 친구와 이야기함 같이 여호와께
서는 모세와 대면하여 말씀하시며 모
세는 진으로 돌아오나 눈의 아들 젊은
수종자 여호수아는 회막을 떠나지 아
니하니라

12모세가 여호와께 아뢰되 보시옵소
서 주께서 내게 이 백성을 인도하여 올
라가라 하시면서 나와 함께 보낼 자를
내게 지시하지 아니하시나이다 주께서
전에 말씀하시기를 나는 이름으로도
너를 알고 너도 내 앞에 은총을 입었다
하셨사온즉 13내가 참으로 주의 목전에
은총을 입었사오면 원하건대 주의 길
을 내게 보이사 내게 주를 알리시고 나
로 주의 목전에 은총을 입게 하시며 이
족속을 주의 백성으로 여기소서 14여호
와께서 이르시되 내가 친히 가리라 내
가 너를 쉬게 하리라 15모세가 여호와
께 아뢰되 주께서 친히 가지 아니하시
려거든 우리를 이 곳에서 올려 보내지
마옵소서 16나와 주의 백성이 주의 목
전에 은총 입은 줄을 무엇으로 알리이
까 주께서 우리와 함께 행하심으로 나
와 주의 백성을 천하 만민 중에 구별하
심이 아니니이까

17여호와께서 모세에게 이르시되 네
가 말하는 이 일도 내가 하리니 너는
내 목전에 은총을 입었고 내가 이름
으로도 너를 앎이니라 18모세가 이르
되 원하건대 주의 영광을 내게 보이소
서 19여호와께서 이르시되 내가 내 모
든 선한 것을 네 앞으로 지나가게 하
고 여호와의 이름을 네 앞에 선포하리
라 나는 은혜 베풀 자에게 은혜를 베풀
고 긍휼히 여길 자에게 긍휼을 베푸느
니라 20또 이르시되 네가 내 얼굴을 보
지 못하리니 나를 보고 살 자가 없음이
니라 21여호와께서 또 이르시기를 보라
내 곁에 한 장소가 있으니 너는 그 반
석 위에 서라 22내 영광이 지나갈 때에
내가 너를 반석 틈에 두고 내가 지나도
록 내 손으로 너를 덮었다가 23손을 거
두리니 네가 내 등을 볼 것이요 얼굴은
보지 못하리라

출애굽기 34장

1여호와께서 모세에게 이르시되 너
는 돌판 둘을 처음 것과 같이 다듬어 만
들라 네가 깨뜨린 처음 판에 있던 말을
내가 그 판에 쓰리니 2아침까지 준비하
고 아침에 시내 산에 올라와 산 꼭대기
에서 내게 보이되 3아무도 너와 함께 오

▢ 비움

침묵으로 기도하며 나를 비웁니다. 성령의 임재를 구하며, 죄를 회개하며, 마음의 걱정이나 복잡한 생각을 내려놓습니다. 삼위일체 하나님께 가는 길이 다시금 열립니다.

■ 채움

말씀이 나를 가득 채웁니다. 성령의 이끄심에 따라 본문을 관찰하며 깨닫고, 그것을 내 마음에 새겨 내 삶과 세계에 연결합니다. 묵상한 말씀이 삶이 되도록 기도합니다.

▦ 나눔

말씀대로 살아갑니다. 오늘 그리고 앞으로 내가 실천할 것들을 구체적으로 적습니다. 가정과 교회, 사회와 오늘의 세계에서 어떻게 말씀이 작동될 것인지 적고 실행합니다.

르지 말며 온 산에 아무도 나타나지 못
하게 하고 양과 소도 산 앞에서 먹지 못
하게 하라 4모세가 돌판 둘을 처음 것과
같이 깎아 만들고 아침에 일찍이 일어
나 그 두 돌판을 손에 들고 여호와의 명
령대로 시내 산에 올라가니 5여호와께
서 구름 가운데에 강림하사 그와 함께
거기 서서 여호와의 이름을 선포하실
새 6여호와께서 그의 앞으로 지나시며
선포하시되 여호와라 여호와라 자비롭
고 은혜롭고 노하기를 더디하고 인자
와 진실이 많은 하나님이라 7인자를 천
대까지 베풀며 악과 과실과 죄를 용서
하리라 그러나 벌을 면제하지는 아니
하고 아버지의 악행을 자손 삼사 대까
지 보응하리라 8모세가 급히 땅에 엎드
려 경배하며 9이르되 주여 내가 주께 은
총을 입었거든 원하건대 주는 우리와
동행하옵소서 이는 목이 뻣뻣한 백성
이니이다 우리의 악과 죄를 사하시고
우리를 주의 기업으로 삼으소서

10여호와께서 이르시되 보라 내가 언
약을 세우나니 곧 내가 아직 온 땅 아
무 국민에게도 행하지 아니한 이적을
너희 전체 백성 앞에 행할 것이라 네가
머무는 나라 백성이 다 여호와의 행하
심을 보리니 내가 너를 위하여 행할 일
이 두려운 것임이니라 11너는 내가 오
늘 네게 명령하는 것을 삼가 지키라 보
라 내가 네 앞에서 아모리 사람과 가나
안 사람과 헷 사람과 브리스 사람과 히
위 사람과 여부스 사람을 쫓아내리니
12너는 스스로 삼가 네가 들어가는 땅
의 주민과 언약을 세우지 말라 그것이
너희에게 올무가 될까 하노라 13너희
는 도리어 그들의 제단들을 헐고 그들
의 주상을 깨뜨리고 그들의 아세라 상
을 찍을지어다 14너는 다른 신에게 절
하지 말라 여호와는 질투라 이름하는
질투의 하나님임이니라 15너는 삼가 그
땅의 주민과 언약을 세우지 말지니 이
는 그들이 모든 신을 음란하게 섬기며
그들의 신들에게 제물을 드리고 너를
청하면 네가 그 제물을 먹을까 함이며
16또 네가 그들의 딸들을 네 아들들의
아내로 삼음으로 그들의 딸들이 그들
의 신들을 음란하게 섬기며 네 아들에
게 그들의 신들을 음란하게 섬기게 할
까 함이니라 17너는 신상들을 부어 만
들지 말지니라

18너는 무교절을 지키되 내가 네게 명
령한 대로 아빕월 그 절기에 이레 동안
무교병을 먹으라 이는 네가 아빕월에
애굽에서 나왔음이니라 19모든 첫 태생
은 다 내 것이며 네 가축의 모든 처음
난 수컷인 소와 양도 다 그러하며 20나
귀의 첫 새끼는 어린 양으로 대속할 것
이요 그렇게 하지 아니하려면 그 목을
꺾을 것이며 네 아들 중 장자는 다 대
속할지며 빈 손으로 내 얼굴을 보지 말
지니라

21너는 엿새 동안 일하고 일곱째 날
에는 쉴지니 밭 갈 때에나 거둘 때에도

☐ 비움

침묵으로 기도하며 나를 비웁니다. 성령의 임재를 구하며, 죄를 회개하며, 마음의 걱정이나 복잡한 생각을 내려놓습니다. 삼위일체 하나님께 가는 길이 다시금 열립니다.

■ 채움

말씀이 나를 가득 채웁니다. 성령의 이끄심에 따라 본문을 관찰하며 깨닫고, 그것을 내 마음에 새겨 내 삶과 세계에 연결합니다. 묵상한 말씀이 삶이 되도록 기도합니다.

나눔

말씀대로 살아갑니다. 오늘 그리고 앞으로 내가 실천할 것들을 구체적으로 적습니다. 가정과 교회, 사회와 오늘의 세계에서 어떻게 말씀이 작동될 것인지 적고 실행합니다.

쉴지며 22칠칠절 곧 맥추의 초실절을
지키고 세말에는 수장절을 지키라 23너
희의 모든 남자는 매년 세 번씩 주 여
호와 이스라엘의 하나님 앞에 보일지
라 24내가 이방 나라들을 네 앞에서 쫓
아내고 네 지경을 넓히리니 네가 매년
세 번씩 여호와 네 하나님을 뵈려고 올
때에 아무도 네 땅을 탐내지 못하리라

25너는 내 제물의 피를 유교병과 함
께 드리지 말며 유월절 제물을 아침까
지 두지 말지며 26네 토지 소산의 처음
익은 것을 가져다가 네 하나님 여호와
의 전에 드릴지며 너는 염소 새끼를 그
어미의 젖으로 삶지 말지니라

27여호와께서 모세에게 이르시되 너
는 이 말들을 기록하라 내가 이 말들의
뜻대로 너와 이스라엘과 언약을 세웠
음이니라 하시니라 28모세가 여호와와
함께 사십 일 사십 야를 거기 있으면서
떡도 먹지 아니하였고 물도 마시지 아
니하였으며 여호와께서는 언약의 말씀
곧 십계명을 그 판들에 기록하셨더라

29모세가 그 증거의 두 판을 모세의
손에 들고 시내 산에서 내려오니 그 산
에서 내려올 때에 모세는 자기가 여호
와와 말하였음으로 말미암아 얼굴 피
부에 광채가 나나 깨닫지 못하였더라
30아론과 온 이스라엘 자손이 모세를
볼 때에 모세의 얼굴 피부에 광채가 남
을 보고 그에게 가까이 하기를 두려워
하더니 31모세가 그들을 부르매 아론과
회중의 모든 어른이 모세에게로 오고
모세가 그들과 말하니 32그 후에야 온
이스라엘 자손이 가까이 오는지라 모
세가 여호와께서 시내 산에서 자기에
게 이르신 말씀을 다 그들에게 명령하
고 33모세가 그들에게 말하기를 마치고
수건으로 자기 얼굴을 가렸더라 34그러
나 모세가 여호와 앞에 들어가서 함께
말할 때에는 나오기까지 수건을 벗고
있다가 나와서는 그 명령하신 일을 이
스라엘 자손에게 전하며 35이스라엘 자
손이 모세의 얼굴의 광채를 보므로 모
세가 여호와께 말하러 들어가기까지
다시 수건으로 자기 얼굴을 가렸더라

출애굽기 35장

1모세가 이스라엘 자손의 온 회중을
모으고 그들에게 이르되 여호와께서
너희에게 명령하사 행하게 하신 말씀
이 이러하니라 2엿새 동안은 일하고 일
곱째 날은 너희를 위한 거룩한 날이니
여호와께 엄숙한 안식일이라 누구든지
이 날에 일하는 자는 죽일지니 3안식일
에는 너희의 모든 처소에서 불도 피우
지 말지니라

4모세가 이스라엘 자손의 온 회중에
게 말하여 이르되 여호와께서 명령하
신 일이 이러하니라 이르시기를 5너희
의 소유 중에서 너희는 여호와께 드릴
것을 택하되 마음에 원하는 자는 누구
든지 그것을 가져다가 여호와께 드릴

☐ 비움

침묵으로 기도하며 나를 비웁니다. 성령의 임재를 구하며, 죄를 회개하며, 마음의 걱정이나 복잡한 생각을 내려놓습니다. 삼위일체 하나님께 가는 길이 다시금 열립니다.

■ 채움

말씀이 나를 가득 채웁니다. 성령의 이끄심에 따라 본문을 관찰하며 깨닫고, 그것을 내 마음에 새겨 내 삶과 세계에 연결합니다. 묵상한 말씀이 삶이 되도록 기도합니다.

나눔

말씀대로 살아갑니다. 오늘 그리고 앞으로 내가 실천할 것들을 구체적으로 적습니다. 가정과 교회, 사회와 오늘의 세계에서 어떻게 말씀이 작동될 것인지 적고 실행합니다.

지니 곧 금과 은과 놋과 6청색 자색 홍
색 실과 가는 베 실과 염소 털과 7붉은
물 들인 숫양의 가죽과 해달의 가죽과
조각목과 8등유와 및 관유에 드는 향품
과 분향할 향을 만드는 향품과 9호마노
며 에봇과 흉패에 물릴 보석이니라

10무릇 너희 중 마음이 지혜로운 자
는 와서 여호와께서 명령하신 것을 다
만들지니 11곧 성막과 천막과 그 덮개
와 그 갈고리와 그 널판과 그 띠와 그 기
둥과 그 받침과 12증거궤와 그 채와 속
죄소와 그 가리는 휘장과 13상과 그 채
와 그 모든 기구와 진설병과 14불 켜는
등잔대와 그 기구와 그 등잔과 등유와
15분향단과 그 채와 관유와 분향할 향
품과 성막 문의 휘장과 16번제단과 그
놋 그물과 그 채와 그 모든 기구와 물
두멍과 그 받침과 17뜰의 포장과 그 기
둥과 그 받침과 뜰 문의 휘장과 18장막
말뚝과 뜰의 말뚝과 그 줄과 19성소에
서 섬기기 위하여 정교하게 만든 옷 곧
제사 직분을 행할 때에 입는 제사장 아
론의 거룩한 옷과 그의 아들들의 옷이
니라

20이스라엘 자손의 온 회중이 모세
앞에서 물러갔더니 21마음이 감동된 모
든 자와 자원하는 모든 자가 와서 회막
을 짓기 위하여 그 속에서 쓸 모든 것을
위하여, 거룩한 옷을 위하여 예물을 가
져다가 여호와께 드렸으니 22곧 마음에
원하는 남녀가 와서 팔찌와 귀고리와
가락지와 목걸이와 여러 가지 금품을
가져다가 사람마다 여호와께 금 예물
을 드렸으며 23무릇 청색 자색 홍색 실
과 가는 베 실과 염소 털과 붉은 물 들
인 숫양의 가죽과 해달의 가죽이 있는
자도 가져왔으며 24은과 놋으로 예물을
삼는 모든 자가 가져다가 여호와께 드
렸으며 섬기는 일에 소용되는 조각목
이 있는 모든 자는 가져왔으며 25마음
이 슬기로운 모든 여인은 손수 실을 빼
고 그 뺀 청색 자색 홍색 실과 가는 베
실을 가져왔으며 26마음에 감동을 받아
슬기로운 모든 여인은 염소 털로 실을
뽑았으며 27모든 족장은 호마노와 및
에봇과 흉패에 물릴 보석을 가져왔으
며 28등불과 관유와 분향할 향에 소용
되는 기름과 향품을 가져왔으니 29마음
에 자원하는 남녀는 누구나 여호와께
서 모세의 손을 빌어 명령하신 모든 것
을 만들기 위하여 물품을 드렸으니 이
것이 이스라엘 자손이 여호와께 자원
하여 드린 예물이니라

30모세가 이스라엘 자손에게 이르되
볼지어다 여호와께서 유다 지파 훌의
손자요 우리의 아들인 브살렐을 지명
하여 부르시고 31하나님의 영을 그에게
충만하게 하여 지혜와 총명과 지식으
로 여러 가지 일을 하게 하시되 32금과
은과 놋으로 제작하는 기술을 고안하
게 하시며 33보석을 깎아 물리며 나무
를 새기는 여러 가지 정교한 일을 하게
하셨고 34또 그와 단 지파 아히사막의

☐ 비움

침묵으로 기도하며 나를 비웁니다. 성령의 임재를 구하며, 죄를 회개하며, 마음의 걱정이나 복잡한 생각을 내려놓습니다. 삼위일체 하나님께 가는 길이 다시금 열립니다.

■ 채움

말씀이 나를 가득 채웁니다. 성령의 이끄심에 따라 본문을 관찰하며 깨닫고, 그것을 내 마음에 새겨 내 삶과 세계에 연결합니다. 묵상한 말씀이 삶이 되도록 기도합니다.

▦ 나눔

말씀대로 살아갑니다. 오늘 그리고 앞으로 내가 실천할 것들을 구체적으로 적습니다. 가정과 교회, 사회와 오늘의 세계에서 어떻게 말씀이 작동될 것인지 적고 실행합니다.

아들 오홀리압을 감동시키사 가르치게
하시며 35지혜로운 마음을 그들에게 충
만하게 하사 여러 가지 일을 하게 하시
되 조각하는 일과 세공하는 일과 청색
자색 홍색 실과 가는 베 실로 수 놓는
일과 짜는 일과 그 외에 여러 가지 일
을 하게 하시고 정교한 일을 고안하게
하셨느니라

출애굽기 36장

1브살렐과 오홀리압과 및 마음이 지
혜로운 사람 곧 여호와께서 지혜와 총
명을 부으사 성소에 쓸 모든 일을 할 줄
알게 하신 자들은 모두 여호와께서 명
령하신 대로 할 것이니라

2모세가 브살렐과 오홀리압과 및 마
음이 지혜로운 사람 곧 그 마음에 여호
와께로부터 지혜를 얻고 와서 그 일을
하려고 마음에 원하는 모든 자를 부르
매 3그들이 이스라엘 자손의 성소의 모
든 것을 만들기 위하여 가져온 예물을
모세에게서 받으니라 그러나 백성이 아
침마다 자원하는 예물을 연하여 가져
왔으므로 4성소의 모든 일을 하는 지혜
로운 자들이 각기 하는 일을 중지하고
와서 5모세에게 말하여 이르되 백성이
너무 많이 가져오므로 여호와께서 명
령하신 일에 쓰기에 남음이 있나이다
6모세가 명령을 내리매 그들이 진중에
공포하여 이르되 남녀를 막론하고 성
소에 드릴 예물을 다시 만들지 말라 하
매 백성이 가져오기를 그치니 7있는 재
료가 모든 일을 하기에 넉넉하여 남음
이 있었더라

8일하는 사람 중에 마음이 지혜로운
모든 사람이 열 폭 휘장으로 성막을 지
었으니 곧 가늘게 꼰 베 실과 청색 자색
홍색 실로 그룹들을 무늬 놓아 짜서 지
은 것이라 9매 폭의 길이는 스물여덟 규
빗, 너비는 네 규빗으로 각 폭의 장단을
같게 하여 10그 다섯 폭을 서로 연결하
며 또 그 다섯 폭을 서로 연결하고 11연
결할 끝폭 가에 청색 고를 만들며 다른
연결할 끝폭 가에도 고를 만들되 12그
연결할 한 폭에 고리 쉰 개를 달고 다
른 연결할 한 폭의 가에도 고리 쉰 개를
달아 그 고들이 서로 대하게 하고 13금
갈고리 쉰 개를 만들어 그 갈고리로 두
휘장을 연결하여 한 막을 이루었더라

14그 성막을 덮는 막 곧 휘장을 염소
털로 만들되 열한 폭을 만들었으니 15각
폭의 길이는 서른 규빗, 너비는 네 규빗
으로 열한 폭의 장단을 같게 하여 16그
휘장 다섯 폭을 서로 연결하며 또 여섯
폭을 서로 연결하고 17휘장을 연결할 끝
폭 가에 고리 쉰 개를 달며 다른 연결할
끝폭 가에도 고리 쉰 개를 달고 18놋 갈
고리 쉰 개를 만들어 그 휘장을 연결하
여 한 막이 되게 하고 19붉은 물 들인 숫
양의 가죽으로 막의 덮개를 만들고 해
달의 가죽으로 그 윗덮개를 만들었더라

20그가 또 조각목으로 성막에 세울

▢ 비움

침묵으로 기도하며 나를 비웁니다. 성령의 임재를 구하며, 죄를 회개하며, 마음의 걱정이나 복잡한 생각을 내려놓습니다. 삼위일체 하나님께 가는 길이 다시금 열립니다.

채움

말씀이 나를 가득 채웁니다. 성령의 이끄심에 따라 본문을 관찰하며 깨닫고, 그것을 내 마음에 새겨 내 삶과 세계에 연결합니다. 묵상한 말씀이 삶이 되도록 기도합니다.

나눔

말씀대로 살아갑니다. 오늘 그리고 앞으로 내가 실천할 것들을 구체적으로 적습니다. 가정과 교회, 사회와 오늘의 세계에서 어떻게 말씀이 작동될 것인지 적고 실행합니다.

널판들을 만들었으니 21각 판의 길이는
열 규빗, 너비는 한 규빗 반이며 22각 판
에 두 촉이 있어 서로 연결하게 하였으
니 성막의 모든 판이 그러하며 23성막
을 위하여 널판을 만들었으되 남으로
는 남쪽에 널판이 스무 개라 24그 스무
개 널판 밑에 은 받침 마흔 개를 만들었
으되 곧 이 널판 밑에도 두 받침이 그
두 촉을 받게 하였고 저 널판 밑에도 두
받침이 그 두 촉을 받게 하였으며 25성
막 다른 쪽 곧 북쪽을 위하여도 널판 스
무 개를 만들고 26또 은 받침 마흔 개를
만들었으니 곧 이 판 밑에도 받침이 둘
이요 저 판 밑에도 받침이 둘이며 27장
막 뒤 곧 서쪽을 위하여는 널판 여섯 개
를 만들었고 28장막 뒤 두 모퉁이 편을
위하여는 널판 두 개를 만들되 29아래
에서부터 위까지 각기 두 겹 두께로 하
여 윗고리에 이르게 하고 두 모퉁이 쪽
을 다 그리하며 30그 널판은 여덟 개요
그 받침은 은 받침 열여섯 개라 각 널판
밑에 두 개씩이었더라

31그가 또 조각목으로 띠를 만들었으
니 곧 성막 이쪽 널판을 위하여 다섯 개
요 32성막 저쪽 널판을 위하여 다섯 개
요 성막 뒤 곧 서쪽 널판을 위하여 다
섯 개며 33그 중간 띠를 만들되 널판 중
간 이 끝에서 저 끝에 미치게 하였으며
34그 널판들을 금으로 싸고 그 널판에
띠를 꿸 금 고리를 만들고 그 띠도 금
으로 쌌더라

35그가 또 청색 자색 홍색 실과 가늘
게 꼰 베 실로 휘장을 짜고 그 위에 그
룹들을 정교하게 수 놓고 36조각목으로
네 기둥을 만들어 금으로 쌌으며 그 갈
고리는 금으로 기둥의 네 받침은 은으
로 부어 만들었으며 37청색 자색 홍색
실과 가늘게 꼰 베 실로 수 놓아 장막
문을 위하여 휘장을 만들고 38휘장 문
의 기둥 다섯과 그 갈고리를 만들고 기
둥 머리와 그 가름대를 금으로 쌌으며
그 다섯 받침은 놋이었더라

출애굽기 37장

1브살렐이 조각목으로 궤를 만들었
으니 길이가 두 규빗 반, 너비가 한 규
빗 반, 높이가 한 규빗 반이며 2순금으
로 안팎을 싸고 위쪽 가장자리로 돌아
가며 금 테를 만들었으며 3금 고리 넷을
부어 만들어 네 발에 달았으니 곧 이쪽
에 두 고리요 저쪽에 두 고리이며 4조
각목으로 채를 만들어 금으로 싸고 5그
채를 궤 양쪽 고리에 꿰어 궤를 메게 하
였으며 6순금으로 속죄소를 만들었으
니 길이가 두 규빗 반, 너비가 한 규빗
반이며 7금으로 그룹 둘을 속죄소 양쪽
에 쳐서 만들었으되 8한 그룹은 이쪽 끝
에, 한 그룹은 저쪽 끝에 곧 속죄소와
한 덩이로 그 양쪽에 만들었으니 9그룹
들이 그 날개를 높이 펴서 그 날개로 속
죄소를 덮었으며 그 얼굴은 서로 대하
여 속죄소를 향하였더라

10그가 또 조각목으로 상을 만들었으

☐ 비움

침묵으로 기도하며 나를 비웁니다. 성령의 임재를 구하며, 죄를 회개하며, 마음의 걱정이나 복잡한 생각을 내려놓습니다. 삼위일체 하나님께 가는 길이 다시금 열립니다.

채움

말씀이 나를 가득 채웁니다. 성령의 이끄심에 따라 본문을 관찰하며 깨닫고, 그것을 내 마음에 새겨 내 삶과 세계에 연결합니다. 묵상한 말씀이 삶이 되도록 기도합니다.

나눔

말씀대로 살아갑니다. 오늘 그리고 앞으로 내가 실천할 것들을 구체적으로 적습니다. 가정과 교회, 사회와 오늘의 세계에서 어떻게 말씀이 작동될 것인지 적고 실행합니다.

니 길이가 두 규빗, 너비가 한 규빗, 높
이가 한 규빗 반이며 11순금으로 싸고
위쪽 가장자리로 돌아가며 금 테를 둘
렀으며 12그 주위에 손바닥 넓이만한
턱을 만들고 그 턱 주위에 금으로 테를
만들었고 13상을 위하여 금 고리 넷을
부어 만들어 네 발 위, 네 모퉁이에 달
았으니 14그 고리가 턱 곁에 있어서 상
을 메는 채를 꿰게 하였으며 15또 조각
목으로 상 멜 채를 만들어 금으로 쌌으
며 16상 위의 기구 곧 대접과 숟가락과
잔과 따르는 병을 순금으로 만들었더라

17그가 또 순금으로 등잔대를 만들되
그것을 쳐서 만들었으니 그 밑판과 줄
기와 잔과 꽃받침과 꽃이 그것과 한 덩
이로 되었고 18가지 여섯이 그 곁에서
나왔으니 곧 등잔대의 세 가지는 저쪽
으로 나왔고 등잔대의 세 가지는 이쪽
으로 나왔으며 19이쪽 가지에 살구꽃
형상의 잔 셋과 꽃받침과 꽃이 있고 저
쪽 가지에 살구꽃 형상의 잔 셋과 꽃받
침과 꽃이 있어 등잔대에서 나온 가지
여섯이 그러하며 20등잔대 줄기에는 살
구꽃 형상의 잔 넷과 꽃받침과 꽃이 있
고 21등잔대에서 나온 가지 여섯을 위
하여는 꽃받침이 있게 하였으되 두 가
지 아래에 한 꽃받침이 있어 줄기와 연
결하였고 또 두 가지 아래에 한 꽃받침
이 있어 줄기와 연결하였고 또 다시 두
가지 아래에 한 꽃받침이 있어 줄기와
연결되게 하였으니 22이 꽃받침과 가지
들을 줄기와 연결하여 전부를 순금으
로 쳐서 만들었으며 23등잔 일곱과 그
불 집게와 불 똥 그릇을 순금으로 만들
었으니 24등잔대와 그 모든 기구는 순
금 한 달란트로 만들었더라

25그가 또 조각목으로 분향할 제단을
만들었으니 길이는 한 규빗이요 너비
도 한 규빗이라 네모가 반듯하고 높이
는 두 규빗이며 그 뿔들이 제단과 연결
되었으며 26제단 상면과 전후 좌우면과
그 뿔을 순금으로 싸고 주위에 금 테를
둘렀고 27그 테 아래 양쪽에 금 고리 둘
을 만들었으되 곧 그 양쪽에 만들어 제
단을 메는 채를 꿰게 하였으며 28조각
목으로 그 채를 만들어 금으로 쌌으며
29거룩한 관유와 향품으로 정결한 향을
만들었으되 향을 만드는 법대로 하였
더라

출애굽기 38장

1그가 또 조각목으로 번제단을 만들
었으니 길이는 다섯 규빗이요 너비도
다섯 규빗이라 네모가 반듯하고 높이
는 세 규빗이며 2그 네 모퉁이 위에 그
뿔을 만들되 그 뿔을 제단과 연결하게
하고 제단을 놋으로 쌌으며 3제단의 모
든 기구 곧 통과 부삽과 대야와 고기 갈
고리와 불 옮기는 그릇을 다 놋으로 만
들고 4제단을 위하여 놋 그물을 만들어
제단 주위 가장자리 아래에 두되 제단
절반에 오르게 하고 5그 놋 그물 네 모
퉁이에 채를 꿸 고리 넷을 부어 만들었
으며 6채를 조각목으로 만들어 놋으로

비움

침묵으로 기도하며 나를 비웁니다. 성령의 임재를 구하며, 죄를 회개하며, 마음의 걱정이나 복잡한 생각을 내려놓습니다. 삼위일체 하나님께 가는 길이 다시금 열립니다.

채움

말씀이 나를 가득 채웁니다. 성령의 이끄심에 따라 본문을 관찰하며 깨닫고, 그것을 내 마음에 새겨 내 삶과 세계에 연결합니다. 묵상한 말씀이 삶이 되도록 기도합니다.

나눔

말씀대로 살아갑니다. 오늘 그리고 앞으로 내가 실천할 것들을 구체적으로 적습니다. 가정과 교회, 사회와 오늘의 세계에서 어떻게 말씀이 작동될 것인지 적고 실행합니다.

싸고 7제단 양쪽 고리에 그 채를 꿰어
메게 하였으며 제단은 널판으로 속이
비게 만들었더라

8그가 놋으로 물두멍을 만들고 그 받
침도 놋으로 하였으니 곧 회막 문에서
수종드는 여인들의 거울로 만들었더라

9그가 또 뜰을 만들었으니 남으로 뜰
의 남쪽에는 세마포 포장이 백 규빗이
라 10그 기둥이 스물이며 그 받침이 스
물이니 놋이요 기둥의 갈고리와 가름
대는 은이며 11그 북쪽에도 백 규빗이
라 그 기둥이 스물이며 그 받침이 스물
이니 놋이요 기둥의 갈고리와 가름대
는 은이며 12서쪽에 포장은 쉰 규빗이
라 그 기둥이 열이요 받침이 열이며 기
둥의 갈고리와 가름대는 은이며 13동으
로 동쪽에도 쉰 규빗이라 14문 이쪽의
포장이 열다섯 규빗이요 그 기둥이 셋
이요 받침이 셋이며 15문 저쪽도 그와
같으니 뜰 문 이쪽, 저쪽의 포장이 열다
섯 규빗씩이요 그 기둥이 셋씩, 받침이
셋씩이라 16뜰 주위의 포장은 세마포요
17기둥 받침은 놋이요 기둥의 갈고리와
가름대는 은이요 기둥 머리 싸개는 은
이며 뜰의 모든 기둥에 은 가름대를 꿰
었으며 18뜰의 휘장 문을 청색 자색 홍
색 실과 가늘게 꼰 베 실로 수 놓아 짰
으니 길이는 스무 규빗이요 너비와 높
이는 뜰의 포장과 같이 다섯 규빗이며
19그 기둥은 넷인데 그 받침 넷은 놋이
요 그 갈고리는 은이요 그 머리 싸개와
가름대도 은이며 20성막 말뚝과 뜰 주
위의 말뚝은 모두 놋이더라

21성막 곧 증거막을 위하여 레위 사
람이 쓴 재료의 물목은 제사장 아론의
아들 이다말이 모세의 명령대로 계산
하였으며 22유다 지파 훌의 손자요 우
리의 아들인 브살렐은 여호와께서 모
세에게 명령하신 모든 것을 만들었고
23단 지파 아히사막의 아들 오홀리압이
그와 함께 하였으니 오홀리압은 재능
이 있어서 조각하며 또 청색 자색 홍색
실과 가는 베 실로 수 놓은 자더라

24성소 건축 비용으로 들인 금은 성
소의 세겔로 스물아홉 달란트와 칠백
삼십 세겔이며 25계수된 회중이 드린
은은 성소의 세겔로 백 달란트와 천칠
백칠십오 세겔이니 26계수된 자가 이십
세 이상으로 육십만 삼천오백오십 명
인즉 성소의 세겔로 각 사람에게 은 한
베가 곧 반 세겔씩이라 27은 백 달란트
로 성소의 받침과 휘장 문의 기둥 받침
을 모두 백 개를 부어 만들었으니 각 받
침마다 한 달란트씩 모두 백 달란트요
28천칠백칠십오 세겔로 기둥 갈고리를
만들고 기둥 머리를 싸고 기둥 가름대
를 만들었으며 29드린 놋은 칠십 달란
트와 이천사백 세겔이라 30이것으로 회
막 문 기둥 받침과 놋 제단과 놋 그물과
제단의 모든 기구를 만들었으며 31뜰
주위의 기둥 받침과 그 휘장 문의 기둥
받침이며 성막의 모든 말뚝과 뜰 주위

비움

침묵으로 기도하며 나를 비웁니다. 성령의 임재를 구하며, 죄를 회개하며, 마음의 걱정이나 복잡한 생각을 내려놓습니다. 삼위일체 하나님께 가는 길이 다시금 열립니다.

채움

말씀이 나를 가득 채웁니다. 성령의 이끄심에 따라 본문을 관찰하며 깨닫고, 그것을 내 마음에 새겨 내 삶과 세계에 연결합니다. 묵상한 말씀이 삶이 되도록 기도합니다.

나눔

말씀대로 살아갑니다. 오늘 그리고 앞으로 내가 실천할 것들을 구체적으로 적습니다. 가정과 교회, 사회와 오늘의 세계에서 어떻게 말씀이 작동될 것인지 적고 실행합니다.

의 모든 말뚝을 만들었더라

출애굽기 39장

1그들은 여호와께서 모세에게 명령
하신 대로 청색 자색 홍색 실로 성소에
서 섬길 때 입을 정교한 옷을 만들고 또
아론을 위해 거룩한 옷을 만들었더라

2그는 또 금 실과 청색 자색 홍색 실
과 가늘게 꼰 베 실로 에봇을 만들었으
되 3금을 얇게 쳐서 오려서 실을 만들
어 청색 자색 홍색 실과 가는 베 실에
섞어 정교하게 짜고 4에봇에는 어깨받
이를 만들어 그 두 끝에 달아 서로 연결
되게 하고 5에봇 위에 에봇을 매는 띠를
에봇과 같은 모양으로 금 실과 청색 자
색 홍색 실과 가늘게 꼰 베 실로 에봇에
붙여 짰으니 여호와께서 모세에게 명
령하신 대로 하였더라

6그들은 또 호마노를 깎아 금 테에 물
려 도장을 새김 같이 이스라엘의 아들
들의 이름을 그것에 새겨 7에봇 어깨받
이에 달아 이스라엘의 아들들을 기념
하는 보석을 삼았으니 여호와께서 모
세에게 명령하신 대로 하였더라

8그가 또 흉패를 정교하게 짜되 에
봇과 같은 모양으로 금 실과 청색 자색
홍색 실과 가늘게 꼰 베 실로 하였으니
9그것의 길이가 한 뼘, 너비가 한 뼘으
로 네 모가 반듯하고 두 겹이며 10그것
에 네 줄 보석을 물렸으니 곧 홍보석 황
옥 녹주옥이 첫 줄이요 11둘째 줄은 석
류석 남보석 홍마노요 12셋째 줄은 호
박 백마노 자수정이요 13넷째 줄은 녹
보석 호마노 벽옥이라 다 금 테에 물렸
으니 14이 보석들은 이스라엘의 아들들
의 이름 곧 그들의 이름대로 열둘이라
도장을 새김 같이 그 열두 지파의 각 이
름을 새겼으며 15그들이 또 순금으로
노끈처럼 사슬을 땋아 흉패에 붙이고
16또 금 테 둘과 금 고리 둘을 만들어
그 두 고리를 흉패 두 끝에 달고 17그 땋
은 두 금 사슬을 흉패 끝 두 고리에 꿰
매었으며 18그 땋은 두 사슬의 다른 두
끝을 에봇 앞 두 어깨받이의 금 테에 매
고 19또 금 고리 둘을 만들어 흉패 두 끝
에 달았으니 곧 그 에봇을 마주한 안쪽
가장자리에 달았으며 20또 금 고리 둘
을 만들어 에봇 앞 두 어깨받이 아래 매
는 자리 가까운 쪽 곧 정교하게 짠 에봇
띠 위쪽에 달고 21청색 끈으로 흉패 고
리와 에봇 고리에 꿰어 흉패로 정교하
게 짠 에봇 띠 위에 붙여서 에봇에서 벗
어지지 않게 하였으니 여호와께서 모
세에게 명령하신 대로 하였더라

22그가 에봇 받침 긴 옷을 전부 청색
으로 짜서 만들되 23그 옷의 두 어깨 사
이에 구멍을 내고 갑옷 깃 같이 그 구멍
주위에 깃을 짜서 찢어지지 않게 하고
24청색 자색 홍색 실과 가는 베 실로 그
옷 가장자리에 석류를 수 놓고 25순금
으로 방울을 만들어 그 옷 가장자리로
돌아가며 석류 사이사이에 달되 26방울

비움

침묵으로 기도하며 나를 비웁니다. 성령의 임재를 구하며, 죄를 회개하며, 마음의 걱정이나 복잡한 생각을 내려놓습니다. 삼위일체 하나님께 가는 길이 다시금 열립니다.

채움

말씀이 나를 가득 채웁니다. 성령의 이끄심에 따라 본문을 관찰하며 깨닫고, 그것을 내 마음에 새겨 내 삶과 세계에 연결합니다. 묵상한 말씀이 삶이 되도록 기도합니다.

나눔

말씀대로 살아갑니다. 오늘 그리고 앞으로 내가 실천할 것들을 구체적으로 적습니다. 가정과 교회, 사회와 오늘의 세계에서 어떻게 말씀이 작동될 것인지 적고 실행합니다.

과 석류를 서로 간격을 두고 번갈아 그
옷 가장자리로 돌아가며 달았으니 여
호와께서 모세에게 명령하신 대로 하
였더라

27그들이 또 직조한 가는 베로 아론
과 그의 아들들을 위하여 속옷을 짓고
28세마포로 두건을 짓고 세마포로 빛난
관을 만들고 가는 베 실로 짜서 세마포
속바지들을 만들고 29가는 베 실과 청
색 자색 홍색 실로 수 놓아 띠를 만들
었으니 여호와께서 모세에게 명령하신
대로 하였더라

30그들이 또 순금으로 거룩한 패를
만들고 도장을 새김 같이 그 위에 '여호
와께 성결'이라 새기고 31그 패를 청색
끈으로 관 전면에 달았으니 여호와께
서 모세에게 명령하신 대로 하였더라

32이스라엘 자손이 이와 같이 성막
곧 회막의 모든 역사를 마치되 여호와
께서 모세에게 명령하신 대로 다 행하
고 33그들이 성막을 모세에게로 가져왔
으니 곧 막과 그 모든 기구와 그 갈고리
들과 그 널판들과 그 띠들과 그 기둥들
과 그 받침들과 34붉은 물을 들인 숫양
의 가죽 덮개와 해달의 가죽 덮개와 가
리는 휘장과 35증거궤와 그 채들과 속
죄소와 36상과 그 모든 기구와 진설병
과 37순금 등잔대와 그 잔 곧 벌여놓는
등잔대와 그 모든 기구와 등유와 38금
제단과 관유와 향기로운 향과 장막 휘
장 문과 39놋 제단과 그 놋 그물과 그 채
들과 그 모든 기구와 물두멍과 그 받침
과 40뜰의 포장들과 그 기둥들과 그 받
침들과 뜰 문의 휘장과 그 줄들과 그 말
뚝들과 성막 곧 회막에서 사용할 모든
기구와 41성소에서 섬기기 위한 정교한
옷 곧 제사 직분을 행할 때에 입는 제
사장 아론의 거룩한 옷과 그의 아들들
의 옷이라 42여호와께서 모세에게 명령
하신 대로 이스라엘 자손이 모든 역사
를 마치매 43모세가 그 마친 모든 것을
본즉 여호와께서 명령하신 대로 되었
으므로 모세가 그들에게 축복하였더라

출애굽기 40장

1여호와께서 모세에게 말씀하여 이
르시되 2너는 첫째 달 초하루에 성막 곧
회막을 세우고 3또 증거궤를 들여놓고
또 휘장으로 그 궤를 가리고 4또 상을
들여놓고 그 위에 물품을 진설하고 등
잔대를 들여놓아 불을 켜고 5또 금 향단
을 증거궤 앞에 두고 성막 문에 휘장을
달고 6또 번제단을 회막의 성막 문 앞에
놓고 7또 물두멍을 회막과 제단 사이에
놓고 그 속에 물을 담고 8또 뜰 주위에
포장을 치고 뜰 문에 휘장을 달고 9또
관유를 가져다가 성막과 그 안에 있는
모든 것에 발라 그것과 그 모든 기구를
거룩하게 하라 그것이 거룩하리라 10너
는 또 번제단과 그 모든 기구에 발라 그
안을 거룩하게 하라 그 제단이 지극히
거룩하리라 11너는 또 물두멍과 그 받
침에 발라 거룩하게 하고 12너는 또 아

☐ 비움

침묵으로 기도하며 나를 비웁니다. 성령의 임재를 구하며, 죄를 회개하며, 마음의 걱정이나 복잡한 생각을 내려놓습니다. 삼위일체 하나님께 가는 길이 다시금 열립니다.

■ 채움

말씀이 나를 가득 채웁니다. 성령의 이끄심에 따라 본문을 관찰하며 깨닫고, 그것을 내 마음에 새겨 내 삶과 세계에 연결합니다. 묵상한 말씀이 삶이 되도록 기도합니다.

나눔

말씀대로 살아갑니다. 오늘 그리고 앞으로 내가 실천할 것들을 구체적으로 적습니다. 가정과 교회, 사회와 오늘의 세계에서 어떻게 말씀이 작동될 것인지 적고 실행합니다.

론과 그 아들들을 회막 문으로 데려다
가 물로 씻기고 13아론에게 거룩한 옷
을 입히고 그에게 기름을 부어 거룩하
게 하여 그가 내게 제사장의 직분을 행
하게 하라 14너는 또 그 아들들을 데려
다가 그들에게 겉옷을 입히고 15그 아
버지에게 기름을 부음 같이 그들에게
도 부어서 그들이 내게 제사장의 직분
을 행하게 하라 그들이 기름 부음을 받
았은즉 대대로 영영히 제사장이 되리
라 하시매 16모세가 그같이 행하되 곧
여호와께서 자기에게 명령하신 대로
다 행하였더라

17둘째 해 첫째 달 곧 그 달 초하루에
성막을 세우니라 18모세가 성막을 세우
되 그 받침들을 놓고 그 널판들을 세우
고 그 띠를 띠우고 그 기둥들을 세우고
19또 성막 위에 막을 펴고 그 위에 덮개
를 덮으니 여호와께서 모세에게 명령
하신 대로 되니라 20그는 또 증거판을
궤 속에 넣고 채를 궤에 꿰고 속죄소를
궤 위에 두고 21또 그 궤를 성막에 들여
놓고 가리개 휘장을 늘어뜨려 그 증거
궤를 가리니 여호와께서 모세에게 명
령하신 대로 되니라 22그는 또 회막 안
곧 성막 북쪽으로 휘장 밖에 상을 놓고
23또 여호와 앞 그 상 위에 떡을 진설하
니 여호와께서 모세에게 명령하신 대
로 되니라 24그는 또 회막 안 곧 성막 남
쪽에 등잔대를 놓아 상과 마주하게 하
고 25또 여호와 앞에 등잔대에 불을 켜
니 여호와께서 모세에게 명령하신 대
로 되니라 26그가 또 금 향단을 회막 안
휘장 앞에 두고 27그 위에 향기로운 향
을 사르니 여호와께서 모세에게 명령
하신 대로 되니라 28그는 또 성막 문에
휘장을 달고 29또 회막의 성막 문 앞에
번제단을 두고 번제와 소제를 그 위에
드리니 여호와께서 모세에게 명령하신
대로 되니라 30그는 또 물두멍을 회막
과 제단 사이에 두고 거기 씻을 물을
담으니라 31모세와 아론과 그 아들들
이 거기서 수족을 씻되 32그들이 회막
에 들어갈 때와 제단에 가까이 갈 때에
씻었으니 여호와께서 모세에게 명령하
신 대로 되니라 33그는 또 성막과 제단
주위 뜰에 포장을 치고 뜰 문에 휘장을
다니라 모세가 이같이 역사를 마치니

34구름이 회막에 덮이고 여호와의 영
광이 성막에 충만하매 35모세가 회막
에 들어갈 수 없었으니 이는 구름이 회
막 위에 덮이고 여호와의 영광이 성막
에 충만함이었으며 36구름이 성막 위에
서 떠오를 때에는 이스라엘 자손이 그
모든 행진하는 길에 앞으로 나아갔고
37구름이 떠오르지 않을 때에는 떠오르
는 날까지 나아가지 아니하였으며 38낮
에는 여호와의 구름이 성막 위에 있고
밤에는 불이 그 구름 가운데에 있음을
이스라엘의 온 족속이 그 모든 행진하
는 길에서 그들의 눈으로 보았더라

☐ 비움

침묵으로 기도하며 나를 비웁니다. 성령의 임재를 구하며, 죄를 회개하며, 마음의 걱정이나 복잡한 생각을 내려놓습니다. 삼위일체 하나님께 가는 길이 다시금 열립니다.

■ 채움

말씀이 나를 가득 채웁니다. 성령의 이끄심에 따라 본문을 관찰하며 깨닫고, 그것을 내 마음에 새겨 내 삶과 세계에 연결합니다. 묵상한 말씀이 삶이 되도록 기도합니다.

나눔

말씀대로 살아갑니다. 오늘 그리고 앞으로 내가 실천할 것들을 구체적으로 적습니다. 가정과 교회, 사회와 오늘의 세계에서 어떻게 말씀이 작동될 것인지 적고 실행합니다.

○□△메줄
동 네 세 메 줄

동네세메줄성경 1

8

레위기

1-16장

레위기 1장

1여호와께서 회막에서 모세를 부르
시고 그에게 말씀하여 이르시되 2이스
라엘 자손에게 말하여 이르라 너희 중
에 누구든지 여호와께 예물을 드리려
거든 가축 중에서 소나 양으로 예물을
드릴지니라

3그 예물이 소의 번제이면 흠 없는 수
컷으로 회막 문에서 여호와 앞에 기쁘
게 받으시도록 드릴지니라 4그는 번제
물의 머리에 안수할지니 그를 위하여
기쁘게 받으심이 되어 그를 위하여 속
죄가 될 것이라 5그는 여호와 앞에서 그
수송아지를 잡을 것이요 아론의 자손
제사장들은 그 피를 가져다가 회막 문
앞 제단 사방에 뿌릴 것이며 6그는 또
그 번제물의 가죽을 벗기고 각을 뜰 것
이요 7제사장 아론의 자손들은 제단 위
에 불을 붙이고 불 위에 나무를 벌여 놓
고 8아론의 자손 제사장들은 그 뜬 각
과 머리와 기름을 제단 위의 불 위에 있
는 나무에 벌여 놓을 것이며 9그 내장
과 정강이를 물로 씻을 것이요 제사장
은 그 전부를 제단 위에서 불살라 번제
를 드릴지니 이는 화제라 여호와께 향
기로운 냄새니라

10만일 그 예물이 가축 떼의 양이나
염소의 번제이면 흠 없는 수컷으로 드
릴지니 11그가 제단 북쪽 여호와 앞에
서 그것을 잡을 것이요 아론의 자손 제
사장들은 그것의 피를 제단 사방에 뿌
릴 것이며 12그는 그것의 각을 뜨고 그
것의 머리와 그것의 기름을 베어낼 것
이요 제사장은 그것을 다 제단 위의 불
위에 있는 나무 위에 벌여 놓을 것이며
13그 내장과 그 정강이를 물로 씻을 것
이요 제사장은 그 전부를 가져다가 제
단 위에서 불살라 번제를 드릴지니 이
는 화제라 여호와께 향기로운 냄새니라

14만일 여호와께 드리는 예물이 새의
번제이면 산비둘기나 집비둘기 새끼로
예물을 드릴 것이요 15제사장은 그것을
제단으로 가져다가 그것의 머리를 비
틀어 끊고 제단 위에서 불사르고 피는
제단 곁에 흘릴 것이며 16그것의 모이
주머니와 그 더러운 것은 제거하여 제
단 동쪽 재 버리는 곳에 던지고 17또 그
날개 자리에서 그 몸을 찢되 아주 찢지
말고 제사장이 그것을 제단 위의 불 위
에 있는 나무 위에서 불살라 번제를 드
릴지니 이는 화제라 여호와께 향기로
운 냄새니라

레위기 2장

1누구든지 소제의 예물을 여호와께
드리려거든 고운 가루로 예물을 삼아
그 위에 기름을 붓고 또 그 위에 유향을
놓아 2아론의 자손 제사장들에게로 가
져갈 것이요 제사장은 그 고운 가루 한
움큼과 기름과 그 모든 유향을 가져다
가 기념물로 제단 위에서 불사를지니
이는 화제라 여호와께 향기로운 냄새
니라 3그 소제물의 남은 것은 아론과 그

비움

침묵으로 기도하며 나를 비웁니다. 성령의 임재를 구하며, 죄를 회개하며, 마음의 걱정이나 복잡한 생각을 내려놓습니다. 삼위일체 하나님께 가는 길이 다시금 열립니다.

채움

말씀이 나를 가득 채웁니다. 성령의 이끄심에 따라 본문을 관찰하며 깨닫고, 그것을 내 마음에 새겨 내 삶과 세계에 연결합니다. 묵상한 말씀이 삶이 되도록 기도합니다.

나눔

말씀대로 살아갑니다. 오늘 그리고 앞으로 내가 실천할 것들을 구체적으로 적습니다. 가정과 교회, 사회와 오늘의 세계에서 어떻게 말씀이 작동될 것인지 적고 실행합니다.

의 자손에게 돌릴지니 이는 여호와의
화제물 중에 지극히 거룩한 것이니라

4네가 화덕에 구운 것으로 소제의 예
물을 드리려거든 고운 가루에 기름을
섞어 만든 무교병이나 기름을 바른 무
교전병을 드릴 것이요 5철판에 부친 것
으로 소제의 예물을 드리려거든 고운
가루에 누룩을 넣지 말고 기름을 섞어
6조각으로 나누고 그 위에 기름을 부을
지니 이는 소제니라 7네가 냄비의 것으
로 소제를 드리려거든 고운 가루와 기
름을 섞어 만들지니라 8너는 이것들로
만든 소제물을 여호와께로 가져다가 제
사장에게 줄 것이요 제사장은 그것을
제단으로 가져가서 9그 소제물 중에서
기념할 것을 가져다가 제단 위에서 불
사를지니 이는 화제라 여호와께 향기로
운 냄새니라 10소제물의 남은 것은 아론
과 그의 아들들에게 돌릴지니 이는 여
호와의 화제물 중에 지극히 거룩한 것
이니라

11너희가 여호와께 드리는 모든 소제
물에는 누룩을 넣지 말지니 너희가 누
룩이나 꿀을 여호와께 화제로 드려 사
르지 못할지니라 12처음 익은 것으로
는 그것을 여호와께 드릴지나 향기로
운 냄새를 위하여는 제단에 올리지 말
지며 13네 모든 소제물에 소금을 치라
네 하나님의 언약의 소금을 네 소제에
빼지 못할지니 네 모든 예물에 소금을
드릴지니라

14너는 첫 이삭의 소제를 여호와께
드리거든 첫 이삭을 볶아 찧은 것으로
네 소제를 삼되 15그 위에 기름을 붓고
그 위에 유향을 더할지니 이는 소제니
라 16제사장은 찧은 곡식과 기름을 모
든 유향과 함께 기념물로 불사를지니
이는 여호와께 드리는 화제니라

레위기 3장

1사람이 만일 화목제의 제물을 예물
로 드리되 소로 드리려면 수컷이나 암
컷이나 흠 없는 것으로 여호와 앞에 드
릴지니 2그 예물의 머리에 안수하고 회
막 문에서 잡을 것이요 아론의 자손 제
사장들은 그 피를 제단 사방에 뿌릴 것
이며 3그는 또 그 화목제의 제물 중에
서 여호와께 화제를 드릴지니 곧 내장
에 덮인 기름과 내장에 붙은 모든 기름
과 4두 콩팥과 그 위의 기름 곧 허리 쪽
에 있는 것과 간에 덮인 꺼풀을 콩팥과
함께 떼어낼 것이요 5아론의 자손은 그
것을 제단 위의 불 위에 있는 나무 위의
번제물 위에서 사를지니 이는 화제라
여호와께 향기로운 냄새니라

6만일 여호와께 예물로 드리는 화목
제의 제물이 양이면 수컷이나 암컷이
나 흠 없는 것으로 드릴지며 7만일 그의
예물로 드리는 것이 어린 양이면 그것
을 여호와 앞으로 끌어다가 8그 예물의
머리에 안수하고 회막 앞에서 잡을 것
이요 아론의 자손은 그 피를 제단 사방
에 뿌릴 것이며 9그는 그 화목제의 제물

비움

침묵으로 기도하며 나를 비웁니다. 성령의 임재를 구하며, 죄를 회개하며, 마음의 걱정이나 복잡한 생각을 내려놓습니다. 삼위일체 하나님께 가는 길이 다시금 열립니다.

채움

말씀이 나를 가득 채웁니다. 성령의 이끄심에 따라 본문을 관찰하며 깨닫고, 그것을 내 마음에 새겨 내 삶과 세계에 연결합니다. 묵상한 말씀이 삶이 되도록 기도합니다.

나눔

말씀대로 살아갑니다. 오늘 그리고 앞으로 내가 실천할 것들을 구체적으로 적습니다. 가정과 교회, 사회와 오늘의 세계에서 어떻게 말씀이 작동될 것인지 적고 실행합니다.

중에서 여호와께 화제를 드릴지니 그
기름 곧 미골에서 벤 기름진 꼬리와 내
장에 덮인 기름과 내장에 붙은 모든 기
름과 10두 콩팥과 그 위의 기름 곧 허리
쪽에 있는 것과 간에 덮인 꺼풀을 콩팥
과 함께 떼어낼 것이요 11제사장은 그
것을 제단 위에서 불사를지니 이는 화
제로 여호와께 드리는 음식이니라

12만일 그의 예물이 염소면 그것을 여
호와 앞으로 끌어다가 13그것의 머리에
안수하고 회막 앞에서 잡을 것이요 아
론의 자손은 그 피를 제단 사방에 뿌릴
것이며 14그는 그 중에서 예물을 가져
다가 여호와께 화제를 드릴지니 곧 내
장에 덮인 기름과 내장에 붙은 모든 기
름과 15두 콩팥과 그 위의 기름 곧 허리
쪽에 있는 것과 간에 덮인 꺼풀을 콩팥
과 함께 떼어낼 것이요 16제사장은 그
것을 제단 위에서 불사를지니 이는 화
제로 드리는 음식이요 향기로운 냄새라
모든 기름은 여호와의 것이니라 17너희
는 기름과 피를 먹지 말라 이는 너희의
모든 처소에서 너희 대대로 지킬 영원
한 규례니라

레위기 4장

1여호와께서 모세에게 말씀하여 이
르시되 2이스라엘 자손에게 말하여 이
르라 누구든지 여호와의 계명 중 하나
라도 그릇 범하였으되 3만일 기름 부음
을 받은 제사장이 범죄하여 백성의 허
물이 되었으면 그가 범한 죄로 말미암
아 흠 없는 수송아지로 속죄제물을 삼
아 여호와께 드릴지니 4그 수송아지를
회막 문 여호와 앞으로 끌어다가 그 수
송아지의 머리에 안수하고 그것을 여
호와 앞에서 잡을 것이요 5기름 부음을
받은 제사장은 그 수송아지의 피를 가
지고 회막에 들어가서 6그 제사장이 손
가락에 그 피를 찍어 여호와 앞 곧 성소
의 휘장 앞에 일곱 번 뿌릴 것이며 7제
사장은 또 그 피를 여호와 앞 곧 회막
안 향단 뿔들에 바르고 그 송아지의 피
전부를 회막 문 앞 번제단 밑에 쏟을 것
이며 8또 그 속죄제물이 된 수송아지의
모든 기름을 떼어낼지니 곧 내장에 덮
인 기름과 내장에 붙은 모든 기름과 9두
콩팥과 그 위의 기름 곧 허리쪽에 있는
것과 간에 덮인 꺼풀을 콩팥과 함께 떼
어내되 10화목제 제물의 소에게서 떼어
냄 같이 할 것이요 제사장은 그것을 번
제단 위에서 불사를 것이며 11그 수송
아지의 가죽과 그 모든 고기와 그것의
머리와 정강이와 내장과 12똥 곧 그 송
아지의 전체를 진영 바깥 재 버리는 곳
인 정결한 곳으로 가져다가 불로 나무
위에서 사르되 곧 재 버리는 곳에서 불
사를지니라

13만일 이스라엘 온 회중이 여호와의
계명 중 하나라도 부지중에 범하여 허
물이 있으나 스스로 깨닫지 못하다가
14그 범한 죄를 깨달으면 회중은 수송
아지를 속죄제로 드릴지니 그것을 회
막 앞으로 끌어다가 15회중의 장로들이

☐ 비움

침묵으로 기도하며 나를 비웁니다. 성령의 임재를 구하며, 죄를 회개하며, 마음의 걱정이나 복잡한 생각을 내려놓습니다. 삼위일체 하나님께 가는 길이 다시금 열립니다.

■ 채움

말씀이 나를 가득 채웁니다. 성령의 이끄심에 따라 본문을 관찰하며 깨닫고, 그것을 내 마음에 새겨 내 삶과 세계에 연결합니다. 묵상한 말씀이 삶이 되도록 기도합니다.

▦ 나눔

말씀대로 살아갑니다. 오늘 그리고 앞으로 내가 실천할 것들을 구체적으로 적습니다. 가정과 교회, 사회와 오늘의 세계에서 어떻게 말씀이 작동될 것인지 적고 실행합니다.

여호와 앞에서 그 수송아지 머리에 안
수하고 그것을 여호와 앞에서 잡을 것
이요 16기름 부음을 받은 제사장은 그
수송아지의 피를 가지고 회막에 들어
가서 17그 제사장이 손가락으로 그 피
를 찍어 여호와 앞, 휘장 앞에 일곱 번
뿌릴 것이며 18또 그 피로 회막 안 여호
와 앞에 있는 제단 뿔들에 바르고 그 피
전부는 회막 문 앞 번제단 밑에 쏟을 것
이며 19그것의 기름은 다 떼어 제단 위
에서 불사르되 20그 송아지를 속죄제의
수송아지에게 한 것 같이 할지며 제사
장이 그것으로 회중을 위하여 속죄한
즉 그들이 사함을 받으리라 21그는 그
수송아지를 진영 밖으로 가져다가 첫
번 수송아지를 사름 같이 불사를지니
이는 회중의 속죄제니라

22만일 족장이 그의 하나님 여호와의
계명 중 하나라도 부지중에 범하여 허
물이 있었는데 23그가 범한 죄를 누가
그에게 깨우쳐 주면 그는 흠 없는 숫염
소를 예물로 가져다가 24그 숫염소의
머리에 안수하고 여호와 앞 번제물을
잡는 곳에서 잡을지니 이는 속죄제라
25제사장은 그 속죄 제물의 피를 손가
락에 찍어 번제단 뿔들에 바르고 그 피
는 번제단 밑에 쏟고 26그 모든 기름은
화목제 제물의 기름 같이 제단 위에서
불사를지니 이같이 제사장이 그 범한
죄에 대하여 그를 위하여 속죄한즉 그
가 사함을 얻으리라

27만일 평민의 한 사람이 여호와의 계
명 중 하나라도 부지중에 범하여 허물
이 있었는데 28그가 범한 죄를 누가 그
에게 깨우쳐 주면 그는 흠 없는 암염소
를 끌고 와서 그 범한 죄로 말미암아 그
것을 예물로 삼아 29그 속죄제물의 머
리에 안수하고 그 제물을 번제물을 잡
는 곳에서 잡을 것이요 30제사장은 손가
락으로 그 피를 찍어 번제단 뿔들에 바
르고 그 피 전부를 제단 밑에 쏟고 31그
모든 기름을 화목제물의 기름을 떼어낸
것 같이 떼어내 제단 위에서 불살라 여
호와께 향기롭게 할지니 제사장이 그를
위하여 속죄한즉 그가 사함을 받으리라

32그가 만일 어린 양을 속죄제물로
가져오려거든 흠 없는 암컷을 끌어다
가 33그 속죄제 제물의 머리에 안수하
고 번제물을 잡는 곳에서 속죄제물로
잡을 것이요 34제사장은 그 속죄제물
의 피를 손가락으로 찍어 번제단 뿔들
에 바르고 그 피는 전부 제단 밑에 쏟고
35그 모든 기름을 화목제 어린 양의 기
름을 떼낸 것 같이 떼내어 제단 위 여
호와의 화제물 위에서 불사를지니 이
같이 제사장이 그가 범한 죄에 대하여
그를 위하여 속죄한즉 그가 사함을 받
으리라

레위기 5장

1만일 누구든지 저주하는 소리를 듣
고서도 증인이 되어 그가 본 것이나 알
고 있는 것을 알리지 아니하면 그는 자

비움

침묵으로 기도하며 나를 비웁니다. 성령의 임재를 구하며, 죄를 회개하며, 마음의 걱정이나 복잡한 생각을 내려놓습니다. 삼위일체 하나님께 가는 길이 다시금 열립니다.

채움

말씀이 나를 가득 채웁니다. 성령의 이끄심에 따라 본문을 관찰하며 깨닫고, 그것을 내 마음에 새겨 내 삶과 세계에 연결합니다. 묵상한 말씀이 삶이 되도록 기도합니다.

나눔

말씀대로 살아갑니다. 오늘 그리고 앞으로 내가 실천할 것들을 구체적으로 적습니다. 가정과 교회, 사회와 오늘의 세계에서 어떻게 말씀이 작동될 것인지 적고 실행합니다.

기의 죄를 져야 할 것이요 그 허물이 그
에게로 돌아갈 것이며 2만일 누구든지
부정한 것들 곧 부정한 들짐승의 사체
나 부정한 가축의 사체나 부정한 곤충
의 사체를 만졌으면 부지중이라고 할
지라도 그 몸이 더러워져서 허물이 있
을 것이요 3만일 부지중에 어떤 사람의
부정에 닿았는데 그 사람의 부정이 어
떠한 부정이든지 그것을 깨달았을 때
에는 허물이 있을 것이요 4만일 누구든
지 입술로 맹세하여 악한 일이든지 선
한 일이든지 하리라고 함부로 말하면
그 사람이 함부로 말하여 맹세한 것이
무엇이든지 그가 깨닫지 못하다가 그
것을 깨닫게 되었을 때에는 그 중 하나
에 그에게 허물이 있을 것이니 5이 중
하나에 허물이 있을 때에는 아무 일에
잘못하였노라 자복하고 6그 잘못으로
말미암아 여호와께 속죄제를 드리되
양 떼의 암컷 어린 양이나 염소를 끌어
다가 속죄제를 드릴 것이요 제사장은
그의 허물을 위하여 속죄할지니라

7만일 그의 힘이 어린 양을 바치는 데
에 미치지 못하면 그가 지은 죄를 속죄
하기 위하여 산비둘기 두 마리나 집비
둘기 새끼 두 마리를 여호와께로 가져
가되 하나는 속죄제물을 삼고 하나는
번제물을 삼아 8제사장에게로 가져갈
것이요 제사장은 그 속죄제물을 먼저
드리되 그 머리를 목에서 비틀어 끊고
몸은 아주 쪼개지 말며 9그 속죄제물의
피를 제단 곁에 뿌리고 그 남은 피는 제
단 밑에 흘릴지니 이는 속죄제요 10그
다음 것은 규례대로 번제를 드릴지니
제사장이 그의 잘못을 위하여 속죄한
즉 그가 사함을 받으리라

11만일 그의 손이 산비둘기 두 마리
나 집비둘기 두 마리에도 미치지 못하
면 그의 범죄로 말미암아 고운 가루 십
분의 일 에바를 예물로 가져다가 속죄
제물로 드리되 이는 속죄제인즉 그 위
에 기름을 붓지 말며 유향을 놓지 말고
12그것을 제사장에게로 가져갈 것이요
제사장은 그것을 기념물로 한 움큼을
가져다가 제단 위 여호와의 화제물 위
에서 불사를지니 이는 속죄제라 13제사
장이 그가 이 중에서 하나를 범하여 얻
은 허물을 위하여 속죄한즉 그가 사함
을 받으리라 그 나머지는 소제물 같이
제사장에게 돌릴지니라

14여호와께서 모세에게 말씀하여 이
르시되 15누구든지 여호와의 성물에 대
하여 부지중에 범죄하였으면 여호와께
속건제를 드리되 네가 지정한 가치를
따라 성소의 세겔로 몇 세겔 은에 상당
한 흠 없는 숫양을 양 떼 중에서 끌어다
가 속건제로 드려서 16성물에 대한 잘
못을 보상하되 그것에 오분의 일을 더
하여 제사장에게 줄 것이요 제사장은
그 속건제의 숫양으로 그를 위하여 속
죄한즉 그가 사함을 받으리라

17만일 누구든지 여호와의 계명 중

☐ 비움

침묵으로 기도하며 나를 비웁니다. 성령의 임재를 구하며, 죄를 회개하며, 마음의 걱정이나 복잡한 생각을 내려놓습니다. 삼위일체 하나님께 가는 길이 다시금 열립니다.

■ 채움

말씀이 나를 가득 채웁니다. 성령의 이끄심에 따라 본문을 관찰하며 깨닫고, 그것을 내 마음에 새겨 내 삶과 세계에 연결합니다. 묵상한 말씀이 삶이 되도록 기도합니다.

■ 나눔

말씀대로 살아갑니다. 오늘 그리고 앞으로 내가 실천할 것들을 구체적으로 적습니다. 가정과 교회, 사회와 오늘의 세계에서 어떻게 말씀이 작동될 것인지 적고 실행합니다.

하나를 부지중에 범하여도 허물이라
벌을 당할 것이니 18그는 네가 지정한
가치대로 양 떼 중 흠 없는 숫양을 속
건제물로 제사장에게로 가져갈 것이요
제사장은 그가 부지중에 범죄한 허물
을 위하여 속죄한즉 그가 사함을 받으
리라 19이는 속건제니 그가 여호와 앞
에 참으로 잘못을 저질렀음이니라

레위기 6장

1여호와께서 모세에게 말씀하여 이르
시되 2누구든지 여호와께 신실하지 못
하여 범죄하되 곧 이웃이 맡긴 물건이
나 전당물을 속이거나 도둑질하거나
착취하고도 사실을 부인하거나 3남의
잃은 물건을 줍고도 사실을 부인하여
거짓 맹세하는 등 사람이 이 모든 일 중
의 하나라도 행하여 범죄하면 4이는 죄
를 범하였고 죄가 있는 자니 그 훔친 것
이나 착취한 것이나 맡은 것이나 잃은
물건을 주운 것이나 5그 거짓 맹세한 모
든 물건을 돌려보내되 곧 그 본래 물건
에 오분의 일을 더하여 돌려보낼 것이
니 그 죄가 드러나는 날에 그 임자에게
줄 것이요 6그는 또 그 속건제물을 여호
와께 가져갈지니 곧 네가 지정한 가치
대로 양 떼 중 흠 없는 숫양을 속건제물
을 위하여 제사장에게로 끌고 갈 것이
요 7제사장은 여호와 앞에서 그를 위하
여 속죄한즉 그는 무슨 허물이든지 사
함을 받으리라

8여호와께서 모세에게 말씀하여 이
르시되 9아론과 그의 자손에게 명령하
여 이르라 번제의 규례는 이러하니라
번제물은 아침까지 제단 위에 있는 석
쇠 위에 두고 제단의 불이 그 위에서 꺼
지지 않게 할 것이요 10제사장은 세마
포 긴 옷을 입고 세마포 속바지로 하
체를 가리고 제단 위에서 불태운 번제
의 재를 가져다가 제단 곁에 두고 11그
옷을 벗고 다른 옷을 입고 그 재를 진
영 바깥 정결한 곳으로 가져갈 것이요
12제단 위의 불은 항상 피워 꺼지지 않
게 할지니 제사장은 아침마다 나무를
그 위에서 태우고 번제물을 그 위에 벌
여 놓고 화목제의 기름을 그 위에서 불
사를지며 13불은 끊임이 없이 제단 위
에 피워 꺼지지 않게 할지니라

14소제의 규례는 이러하니라 아론
의 자손은 그것을 제단 앞 여호와 앞에
드리되 15그 소제의 고운 가루 한 움큼
과 기름과 소제물 위의 유향을 다 가져
다가 기념물로 제단 위에서 불살라 여
호와 앞에 향기로운 냄새가 되게 하고
16그 나머지는 아론과 그의 자손이 먹
되 누룩을 넣지 말고 거룩한 곳 회막 뜰
에서 먹을지니라 17그것에 누룩을 넣어
굽지 말라 이는 나의 화제물 중에서 내
가 그들에게 주어 그들의 소득이 되게
하는 것이라 속죄제와 속건제 같이 지
극히 거룩한즉 18아론 자손의 남자는
모두 이를 먹을지니 이는 여호와의 화
제물 중에서 대대로 그들의 영원한 소
득이 됨이라 이를 만지는 자마다 거룩
하리라

비움

침묵으로 기도하며 나를 비웁니다. 성령의 임재를 구하며, 죄를 회개하며, 마음의 걱정이나 복잡한 생각을 내려놓습니다. 삼위일체 하나님께 가는 길이 다시금 열립니다.

채움

말씀이 나를 가득 채웁니다. 성령의 이끄심에 따라 본문을 관찰하며 깨닫고, 그것을 내 마음에 새겨 내 삶과 세계에 연결합니다. 묵상한 말씀이 삶이 되도록 기도합니다.

나눔

말씀대로 살아갑니다. 오늘 그리고 앞으로 내가 실천할 것들을 구체적으로 적습니다. 가정과 교회, 사회와 오늘의 세계에서 어떻게 말씀이 작동될 것인지 적고 실행합니다.

19여호와께서 모세에게 말씀하여 이
르시되 20아론과 그의 자손이 기름 부
음을 받는 날에 여호와께 드릴 예물은
이러하니라 고운 가루 십분의 일 에바
를 항상 드리는 소제물로 삼아 그 절반
은 아침에, 절반은 저녁에 드리되 21그
것을 기름으로 반죽하여 철판에 굽고
기름에 적셔 썰어서 소제로 여호와께
드려 향기로운 냄새가 되게 하라 22이
소제는 아론의 자손 중 기름 부음을 받
고 그를 이어 제사장 된 자가 드릴 것이
요 영원한 규례로 여호와께 온전히 불
사를 것이니 23제사장의 모든 소제물은
온전히 불사르고 먹지 말지니라

24여호와께서 모세에게 말씀하여 이
르시되 25아론과 그의 아들들에게 말
하여 이르라 속죄제의 규례는 이러하
니라 속죄제 제물은 지극히 거룩하니
여호와 앞 번제물을 잡는 곳에서 그 속
죄제 제물을 잡을 것이요 26죄를 위하
여 제사 드리는 제사장이 그것을 먹되
곧 회막 뜰 거룩한 곳에서 먹을 것이며
27그 고기에 접촉하는 모든 자는 거룩
할 것이며 그 피가 어떤 옷에든지 묻었
으면 묻은 그것을 거룩한 곳에서 빨 것
이요 28그 고기를 토기에 삶았으면 그
그릇을 깨뜨릴 것이요 유기에 삶았으
면 그 그릇을 닦고 물에 씻을 것이며
29제사장인 남자는 모두 그것을 먹을지
니 그것은 지극히 거룩하니라 30그러나
피를 가지고 회막에 들어가 성소에서
속죄하게 한 속죄제 제물의 고기는 먹
지 못할지니 불사를지니라

레위기 7장

1속건제의 규례는 이러하니라 이는
지극히 거룩하니 2번제물을 잡는 곳에
서 속건제의 번제물을 잡을 것이요 제
사장은 그 피를 제단 사방에 뿌릴 것이
며 3그 기름을 모두 드리되 곧 그 기름
진 꼬리와 내장에 덮인 기름과 4두 콩팥
과 그 위의 기름 곧 허리 쪽에 있는 것
과 간에 덮인 꺼풀을 콩팥과 함께 떼어
내고 5제사장은 그것을 다 제단 위에서
불살라 여호와께 화제로 드릴 것이니
이는 속건제니라 6제사장인 남자는 모
두 그것을 먹되 거룩한 곳에서 먹을지
니라 그것은 지극히 거룩하니라 7속죄
제와 속건제는 규례가 같으니 그 제물
은 속죄하는 제사장에게로 돌아갈 것
이요 8사람을 위하여 번제를 드리는 제
사장 곧 그 제사장은 그 드린 번제물의
가죽을 자기가 가질 것이며 9화덕에 구
운 소제물과 냄비에나 철판에서 만든
소제물은 모두 그 드린 제사장에게로
돌아갈 것이니 10소제물은 기름 섞은
것이나 마른 것이나 모두 아론의 모든
자손이 균등하게 분배할 것이니라

11여호와께 드릴 화목제물의 규례는
이러하니라 12만일 그것을 감사함으로
드리려면 기름 섞은 무교병과 기름 바
른 무교전병과 고운 가루에 기름 섞어
구운 과자를 그 감사제물과 함께 드리
고 13또 유교병을 화목제의 감사제물과

□ 비움

침묵으로 기도하며 나를 비웁니다. 성령의 임재를 구하며, 죄를 회개하며, 마음의 걱정이나 복잡한 생각을 내려놓습니다. 삼위일체 하나님께 가는 길이 다시금 열립니다.

■ 채움

말씀이 나를 가득 채웁니다. 성령의 이끄심에 따라 본문을 관찰하며 깨닫고, 그것을 내 마음에 새겨 내 삶과 세계에 연결합니다. 묵상한 말씀이 삶이 되도록 기도합니다.

나눔

말씀대로 살아갑니다. 오늘 그리고 앞으로 내가 실천할 것들을 구체적으로 적습니다. 가정과 교회, 사회와 오늘의 세계에서 어떻게 말씀이 작동될 것인지 적고 실행합니다.

함께 그 예물로 드리되 14그 전체의 예
물 중에서 하나씩 여호와께 거제로 드
리고 그것을 화목제의 피를 뿌린 제사
장들에게로 돌릴지니라

15감사함으로 드리는 화목제물의 고
기는 드리는 그 날에 먹을 것이요 조금
이라도 이튿날 아침까지 두지 말 것이
니라 16그러나 그의 예물의 제물이 서
원이나 자원하는 것이면 그 제물을 드
린 날에 먹을 것이요 그 남은 것은 이튿
날에도 먹되 17그 제물의 고기가 셋째
날까지 남았으면 불사를지니 18만일 그
화목제물의 고기를 셋째 날에 조금이
라도 먹으면 그 제사는 기쁘게 받아들
여지지 않을 것이라 드린 자에게도 예
물답게 되지 못하고 도리어 가증한 것
이 될 것이며 그것을 먹는 자는 그 죄를
짊어지리라

19그 고기가 부정한 물건에 접촉되었
으면 먹지 말고 불사를 것이라 그 고기
는 깨끗한 자만 먹을 것이니 20만일 몸
이 부정한 자가 여호와께 속한 화목제
물의 고기를 먹으면 그 사람은 자기 백
성 중에서 끊어질 것이요 21만일 누구
든지 부정한 것 곧 사람의 부정이나 부
정한 짐승이나 부정하고 가증한 무슨
물건을 만지고 여호와께 속한 화목제
물의 고기를 먹으면 그 사람도 자기 백
성 중에서 끊어지리라

22여호와께서 모세에게 말씀하여 이
르시되 23이스라엘 자손에게 말하여 이
르라 너희는 소나 양이나 염소의 기름
을 먹지 말 것이요 24스스로 죽은 것의
기름이나 짐승에게 찢긴 것의 기름은
다른 데는 쓰려니와 결단코 먹지는 말
지니라 25사람이 여호와께 화제로 드리
는 제물의 기름을 먹으면 그 먹는 자는
자기 백성 중에서 끊어지리라 26너희가
사는 모든 곳에서 새나 짐승의 피나 무
슨 피든지 먹지 말라 27무슨 피든지 먹
는 사람이 있으면 그 사람은 다 자기 백
성 중에서 끊어지리라

28여호와께서 모세에게 말씀하여 이
르시되 29이스라엘 자손에게 말하여 이
르라 화목제물을 여호와께 드리려는 자
는 그 화목제물 중에서 그의 예물을 여
호와께 가져오되 30여호와의 화제물은
그 사람이 자기 손으로 가져올지니 곧
그 제물의 기름과 가슴을 가져올 것이
요 제사장은 그 가슴을 여호와 앞에 흔
들어 요제를 삼고 31그 기름은 제단 위
에서 불사를 것이며 가슴은 아론과 그
의 자손에게 돌릴 것이며 32또 너희는
그 화목제물의 오른쪽 뒷다리를 제사장
에게 주어 거제를 삼을지니 33아론의 자
손 중에서 화목제물의 피와 기름을 드
리는 자는 그 오른쪽 뒷다리를 자기의
소득으로 삼을 것이니라 34내가 이스라
엘 자손의 화목제물 중에서 그 흔든 가
슴과 든 뒷다리를 가져다가 제사장 아
론과 그의 자손에게 주었나니 이는 이
스라엘 자손에게서 받을 영원한 소득이

☐ 비움

침묵으로 기도하며 나를 비웁니다. 성령의 임재를 구하며, 죄를 회개하며, 마음의 걱정이나 복잡한 생각을 내려놓습니다. 삼위일체 하나님께 가는 길이 다시금 열립니다.

■ 채움

말씀이 나를 가득 채웁니다. 성령의 이끄심에 따라 본문을 관찰하며 깨닫고, 그것을 내 마음에 새겨 내 삶과 세계에 연결합니다. 묵상한 말씀이 삶이 되도록 기도합니다.

나눔

말씀대로 살아갑니다. 오늘 그리고 앞으로 내가 실천할 것들을 구체적으로 적습니다. 가정과 교회, 사회와 오늘의 세계에서 어떻게 말씀이 작동될 것인지 적고 실행합니다.

니라

35이는 여호와의 화제물 중에서 아론
에게 돌릴 것과 그의 아들들에게 돌릴
것이니 그들을 세워 여호와의 제사장
의 직분을 행하게 한 날 36곧 그들에게
기름 부은 날에 여호와께서 명령하사
이스라엘 자손 중에서 그들에게 돌리
게 하신 것이라 대대로 영원히 받을 소
득이니라

37이는 번제와 소제와 속죄제와 속건
제와 위임식과 화목제의 규례라 38여호
와께서 시내 광야에서 이스라엘 자손
에게 그 예물을 여호와께 드리라 명령
하신 날에 시내 산에서 이같이 모세에
게 명령하셨더라

레위기 8장

1여호와께서 모세에게 말씀하여 이
르시되 2너는 아론과 그의 아들들과 함
께 그 의복과 관유와 속죄제의 수송아
지와 숫양 두 마리와 무교병 한 광주리
를 가지고 3온 회중을 회막 문에 모으
라 4모세가 여호와께서 자기에게 명령
하신 대로 하매 회중이 회막 문에 모인
지라 5모세가 회중에게 이르되 여호와
께서 행하라고 명령하신 것이 이러하
니라 하고 6모세가 아론과 그의 아들들
을 데려다가 물로 그들을 씻기고 7아론
에게 속옷을 입히며 띠를 띠우고 겉옷
을 입히며 에봇을 걸쳐 입히고 에봇의
장식 띠를 띠워서 에봇을 몸에 매고 8흉
패를 붙이고 흉패에 우림과 둠밈을 넣
고 9그의 머리에 관을 씌우고 그 관 위
전면에 금 패를 붙이니 곧 거룩한 관이
라 여호와께서 모세에게 명령하신 것
과 같았더라

10모세가 관유를 가져다가 성막과 그
안에 있는 모든 것에 발라 거룩하게 하
고 11또 제단에 일곱 번 뿌리고 또 그 제
단과 그 모든 기구와 물두멍과 그 받침
에 발라 거룩하게 하고 12또 관유를 아
론의 머리에 붓고 그에게 발라 거룩하
게 하고 13모세가 또 아론의 아들들을
데려다가 그들에게 속옷을 입히고 띠
를 띠우며 관을 씌웠으니 여호와께서
모세에게 명령하신 것과 같았더라

14모세가 또 속죄제의 수송아지를 끌
어오니 아론과 그의 아들들이 그 속죄
제의 수송아지 머리에 안수하매 15모
세가 잡고 그 피를 가져다가 손가락으
로 그 피를 제단의 네 귀퉁이 뿔에 발라
제단을 깨끗하게 하고 그 피는 제단 밑
에 쏟아 제단을 속하여 거룩하게 하고
16또 내장에 덮인 모든 기름과 간 꺼풀
과 두 콩팥과 그 기름을 가져다가 모세
가 제단 위에 불사르고 17그 수송아지
곧 그 가죽과 고기와 똥은 진영 밖에서
불살랐으니 여호와께서 모세에게 명령
하심과 같았더라

18또 번제의 숫양을 드릴새 아론과
그의 아들들이 그 숫양의 머리에 안수

비움

침묵으로 기도하며 나를 비웁니다. 성령의 임재를 구하며, 죄를 회개하며, 마음의 걱정이나 복잡한 생각을 내려놓습니다. 삼위일체 하나님께 가는 길이 다시금 열립니다.

채움

말씀이 나를 가득 채웁니다. 성령의 이끄심에 따라 본문을 관찰하며 깨닫고, 그것을 내 마음에 새겨 내 삶과 세계에 연결합니다. 묵상한 말씀이 삶이 되도록 기도합니다.

나눔

말씀대로 살아갑니다. 오늘 그리고 앞으로 내가 실천할 것들을 구체적으로 적습니다. 가정과 교회, 사회와 오늘의 세계에서 어떻게 말씀이 작동될 것인지 적고 실행합니다.

하매 19모세가 잡아 그 피를 제단 사방
에 뿌리고 20그 숫양의 각을 뜨고 모세
가 그 머리와 각 뜬 것과 기름을 불사르
고 21물로 내장과 정강이들을 씻고 모
세가 그 숫양의 전부를 제단 위에서 불
사르니 이는 향기로운 냄새를 위하여
드리는 번제로 여호와께 드리는 화제
라 여호와께서 모세에게 명령하심과
같았더라

22또 다른 숫양 곧 위임식의 숫양을
드릴새 아론과 그의 아들들이 그 숫양
의 머리에 안수하매 23모세가 잡고 그
피를 가져다가 아론의 오른쪽 귓부리
와 그의 오른쪽 엄지 손가락과 그의 오
른쪽 엄지 발가락에 바르고 24아론의
아들들을 데려다가 모세가 그 오른쪽
귓부리와 그들의 손의 오른쪽 엄지 손
가락과 그들의 발의 오른쪽 엄지 발가
락에 그 피를 바르고 또 모세가 그 피
를 제단 사방에 뿌리고 25그가 또 그 기
름과 기름진 꼬리와 내장에 덮인 모든
기름과 간 꺼풀과 두 콩팥과 그 기름과
오른쪽 뒷다리를 떼어내고 26여호와 앞
무교병 광주리에서 무교병 한 개와 기
름 섞은 떡 한 개와 전병 한 개를 가져
다가 그 기름 위에와 오른쪽 뒷다리 위
에 놓아 27그 전부를 아론의 손과 그의
아들들의 손에 두어 여호와 앞에 흔들
어 요제를 삼게 하고 28모세가 그것을
그들의 손에서 가져다가 제단 위에 있
는 번제물 위에 불사르니 이는 향기로
운 냄새를 위하여 드리는 위임식 제사
로 여호와께 드리는 화제라 29이에 모
세가 그 가슴을 가져다가 여호와 앞에
흔들어 요제를 삼았으니 이는 위임식
에서 잡은 숫양 중 모세의 몫이라 여호
와께서 모세에게 명령하심과 같았더라

30모세가 관유와 제단 위의 피를 가
져다가 아론과 그의 옷과 그의 아들들
과 그의 아들들의 옷에 뿌려서 아론과
그의 옷과 그의 아들들과 그의 아들들
의 옷을 거룩하게 하고 31모세가 아론
과 그의 아들들에게 이르되 내게 이미
명령하시기를 아론과 그의 아들들은 먹
으라 하셨은즉 너희는 회막 문에서 그
고기를 삶아 위임식 광주리 안의 떡과
아울러 그 곳에서 먹고 32고기와 떡의
나머지는 불사를지며 33위임식은 이레
동안 행하나니 위임식이 끝나는 날까
지 이레 동안은 회막 문에 나가지 말
라 34오늘 행한 것은 여호와께서 너희
를 위하여 속죄하게 하시려고 명령하
신 것이니 35너희는 칠 주야를 회막 문
에 머물면서 여호와께서 지키라고 하
신 것을 지키라 그리하면 사망을 면하
리라 내가 이같이 명령을 받았느니라
36아론과 그의 아들들이 여호와께서 모
세를 통하여 명령하신 모든 일을 준행
하니라

레위기 9장

1여덟째 날에 모세가 아론과 그의 아
들들과 이스라엘 장로들을 불러다가
2아론에게 이르되 속죄제를 위하여 흠

☐ 비움

침묵으로 기도하며 나를 비웁니다. 성령의 임재를 구하며, 죄를 회개하며, 마음의 걱정이나 복잡한 생각을 내려놓습니다. 삼위일체 하나님께 가는 길이 다시금 열립니다.

■ 채움

말씀이 나를 가득 채웁니다. 성령의 이끄심에 따라 본문을 관찰하며 깨닫고, 그것을 내 마음에 새겨 내 삶과 세계에 연결합니다. 묵상한 말씀이 삶이 되도록 기도합니다.

나눔

말씀대로 살아갑니다. 오늘 그리고 앞으로 내가 실천할 것들을 구체적으로 적습니다. 가정과 교회, 사회와 오늘의 세계에서 어떻게 말씀이 작동될 것인지 적고 실행합니다.

없는 송아지를 가져오고 번제를 위하
여 흠 없는 숫양을 여호와 앞에 가져다
드리고 3이스라엘 자손에게 말하여 이
르기를 너희는 속죄제를 위하여 숫염
소를 가져오고 또 번제를 위하여 일 년
되고 흠 없는 송아지와 어린 양을 가져
오고 4또 화목제를 위하여 여호와 앞에
드릴 수소와 숫양을 가져오고 또 기름
섞은 소제물을 가져오라 하라 오늘 여
호와께서 너희에게 나타나실 것임이니
라 하매 5그들이 모세가 명령한 모든 것
을 회막 앞으로 가져오고 온 회중이 나
아와 여호와 앞에 선지라 6모세가 이르
되 이는 여호와께서 너희에게 하라고
명령하신 것이니 여호와의 영광이 너
희에게 나타나리라 7모세가 또 아론에
게 이르되 너는 제단에 나아가 네 속죄
제와 네 번제를 드려서 너를 위하여, 백
성을 위하여 속죄하고 또 백성의 예물
을 드려서 그들을 위하여 속죄하되 여
호와의 명령대로 하라

8이에 아론이 제단에 나아가 자기를
위한 속죄제 송아지를 잡으매 9아론의
아들들이 그 피를 아론에게 가져오니
아론이 손가락으로 그 피를 찍어 제단
뿔들에 바르고 그 피는 제단 밑에 쏟고
10그 속죄제물의 기름과 콩팥과 간 꺼
풀을 제단 위에서 불사르니 여호와께서
모세에게 명령하심과 같았고 11그 고기
와 가죽은 진영 밖에서 불사르니라

12아론이 또 번제물을 잡으매 아론의
아들들이 그 피를 그에게로 가져오니
그가 그 피를 제단 사방에 뿌리고 13그
들이 또 번제의 제물 곧 그의 각과 머리
를 그에게로 가져오매 그가 제단 위에
서 불사르고 14또 내장과 정강이는 씻
어서 단 위에 있는 번제물 위에서 불사
르니라

15그가 또 백성의 예물을 드리되 곧
백성을 위한 속죄제의 염소를 가져다
가 잡아 전과 같이 죄를 위하여 드리
고 16또 번제물을 드리되 규례대로 드
리고 17또 소제를 드리되 그 중에서 그
의 손에 한 움큼을 채워서 아침 번제물
에 더하여 제단 위에서 불사르고 18또
백성을 위하는 화목제물의 수소와 숫
양을 잡으매 아론의 아들들이 그 피를
그에게로 가져오니 그가 제단 사방에
뿌리고 19그들이 또 수소와 숫양의 기
름과 기름진 꼬리와 내장에 덮인 것과
콩팥과 간 꺼풀을 아론에게로 가져다
가 20그 기름을 가슴들 위에 놓으매 아
론이 그 기름을 제단 위에서 불사르고
21가슴들과 오른쪽 뒷다리를 그가 여호
와 앞에 요제로 흔드니 모세가 명령한
것과 같았더라

22아론이 백성을 향하여 손을 들어
축복함으로 속죄제와 번제와 화목제를
마치고 내려오니라 23모세와 아론이 회
막에 들어갔다가 나와서 백성에게 축
복하매 여호와의 영광이 온 백성에게
나타나며 24불이 여호와 앞에서 나와

☐ 비움

침묵으로 기도하며 나를 비웁니다. 성령의 임재를 구하며, 죄를 회개하며, 마음의 걱정이나 복잡한 생각을 내려놓습니다. 삼위일체 하나님께 가는 길이 다시금 열립니다.

■ 채움

말씀이 나를 가득 채웁니다. 성령의 이끄심에 따라 본문을 관찰하며 깨닫고, 그것을 내 마음에 새겨 내 삶과 세계에 연결합니다. 묵상한 말씀이 삶이 되도록 기도합니다.

나눔

말씀대로 살아갑니다. 오늘 그리고 앞으로 내가 실천할 것들을 구체적으로 적습니다. 가정과 교회, 사회와 오늘의 세계에서 어떻게 말씀이 작동될 것인지 적고 실행합니다.

제단 위의 번제물과 기름을 사른지라
온 백성이 이를 보고 소리 지르며 엎드
렸더라

레위기 10장

1아론의 아들 나답과 아비후가 각기
향로를 가져다가 여호와께서 명령하시
지 아니하신 다른 불을 담아 여호와 앞
에 분향하였더니 2불이 여호와 앞에서
나와 그들을 삼키매 그들이 여호와 앞
에서 죽은지라 3모세가 아론에게 이르
되 이는 여호와의 말씀이라 이르시기
를 나는 나를 가까이 하는 자 중에서 내
거룩함을 나타내겠고 온 백성 앞에서
내 영광을 나타내리라 하셨느니라 아
론이 잠잠하니 4모세가 아론의 삼촌 웃
시엘의 아들 미사엘과 엘사반을 불러
그들에게 이르되 나아와 너희 형제들
을 성소 앞에서 진영 밖으로 메고 나가
라 하매 5그들이 나와 모세가 말한 대로
그들을 옷 입은 채 진영 밖으로 메어 내
니 6모세가 아론과 그의 아들 엘르아살
과 이다말에게 이르되 너희는 머리를
풀거나 옷을 찢지 말라 그리하여 너희
가 죽음을 면하고 여호와의 진노가 온
회중에게 미침을 면하게 하라 오직 너
희 형제 이스라엘 온 족속은 여호와께
서 치신 불로 말미암아 슬퍼할 것이니
라 7여호와의 관유가 너희에게 있은즉
너희는 회막 문에 나가지 말라 그리하
면 죽음을 면하리라 그들이 모세의 말
대로 하니라

8여호와께서 아론에게 말씀하여 이
르시되 9너와 네 자손들이 회막에 들어
갈 때에는 포도주나 독주를 마시지 말
라 그리하여 너희 죽음을 면하라 이는
너희 대대로 지킬 영영한 규례라 10그
리하여야 너희가 거룩하고 속된 것을
분별하며 부정하고 정한 것을 분별하
고 11또 나 여호와가 모세를 통하여 모
든 규례를 이스라엘 자손에게 가르치
리라

12모세가 아론과 그 남은 아들 엘르
아살에게와 이다말에게 이르되 여호
와께 드린 화제물 중 소제의 남은 것
은 지극히 거룩하니 너희는 그것을 취
하여 누룩을 넣지 말고 제단 곁에서 먹
되 13이는 여호와의 화제물 중 네 소득
과 네 아들들의 소득인즉 너희는 그것
을 거룩한 곳에서 먹으라 내가 명령을
받았느니라 14흔든 가슴과 들어올린 뒷
다리는 너와 네 자녀가 너와 함께 정결
한 곳에서 먹을지니 이는 이스라엘 자
손의 화목제물 중에서 네 소득과 네 아
들들의 소득으로 주신 것임이니라 15그
들어올린 뒷다리와 흔든 가슴을 화제
물의 기름과 함께 가져다가 여호와 앞
에 흔들어 요제를 삼을지니 이는 여호
와의 명령대로 너와 네 자손의 영원한
소득이니라

16모세가 속죄제 드린 염소를 찾은즉
이미 불살랐는지라 그가 아론의 남은
아들 엘르아살과 이다말에게 노하여

☐ 비움

침묵으로 기도하며 나를 비웁니다. 성령의 임재를 구하며, 죄를 회개하며, 마음의 걱정이나 복잡한 생각을 내려놓습니다. 삼위일체 하나님께 가는 길이 다시금 열립니다.

■ 채움

말씀이 나를 가득 채웁니다. 성령의 이끄심에 따라 본문을 관찰하며 깨닫고, 그것을 내 마음에 새겨 내 삶과 세계에 연결합니다. 묵상한 말씀이 삶이 되도록 기도합니다.

▦ 나눔

말씀대로 살아갑니다. 오늘 그리고 앞으로 내가 실천할 것들을 구체적으로 적습니다. 가정과 교회, 사회와 오늘의 세계에서 어떻게 말씀이 작동될 것인지 적고 실행합니다.

이르되 17이 속죄제물은 지극히 거룩하
거늘 너희가 어찌하여 거룩한 곳에서
먹지 아니하였느냐 이는 너희로 회중
의 죄를 담당하여 그들을 위하여 여호
와 앞에 속죄하게 하려고 너희에게 주
신 것이니라 18그 피는 성소에 들여오
지 아니하는 것이었으니 그 제물은 너
희가 내가 명령한 대로 거룩한 곳에서
먹었어야 했을 것이니라 19아론이 모세
에게 이르되 오늘 그들이 그 속죄제와
번제를 여호와께 드렸어도 이런 일이
내게 임하였거늘 오늘 내가 속죄제물
을 먹었더라면 여호와께서 어찌 좋게
여기셨으리요 20모세가 그 말을 듣고
좋게 여겼더라

레위기 11장

1여호와께서 모세와 아론에게 말씀
하여 이르시되 2이스라엘 자손에게 말
하여 이르라 육지의 모든 짐승 중 너희
가 먹을 만한 생물은 이러하니 3모든 짐
승 중 굽이 갈라져 쪽발이 되고 새김질
하는 것은 너희가 먹되 4새김질하는 것
이나 굽이 갈라진 짐승 중에도 너희가
먹지 못할 것은 이러하니 낙타는 새김
질은 하되 굽이 갈라지지 아니하였으
므로 너희에게 부정하고 5사반도 새김
질은 하되 굽이 갈라지지 아니하였으
므로 너희에게 부정하고 6토끼도 새김
질은 하되 굽이 갈라지지 아니하였으
므로 너희에게 부정하고 7돼지는 굽이
갈라져 쪽발이로되 새김질을 못하므로
너희에게 부정하니 8너희는 이러한 고
기를 먹지 말고 그 주검도 만지지 말라
이것들은 너희에게 부정하니라

9물에 있는 모든 것 중에서 너희가 먹
을 만한 것은 이것이니 강과 바다와 다
른 물에 있는 모든 것 중에서 지느러미
와 비늘 있는 것은 너희가 먹되 10물에
서 움직이는 모든 것과 물에서 사는 모
든 것 곧 강과 바다에 있는 것으로서 지
느러미와 비늘 없는 모든 것은 너희에
게 가증한 것이라 11이들은 너희에게
가증한 것이니 너희는 그 고기를 먹지
말고 그 주검을 가증히 여기라 12수중
생물에 지느러미와 비늘 없는 것은 너
희가 혐오할 것이니라

13새 중에 너희가 가증히 여길 것
은 이것이라 이것들이 가증한즉 먹지
말지니 곧 독수리와 솔개와 물수리와
14말똥가리와 말똥가리 종류와 15까마
귀 종류와 16타조와 타흐마스와 갈매기
와 새매 종류와 17올빼미와 가마우지와
부엉이와 18흰 올빼미와 사다새와 너새
와 19황새와 백로 종류와 오디새와 박
쥐니라

20날개가 있고 네 발로 기어 다니는
곤충은 너희가 혐오할 것이로되 21다
만 날개가 있고 네 발로 기어 다니는 모
든 곤충 중에 그 발에 뛰는 다리가 있어
서 땅에서 뛰는 것은 너희가 먹을지니
22곧 그 중에 메뚜기 종류와 베짱이 종
류와 귀뚜라미 종류와 팥중이 종류는

▢ 비움

침묵으로 기도하며 나를 비웁니다. 성령의 임재를 구하며, 죄를 회개하며, 마음의 걱정이나 복잡한 생각을 내려놓습니다. 삼위일체 하나님께 가는 길이 다시금 열립니다.

■ 채움

말씀이 나를 가득 채웁니다. 성령의 이끄심에 따라 본문을 관찰하며 깨닫고, 그것을 내 마음에 새겨 내 삶과 세계에 연결합니다. 묵상한 말씀이 삶이 되도록 기도합니다.

▦ 나눔

말씀대로 살아갑니다. 오늘 그리고 앞으로 내가 실천할 것들을 구체적으로 적습니다. 가정과 교회, 사회와 오늘의 세계에서 어떻게 말씀이 작동될 것인지 적고 실행합니다.

너희가 먹으려니와 23오직 날개가 있고
기어다니는 곤충은 다 너희가 혐오할
것이니라

24이런 것은 너희를 부정하게 하나니
누구든지 이것들의 주검을 만지면 저
녁까지 부정할 것이며 25그 주검을 옮
기는 모든 자는 그 옷을 빨지니 저녁까
지 부정하리라 26굽이 갈라진 모든 짐
승 중에 쪽발이 아닌 것이나 새김질 아
니하는 것의 주검은 다 네게 부정하니
만지는 자는 부정할 것이요 27네 발로
다니는 모든 짐승 중 발바닥으로 다니
는 것은 다 네게 부정하니 그 주검을
만지는 자는 저녁까지 부정할 것이며
28그 주검을 옮기는 자는 그 옷을 빨지
니 저녁까지 부정하리라 그것들이 네
게 부정하니라

29땅에 기는 길짐승 중에 네게 부정
한 것은 이러하니 곧 두더지와 쥐와 큰
도마뱀 종류와 30도마뱀붙이와 육지 악
어와 도마뱀과 사막 도마뱀과 카멜레
온이라 31모든 기는 것 중 이것들은 네
게 부정하니 그 주검을 만지는 모든 자
는 저녁까지 부정할 것이며 32이런 것
중 어떤 것의 주검이 나무 그릇에든지
의복에든지 가죽에든지 자루에든지 무
엇에 쓰는 그릇에든지 떨어지면 부정
하여지리니 물에 담그라 저녁까지 부
정하다가 정할 것이며 33그것 중 어떤
것이 어느 질그릇에 떨어지면 그 속에
있는 것이 다 부정하여지나니 너는 그
그릇을 깨뜨리라 34먹을 만한 축축한
식물이 거기 담겼으면 부정하여질 것
이요 그같은 그릇에 담긴 마실 것도 부
정할 것이며 35이런 것의 주검이 물건
위에 떨어지면 그것이 모두 부정하여
지리니 화덕이든지 화로이든지 깨뜨려
버리라 이것이 부정하여져서 너희에게
부정한 것이 되리라 36샘물이나 물이
고인 웅덩이는 부정하여지지 아니하되
그 주검에 닿는 것은 모두 부정하여질
것이요 37이것들의 주검이 심을 종자에
떨어지면 그것이 정하거니와 38만일 종
자에 물이 묻었을 때에 그것이 그 위에
떨어지면 너희에게 부정하리라

39너희가 먹을 만한 짐승이 죽은 때
에 그 주검을 만지는 자는 저녁까지 부
정할 것이며 40그것을 먹는 자는 그 옷
을 빨 것이요 저녁까지 부정할 것이며
그 주검을 옮기는 자도 그의 옷을 빨 것
이요 저녁까지 부정하리라

41땅에 기어 다니는 모든 길짐승은
가증한즉 먹지 못할지니 42곧 땅에 기
어다니는 모든 기는 것 중에 배로 밀어
다니는 것이나 네 발로 걷는 것이나 여
러 발을 가진 것이라 너희가 먹지 말지
니 이것들은 가증함이니라 43너희는 기
는 바 기어다니는 것 때문에 자기를 가
증하게 되게 하지 말며 또한 그것 때문
에 스스로 더럽혀 부정하게 되게 하지
말라 44나는 여호와 너희의 하나님이라
내가 거룩하니 너희도 몸을 구별하여

□ 비움

침묵으로 기도하며 나를 비웁니다. 성령의 임재를 구하며, 죄를 회개하며, 마음의 걱정이나 복잡한 생각을 내려놓습니다. 삼위일체 하나님께 가는 길이 다시금 열립니다.

■ 채움

말씀이 나를 가득 채웁니다. 성령의 이끄심에 따라 본문을 관찰하며 깨닫고, 그것을 내 마음에 새겨 내 삶과 세계에 연결합니다. 묵상한 말씀이 삶이 되도록 기도합니다.

나눔

말씀대로 살아갑니다. 오늘 그리고 앞으로 내가 실천할 것들을 구체적으로 적습니다. 가정과 교회, 사회와 오늘의 세계에서 어떻게 말씀이 작동될 것인지 적고 실행합니다.

거룩하게 하고 땅에 기는 길짐승으로
말미암아 스스로 더럽히지 말라 45나는
너희의 하나님이 되려고 너희를 애굽
땅에서 인도하여 낸 여호와라 내가 거
룩하니 너희도 거룩할지어다

46이는 짐승과 새와 물에서 움직이는
모든 생물과 땅에 기는 모든 길짐승에
대한 규례니 47부정하고 정한 것과 먹
을 생물과 먹지 못할 생물을 분별한 것
이니라

레위기 12장

1여호와께서 모세에게 말씀하여 이
르시되 2이스라엘 자손에게 말하여 이
르라 여인이 임신하여 남자를 낳으면
그는 이레 동안 부정하리니 곧 월경할
때와 같이 부정할 것이며 3여덟째 날에
는 그 아이의 포피를 벨 것이요 4그 여
인은 아직도 삼십삼 일을 지내야 산혈
이 깨끗하리니 정결하게 되는 기한이
차기 전에는 성물을 만지지도 말며 성
소에 들어가지도 말 것이며 5여자를 낳
으면 그는 두 이레 동안 부정하리니 월
경할 때와 같을 것이며 산혈이 깨끗하
게 됨은 육십육 일을 지내야 하리라

6아들이나 딸이나 정결하게 되는 기
한이 차면 그 여인은 번제를 위하여 일
년 된 어린 양을 가져가고 속죄제를 위
하여 집비둘기 새끼나 산비둘기를 회
막 문 제사장에게로 가져갈 것이요 7제
사장은 그것을 여호와 앞에 드려서 그
여인을 위하여 속죄할지니 그리하면
산혈이 깨끗하리라 이는 아들이나 딸
을 생산한 여인에게 대한 규례니라 8그
여인이 어린 양을 바치기에 힘이 미치
지 못하면 산비둘기 두 마리나 집비둘
기 새끼 두 마리를 가져다가 하나는 번
제물로, 하나는 속죄제물로 삼을 것이
요 제사장은 그를 위하여 속죄할지니
그가 정결하리라

레위기 13장

1여호와께서 모세와 아론에게 말씀
하여 이르시되 2만일 사람이 그의 피부
에 무엇이 돋거나 뾰루지가 나거나 색
점이 생겨서 그의 피부에 나병 같은 것
이 생기거든 그를 곧 제사장 아론에게
나 그의 아들 중 한 제사장에게로 데리
고 갈 것이요 3제사장은 그 피부의 병
을 진찰할지니 환부의 털이 희어졌고
환부가 피부보다 우묵하여졌으면 이는
나병의 환부라 제사장이 그를 진찰하
여 그를 부정하다 할 것이요 4피부에
색점이 희나 우묵하지 아니하고 그 털
이 희지 아니하면 제사장은 그 환자를
이레 동안 가두어둘 것이며 5이레 만에
제사장이 그를 진찰할지니 그가 보기
에 그 환부가 변하지 아니하고 병색이
피부에 퍼지지 아니하였으면 제사장이
그를 또 이레 동안을 가두어둘 것이며
6이레 만에 제사장이 또 진찰할지니 그
환부가 엷어졌고 병색이 피부에 퍼지
지 아니하였으면 피부병이라 제사장이
그를 정하다 할 것이요 그의 옷을 빨 것

☐ 비움

침묵으로 기도하며 나를 비웁니다. 성령의 임재를 구하며, 죄를 회개하며, 마음의 걱정이나 복잡한 생각을 내려놓습니다. 삼위일체 하나님께 가는 길이 다시금 열립니다.

■ 채움

말씀이 나를 가득 채웁니다. 성령의 이끄심에 따라 본문을 관찰하며 깨닫고, 그것을 내 마음에 새겨 내 삶과 세계에 연결합니다. 묵상한 말씀이 삶이 되도록 기도합니다.

나눔

말씀대로 살아갑니다. 오늘 그리고 앞으로 내가 실천할 것들을 구체적으로 적습니다. 가정과 교회, 사회와 오늘의 세계에서 어떻게 말씀이 작동될 것인지 적고 실행합니다.

이라 그리하면 정하리라 7그러나 그가
정결한지를 제사장에게 보인 후에 병
이 피부에 퍼지면 제사장에게 다시 보
일 것이요 8제사장은 진찰할지니 그 병
이 피부에 퍼졌으면 그를 부정하다 할
지니라 이는 나병임이니라

9사람에게 나병이 들었거든 그를 제
사장에게로 데려갈 것이요 10제사장은
진찰할지니 피부에 흰 점이 돋고 털이
희어지고 거기 생살이 생겼으면 11이는
그의 피부의 오랜 나병이라 제사장이
부정하다 할 것이요 그가 이미 부정하
였은즉 가두어두지는 않을 것이며 12제
사장이 보기에 나병이 그 피부에 크게
발생하였으되 그 환자의 머리부터 발
끝까지 퍼졌으면 13그가 진찰할 것이
요 나병이 과연 그의 전신에 퍼졌으면
그 환자를 정하다 할지니 다 희어진 자
인즉 정하거니와 14아무 때든지 그에게
생살이 보이면 그는 부정한즉 15제사장
이 생살을 진찰하고 그를 부정하다 할
지니 그 생살은 부정한 것인즉 이는 나
병이며 16그 생살이 변하여 다시 희어
지면 제사장에게로 갈 것이요 17제사장
은 그를 진찰하여서 그 환부가 희어졌
으면 환자를 정하다 할지니 그는 정하
니라

18피부에 종기가 생겼다가 나았고 19그
종처에 흰 점이 돋거나 희고 불그스름
한 색점이 생겼으면 제사장에게 보일
것이요 20그는 진찰하여 피부보다 얕
고 그 털이 희면 그를 부정하다 할지니
이는 종기로 된 나병의 환부임이니라
21그러나 제사장이 진찰하여 거기 흰
털이 없고 피부보다 얕지 아니하고 빛
이 엷으면 제사장은 그를 이레 동안 가
두어둘 것이며 22그 병이 크게 피부에
퍼졌으면 제사장은 그를 부정하다 할
지니 이는 환부임이니라 23그러나 그
색점이 여전하고 퍼지지 아니하였으면
이는 종기 흔적이니 제사장은 그를 정
하다 할지니라

24피부가 불에 데었는데 그 덴 곳에
불그스름하고 희거나 순전히 흰 색점
이 생기면 25제사장은 진찰할지니 그
색점의 털이 희고 그 자리가 피부보다
우묵하면 이는 화상에서 생긴 나병인
즉 제사장이 그를 부정하다 할 것은 나
병의 환부가 됨이니라 26그러나 제사장
이 보기에 그 색점에 흰 털이 없으며 그
자리가 피부보다 얕지 아니하고 빛이
엷으면 그는 그를 이레 동안 가두어둘
것이며 27이레 만에 제사장이 그를 진
찰할지니 만일 병이 크게 피부에 퍼졌
으면 그가 그를 부정하다 할 것은 나병
의 환부임이니라 28만일 색점이 여전하
여 피부에 퍼지지 아니하고 빛이 엷으
면 화상으로 부은 것이니 제사장이 그
를 정하다 할 것은 이는 화상의 흔적임
이니라

29남자나 여자의 머리에나 수염에 환
부가 있으면 30제사장은 진찰할지니 환

□ 비움

침묵으로 기도하며 나를 비웁니다. 성령의 임재를 구하며, 죄를 회개하며, 마음의 걱정이나 복잡한 생각을 내려놓습니다. 삼위일체 하나님께 가는 길이 다시금 열립니다.

■ 채움

말씀이 나를 가득 채웁니다. 성령의 이끄심에 따라 본문을 관찰하며 깨닫고, 그것을 내 마음에 새겨 내 삶과 세계에 연결합니다. 묵상한 말씀이 삶이 되도록 기도합니다.

나눔

말씀대로 살아갑니다. 오늘 그리고 앞으로 내가 실천할 것들을 구체적으로 적습니다. 가정과 교회, 사회와 오늘의 세계에서 어떻게 말씀이 작동될 것인지 적고 실행합니다.

부가 피부보다 우묵하고 그 자리에 누
르스름하고 가는 털이 있으면 그가 그
를 부정하다 할 것은 이는 옴이니라 머
리에나 수염에 발생한 나병임이니라
31만일 제사장이 보기에 그 옴의 환부
가 피부보다 우묵하지 아니하고 그 자
리에 검은 털이 없으면 제사장은 그 옴
환자를 이레 동안 가두어둘 것이며 32이
레 만에 제사장은 그 환부를 진찰할지
니 그 옴이 퍼지지 아니하고 그 자리에
누르스름한 털이 없고 피부보다 우묵하
지 아니하면 33그는 모발을 밀되 환부
는 밀지 말 것이요 제사장은 옴 환자를
또 이레 동안 가두어둘 것이며 34이레
만에 제사장은 그 옴을 또 진찰할지니
그 옴이 피부에 퍼지지 아니하고 피부
보다 우묵하지 아니하면 그는 그를 정
하다 할 것이요 그는 자기의 옷을 빨아
서 정하게 되려니와 35깨끗한 후에라도
옴이 크게 피부에 퍼지면 36제사장은 그
를 진찰할지니 과연 옴이 피부에 퍼졌
으면 누른 털을 찾을 것 없이 그는 부정
하니라 37그러나 제사장이 보기에 옴이
여전하고 그 자리에 검은 털이 났으면
그 옴은 나았고 그 사람은 정하니 제사
장은 그를 정하다 할지니라

38남자나 여자의 피부에 색점 곧 흰
색점이 있으면 39제사장은 진찰할지니
그 피부의 색점이 부유스름하면 이는
피부에 발생한 어루러기라 그는 정하
니라

40누구든지 그 머리털이 빠지면 그는
대머리니 정하고 41앞머리가 빠져도 그
는 이마 대머리니 정하니라 42그러나
대머리나 이마 대머리에 희고 불그스
름한 색점이 있으면 이는 나병이 대머
리에나 이마 대머리에 발생함이라 43제
사장은 그를 진찰할지니 그 대머리에
나 이마 대머리에 돋은 색점이 희고 불
그스름하여 피부에 발생한 나병과 같
으면 44이는 나병 환자라 부정하니 제
사장이 그를 확실히 부정하다고 할 것
은 그 환부가 그 머리에 있음이니라

45나병 환자는 옷을 찢고 머리를 풀
며 윗입술을 가리고 외치기를 부정하
다 부정하다 할 것이요 46병 있는 날 동
안은 늘 부정할 것이라 그가 부정한즉
혼자 살되 진영 밖에서 살지니라

47만일 의복에 나병 색점이 발생하
여 털옷에나 베옷에나 48베나 털의 날
에나 씨에나 혹 가죽에나 가죽으로 만
든 모든 것에 있으되 49그 의복에나 가
죽에나 그 날에나 씨에나 가죽으로 만
든 모든 것에 병색이 푸르거나 붉으면
이는 나병의 색점이라 제사장에게 보
일 것이요 50제사장은 그 색점을 진찰
하고 그것을 이레 동안 간직하였다가
51이레 만에 그 색점을 살필지니 그 색
점이 그 의복의 날에나 씨에나 가죽에
나 가죽으로 만든 것에 퍼졌으면 이는
악성 나병이라 그것이 부정하므로 52그
는 그 색점 있는 의복이나 털이나 베의

☐ 비움

침묵으로 기도하며 나를 비웁니다. 성령의 임재를 구하며, 죄를 회개하며, 마음의 걱정이나 복잡한 생각을 내려놓습니다. 삼위일체 하나님께 가는 길이 다시금 열립니다.

■ 채움

말씀이 나를 가득 채웁니다. 성령의 이끄심에 따라 본문을 관찰하며 깨닫고, 그것을 내 마음에 새겨 내 삶과 세계에 연결합니다. 묵상한 말씀이 삶이 되도록 기도합니다.

나눔

말씀대로 살아갑니다. 오늘 그리고 앞으로 내가 실천할 것들을 구체적으로 적습니다. 가정과 교회, 사회와 오늘의 세계에서 어떻게 말씀이 작동될 것인지 적고 실행합니다.

날이나 씨나 모든 가죽으로 만든 것을
불사를지니 이는 악성 나병인즉 그것
을 불사를지니라

53그러나 제사장이 보기에 그 색점
이 그 의복의 날에나 씨에나 모든 가죽
으로 만든 것에 퍼지지 아니하였으면
54제사장은 명령하여 그 색점 있는 것
을 빨게 하고 또 이레 동안 간직하였다
가 55그 빤 곳을 볼지니 그 색점의 빛이
변하지 아니하고 그 색점이 퍼지지 아
니하였으면 부정하니 너는 그것을 불
사르라 이는 거죽에 있든지 속에 있든
지 악성 나병이니라

56빤 후에 제사장이 보기에 그 색점
이 엷으면 그 의복에서나 가죽에서나
그 날에서나 씨에서나 그 색점을 찢어
버릴 것이요 57그 의복의 날에나 씨에
나 가죽으로 만든 모든 것에 색점이 여
전히 보이면 재발하는 것이니 너는 그
색점 있는 것을 불사를지니라 58네가
빤 의복의 날에나 씨에나 가죽으로 만
든 모든 것에 그 색점이 벗겨졌으면 그
것을 다시 빨아야 정하리라

59이는 털옷에나 베옷에나 그 날에나
씨에나 가죽으로 만든 모든 것에 발생
한 나병 색점의 정하고 부정한 것을 진
단하는 규례니라

레위기 14장

1여호와께서 모세에게 말씀하여 이
르시되 2나병 환자가 정결하게 되는 날
의 규례는 이러하니 곧 그 사람을 제사
장에게로 데려갈 것이요 3제사장은 진
영에서 나가 진찰할지니 그 환자에게
있던 나병 환부가 나았으면 4제사장은
그 정결함을 받을 자를 위하여 명령하
여 살아 있는 정결한 새 두 마리와 백향
목과 홍색 실과 우슬초를 가져오게 하
고 5제사장은 또 명령하여 그 새 하나
는 흐르는 물 위 질그릇 안에서 잡게 하
고 6다른 새는 산 채로 가져다가 백향목
과 홍색 실과 우슬초와 함께 가져다가
흐르는 물 위에서 잡은 새의 피를 찍어
7나병에서 정결함을 받을 자에게 일곱
번 뿌려 정하다 하고 그 살아 있는 새는
들에 놓을지며 8정결함을 받는 자는 그
의 옷을 빨고 모든 털을 밀고 물로 몸을
씻을 것이라 그리하면 정하리니 그 후
에 진영에 들어올 것이나 자기 장막 밖
에 이레를 머물 것이요 9일곱째 날에 그
는 모든 털을 밀되 머리털과 수염과 눈
썹을 다 밀고 그의 옷을 빨고 몸을 물에
씻을 것이라 그리하면 정하리라

10여덟째 날에 그는 흠 없는 어린 숫
양 두 마리와 일 년 된 흠 없는 어린 암
양 한 마리와 또 고운 가루 십분의 삼
에바에 기름 섞은 소제물과 기름 한 록
을 취할 것이요 11정결하게 하는 제사
장은 정결함을 받을 자와 그 물건들을
회막 문 여호와 앞에 두고 12어린 숫양
한 마리를 가져다가 기름 한 록과 아울
러 속건제로 드리되 여호와 앞에 흔들

☐ 비움

침묵으로 기도하며 나를 비웁니다. 성령의 임재를 구하며, 죄를 회개하며, 마음의 걱정이나 복잡한 생각을 내려놓습니다. 삼위일체 하나님께 가는 길이 다시금 열립니다.

■ 채움

말씀이 나를 가득 채웁니다. 성령의 이끄심에 따라 본문을 관찰하며 깨닫고, 그것을 내 마음에 새겨 내 삶과 세계에 연결합니다. 묵상한 말씀이 삶이 되도록 기도합니다.

⊞ 나눔

말씀대로 살아갑니다. 오늘 그리고 앞으로 내가 실천할 것들을 구체적으로 적습니다. 가정과 교회, 사회와 오늘의 세계에서 어떻게 말씀이 작동될 것인지 적고 실행합니다.

어 요제를 삼고 13그 어린 숫양은 거룩
한 장소 곧 속죄제와 번제물 잡는 곳에
서 잡을 것이며 속건제물은 속죄제물
과 마찬가지로 제사장에게 돌릴지니
이는 지극히 거룩한 것이니라 14제사
장은 그 속건제물의 피를 취하여 정결
함을 받을 자의 오른쪽 귓부리와 오른
쪽 엄지 손가락과 오른쪽 엄지 발가락
에 바를 것이요 15제사장은 또 그 한 록
의 기름을 취하여 자기 왼쪽 손바닥에
따르고 16오른쪽 손가락으로 왼쪽 손의
기름을 찍어 그 손가락으로 그것을 여
호와 앞에 일곱 번 뿌릴 것이요 17손에
남은 기름은 제사장이 정결함을 받을
자의 오른쪽 귓부리와 오른쪽 엄지 손
가락과 오른쪽 엄지 발가락 곧 속건제
물의 피 위에 바를 것이며 18아직도 그
손에 남은 기름은 제사장이 그 정결함
을 받는 자의 머리에 바르고 제사장은
여호와 앞에서 그를 위하여 속죄하고
19또 제사장은 속죄제를 드려 그 부정
함으로 말미암아 정결함을 받을 자를
위하여 속죄하고 그 후에 번제물을 잡
을 것이요 20제사장은 그 번제와 소제
를 제단에 드려 그를 위하여 속죄할 것
이라 그리하면 그가 정결하리라

21만일 그가 가난하여 그의 힘이 미
치지 못하면 그는 흔들어 자기를 속죄
할 속건제를 위하여 어린 숫양 한 마리
와 소제를 위하여 고운 가루 십분의 일
에바에 기름 섞은 것과 기름 한 록을 취
하고 22그의 힘이 미치는 대로 산비둘
기 둘이나 집비둘기 새끼 둘을 가져다
가 하나는 속죄제물로, 하나는 번제물
로 삼아 23여덟째 날에 그 결례를 위하
여 그것들을 회막 문 여호와 앞 제사장
에게로 가져갈 것이요 24제사장은 속건
제의 어린 양과 기름 한 록을 가져다가
여호와 앞에 흔들어 요제를 삼고 25속
건제의 어린 양을 잡아서 제사장은 그
속건제물의 피를 가져다가 정결함을
받을 자의 오른쪽 귓부리와 오른쪽 엄
지 손가락과 오른쪽 엄지 발가락에 바
를 것이요 26제사장은 그 기름을 자기
왼쪽 손바닥에 따르고 27오른쪽 손가락
으로 왼쪽 손의 기름을 조금 찍어 여호
와 앞에 일곱 번 뿌릴 것이요 28그 손의
기름은 제사장이 정결함을 받을 자의
오른쪽 귓부리와 오른쪽 엄지 손가락
과 오른쪽 엄지 발가락 곧 속건제물의
피를 바른 곳에 바를 것이며 29또 그 손
에 남은 기름은 제사장이 그 정결함을
받는 자의 머리에 발라 여호와 앞에서
그를 위하여 속죄할 것이며 30그는 힘
이 미치는 대로 산비둘기 한 마리나 집
비둘기 새끼 한 마리를 드리되 31곧 그
의 힘이 미치는 대로 한 마리는 속죄제
로, 한 마리는 소제와 함께 번제로 드릴
것이요 제사장은 정결함을 받을 자를
위하여 여호와 앞에 속죄할지니 32나병
환자로서 그 정결예식에 그의 힘이 미
치지 못한 자의 규례가 그러하니라

33여호와께서 모세와 아론에게 말씀
하여 이르시되 34내가 네게 기업으로

□ 비움

침묵으로 기도하며 나를 비웁니다. 성령의 임재를 구하며, 죄를 회개하며, 마음의 걱정이나 복잡한 생각을 내려놓습니다. 삼위일체 하나님께 가는 길이 다시금 열립니다.

■ 채움

말씀이 나를 가득 채웁니다. 성령의 이끄심에 따라 본문을 관찰하며 깨닫고, 그것을 내 마음에 새겨 내 삶과 세계에 연결합니다. 묵상한 말씀이 삶이 되도록 기도합니다.

■ 나눔

말씀대로 살아갑니다. 오늘 그리고 앞으로 내가 실천할 것들을 구체적으로 적습니다. 가정과 교회, 사회와 오늘의 세계에서 어떻게 말씀이 작동될 것인지 적고 실행합니다.

주는 가나안 땅에 너희가 이를 때에 너
희 기업의 땅에서 어떤 집에 나병 색점
을 발생하게 하거든 35그 집 주인은 제
사장에게 가서 말하여 알리기를 무슨
색점이 집에 생겼다 할 것이요 36제사
장은 그 색점을 살펴보러 가기 전에 그
집안에 있는 모든 것이 부정을 면하게
하기 위하여 그 집을 비우도록 명령한
후에 들어가서 그 집을 볼지니 37그 색
점을 볼 때에 그 집 벽에 푸르거나 붉
은 무늬의 색점이 있어 벽보다 우묵하
면 38제사장은 그 집 문으로 나와 그 집
을 이레 동안 폐쇄하였다가 39이레 만
에 또 가서 살펴볼 것이요 그 색점이 벽
에 퍼졌으면 40그는 명령하여 색점 있
는 돌을 빼내어 성 밖 부정한 곳에 버
리게 하고 41또 집 안 사방을 긁게 하
고 그 긁은 흙을 성 밖 부정한 곳에 쏟
아버리게 할 것이요 42그들은 다른 돌
로 그 돌을 대신하며 다른 흙으로 집에
바를지니라

43돌을 빼내며 집을 긁고 고쳐 바른
후에 색점이 집에 재발하면 44제사장은
또 가서 살펴볼 것이요 그 색점이 만일
집에 퍼졌으면 악성 나병인즉 이는 부
정하니 45그는 그 집을 헐고 돌과 그 재
목과 그 집의 모든 흙을 성 밖 부정한
곳으로 내어 갈 것이며 46그 집을 폐쇄
한 날 동안에 들어가는 자는 저녁까지
부정할 것이요 47그 집에서 자는 자는
그의 옷을 빨 것이요 그 집에서 먹는 자
도 그의 옷을 빨 것이니라

48그 집을 고쳐 바른 후에 제사장이
들어가 살펴보아서 색점이 집에 퍼지
지 아니하였으면 이는 색점이 나은 것
이니 제사장은 그 집을 정하다 하고
49그는 그 집을 정결하게 하기 위하여
새 두 마리와 백향목과 홍색 실과 우슬
초를 가져다가 50그 새 하나를 흐르는
물 위 질그릇 안에서 잡고 51백향목과
우슬초와 홍색 실과 살아 있는 새를 가
져다가 잡은 새의 피와 흐르는 물을 찍
어 그 집에 일곱 번 뿌릴 것이요 52그는
새의 피와 흐르는 물과 살아 있는 새와
백향목과 우슬초와 홍색 실로 집을 정
결하게 하고 53그 살아 있는 새는 성 밖
들에 놓아 주고 그 집을 위하여 속죄할
것이라 그러면 정결하리라

54이는 각종 나병 환부에 대한 규례니
곧 옴과 55의복과 가옥의 나병과 56돋는
것과 뾰루지와 색점이 57어느 때는 부
정하고 어느 때는 정함을 가르치는 것
이니 나병의 규례가 이러하니라

레위기 15장

1여호와께서 모세와 아론에게 말씀
하여 이르시되 2이스라엘 자손에게 말
하여 이르라 누구든지 그의 몸에 유출
병이 있으면 그 유출병으로 말미암아
부정한 자라 3그의 유출병으로 말미암
아 부정함이 이러하니 곧 그의 몸에서
흘러 나오든지 그의 몸에서 흘러 나오
는 것이 막혔든지 부정한즉 4유출병 있
는 자가 눕는 침상은 다 부정하고 그가

비움

침묵으로 기도하며 나를 비웁니다. 성령의 임재를 구하며, 죄를 회개하며, 마음의 걱정이나 복잡한 생각을 내려놓습니다. 삼위일체 하나님께 가는 길이 다시금 열립니다.

채움

말씀이 나를 가득 채웁니다. 성령의 이끄심에 따라 본문을 관찰하며 깨닫고, 그것을 내 마음에 새겨 내 삶과 세계에 연결합니다. 묵상한 말씀이 삶이 되도록 기도합니다.

나눔

말씀대로 살아갑니다. 오늘 그리고 앞으로 내가 실천할 것들을 구체적으로 적습니다. 가정과 교회, 사회와 오늘의 세계에서 어떻게 말씀이 작동될 것인지 적고 실행합니다.

앉았던 자리도 다 부정하니 5그의 침상
에 접촉하는 자는 그의 옷을 빨고 물로
몸을 씻을 것이며 저녁까지 부정하리
라 6유출병이 있는 자가 앉았던 자리에
앉는 자는 그의 옷을 빨고 물로 씻을 것
이요 저녁까지 부정하리라 7유출병이
있는 자의 몸에 접촉하는 자는 그의 옷
을 빨고 물로 몸을 씻을 것이며 저녁까
지 부정하리라 8유출병이 있는 자가 정
한 자에게 침을 뱉으면 정한 자는 그의
옷을 빨고 물로 몸을 씻을 것이며 저녁
까지 부정하리라 9유출병이 있는 자가
탔던 안장은 다 부정하며 10그의 몸 아
래에 닿았던 것에 접촉한 자는 다 저녁
까지 부정하며 그런 것을 옮기는 자는
그의 옷을 빨고 물로 몸을 씻을 것이며
저녁까지 부정하리라 11유출병이 있는
자가 물로 그의 손을 씻지 아니하고 아
무든지 만지면 그 자는 그의 옷을 빨고
물로 몸을 씻을 것이며 저녁까지 부정
하리라 12유출병이 있는 자가 만진 질
그릇은 깨뜨리고 나무 그릇은 다 물로
씻을지니라

13유출병이 있는 자는 그의 유출이
깨끗해지거든 그가 정결하게 되기 위
하여 이레를 센 후에 옷을 빨고 흐르
는 물에 그의 몸을 씻을 것이라 그러
면 그가 정하리니 14여덟째 날에 산비
둘기 두 마리나 집비둘기 새끼 두 마리
를 자기를 위하여 가져다가 회막 문 여
호와 앞으로 가서 제사장에게 줄 것이
요 15제사장은 그 한 마리는 속죄제로,
다른 한 마리는 번제로 드려 그의 유출
병으로 말미암아 여호와 앞에서 속죄
할지니라

16설정한 자는 전신을 물로 씻을 것
이며 저녁까지 부정하리라 17정수가 묻
은 모든 옷과 가죽은 물에 빨 것이며 저
녁까지 부정하리라 18남녀가 동침하여
설정하였거든 둘 다 물로 몸을 씻을 것
이며 저녁까지 부정하리라

19어떤 여인이 유출을 하되 그의 몸
에 그의 유출이 피이면 이레 동안 불결
하니 그를 만지는 자마다 저녁까지 부
정할 것이요 20그가 불결할 동안에는
그가 누웠던 자리도 다 부정하며 그가
앉았던 자리도 다 부정한즉 21그의 침
상을 만지는 자는 다 그의 옷을 빨고 물
로 몸을 씻을 것이요 저녁까지 부정할
것이며 22그가 앉은 자리를 만지는 자
도 다 그들의 옷을 빨고 물로 몸을 씻을
것이요 저녁까지 부정할 것이며 23그의
침상 위에나 그가 앉은 자리 위에 있는
것을 만지는 모든 자도 저녁까지 부정
할 것이며 24누구든지 이 여인과 동침
하여 그의 불결함에 전염되면 이레 동
안 부정할 것이라 그가 눕는 침상은 다
부정하니라

25만일 여인의 피의 유출이 그의 불
결기가 아닌데도 여러 날이 간다든지
그 유출이 그의 불결기를 지나도 계속
되면 그 부정을 유출하는 모든 날 동안

☐ 비움

침묵으로 기도하며 나를 비웁니다. 성령의 임재를 구하며, 죄를 회개하며, 마음의 걱정이나 복잡한 생각을 내려놓습니다. 삼위일체 하나님께 가는 길이 다시금 열립니다.

채움

말씀이 나를 가득 채웁니다. 성령의 이끄심에 따라 본문을 관찰하며 깨닫고, 그것을 내 마음에 새겨 내 삶과 세계에 연결합니다. 묵상한 말씀이 삶이 되도록 기도합니다.

나눔

말씀대로 살아갑니다. 오늘 그리고 앞으로 내가 실천할 것들을 구체적으로 적습니다. 가정과 교회, 사회와 오늘의 세계에서 어떻게 말씀이 작동될 것인지 적고 실행합니다.

은 그 불결한 때와 같이 부정한즉 26그
의 유출이 있는 모든 날 동안에 그가 눕
는 침상은 그에게 불결한 때의 침상과
같고 그가 앉는 모든 자리도 부정함이
불결한 때의 부정과 같으니 27그것들을
만지는 자는 다 부정한즉 그의 옷을 빨
고 물로 몸을 씻을 것이며 저녁까지 부
정할 것이요 28그의 유출이 그치면 이
레를 센 후에야 정하리니 29그는 여덟
째 날에 산비둘기 두 마리나 집비둘기
새끼 두 마리를 자기를 위하여 가져다
가 회막 문 앞 제사장에게로 가져갈 것
이요 30제사장은 그 한 마리는 속죄제
로, 다른 한 마리는 번제로 드려 유출
로 부정한 여인을 위하여 여호와 앞에
서 속죄할지니라

31너희는 이와 같이 이스라엘 자손이
그들의 부정에서 떠나게 하여 그들 가
운데에 있는 내 성막을 그들이 더럽히
고 그들이 부정한 중에서 죽지 않도록
할지니라

32이 규례는 유출병이 있는 자와 설
정함으로 부정하게 된 자와 33불결기의
앓는 여인과 유출병이 있는 남녀와 그
리고 불결한 여인과 동침한 자에 대한
것이니라

레위기 16장

1아론의 두 아들이 여호와 앞에 나아
가다가 죽은 후에 여호와께서 모세에
게 말씀하시니라 2여호와께서 모세에
게 이르시되 네 형 아론에게 이르라 성
소의 휘장 안 법궤 위 속죄소 앞에 아무
때나 들어오지 말라 그리하여 죽지 않
도록 하라 이는 내가 구름 가운데에서
속죄소 위에 나타남이니라 3아론이 성
소에 들어오려면 수송아지를 속죄제물
로 삼고 숫양을 번제물로 삼고 4거룩한
세마포 속옷을 입으며 세마포 속바지
를 몸에 입고 세마포 띠를 띠며 세마포
관을 쓸지니 이것들은 거룩한 옷이라
물로 그의 몸을 씻고 입을 것이며 5이
스라엘 자손의 회중에게서 속죄제물로
삼기 위하여 숫염소 두 마리와 번제물
로 삼기 위하여 숫양 한 마리를 가져갈
지니라

6아론은 자기를 위한 속죄제의 수송
아지를 드리되 자기와 집안을 위하여
속죄하고 7또 그 두 염소를 가지고 회막
문 여호와 앞에 두고 8두 염소를 위하여
제비 뽑되 한 제비는 여호와를 위하고
한 제비는 아사셀을 위하여 할지며 9아
론은 여호와를 위하여 제비 뽑은 염소
를 속죄제로 드리고 10아사셀을 위하여
제비 뽑은 염소는 산 채로 여호와 앞에
두었다가 그것으로 속죄하고 아사셀을
위하여 광야로 보낼지니라

11아론은 자기를 위한 속죄제의 수송
아지를 드리되 자기와 집안을 위하여
속죄하고 자기를 위한 그 속죄제 수송
아지를 잡고 12향로를 가져다가 여호와
앞 제단 위에서 피운 불을 그것에 채우

☐ 비움

침묵으로 기도하며 나를 비웁니다. 성령의 임재를 구하며, 죄를 회개하며, 마음의 걱정이나 복잡한 생각을 내려놓습니다. 삼위일체 하나님께 가는 길이 다시금 열립니다.

■ 채움

말씀이 나를 가득 채웁니다. 성령의 이끄심에 따라 본문을 관찰하며 깨닫고, 그것을 내 마음에 새겨 내 삶과 세계에 연결합니다. 묵상한 말씀이 삶이 되도록 기도합니다.

나눔

말씀대로 살아갑니다. 오늘 그리고 앞으로 내가 실천할 것들을 구체적으로 적습니다. 가정과 교회, 사회와 오늘의 세계에서 어떻게 말씀이 작동될 것인지 적고 실행합니다.

고 또 곱게 간 향기로운 향을 두 손에
채워 가지고 휘장 안에 들어가서 13여
호와 앞에서 분향하여 향연으로 증거
궤 위 속죄소를 가리게 할지니 그리하
면 그가 죽지 아니할 것이며 14그는 또
수송아지의 피를 가져다가 손가락으로
속죄소 동쪽에 뿌리고 또 손가락으로
그 피를 속죄소 앞에 일곱 번 뿌릴 것
이며 15또 백성을 위한 속죄제 염소를
잡아 그 피를 가지고 휘장 안에 들어가
서 그 수송아지 피로 행함 같이 그 피로
행하여 속죄소 위와 속죄소 앞에 뿌릴
지니 16곧 이스라엘 자손의 부정과 그
들이 범한 모든 죄로 말미암아 지성소
를 위하여 속죄하고 또 그들의 부정한
중에 있는 회막을 위하여 그같이 할 것
이요 17그가 지성소에 속죄하러 들어가
서 자기와 그의 집안과 이스라엘 온 회
중을 위하여 속죄하고 나오기까지는 누
구든지 회막에 있지 못할 것이며 18그는
여호와 앞 제단으로 나와서 그것을 위
하여 속죄할지니 곧 그 수송아지의 피
와 염소의 피를 가져다가 제단 귀퉁이
뿔들에 바르고 19또 손가락으로 그 피
를 그 위에 일곱 번 뿌려 이스라엘 자
손의 부정에서 제단을 성결하게 할 것
이요 20그 지성소와 회막과 제단을 위
하여 속죄하기를 마친 후에 살아 있는
염소를 드리되 21아론은 그의 두 손으
로 살아 있는 염소의 머리에 안수하여
이스라엘 자손의 모든 불의와 그 범한
모든 죄를 아뢰고 그 죄를 염소의 머리
에 두어 미리 정한 사람에게 맡겨 광야
로 보낼지니 22염소가 그들의 모든 불의
를 지고 접근하기 어려운 땅에 이르거
든 그는 그 염소를 광야에 놓을지니라

23아론은 회막에 들어가서 지성소에
들어갈 때에 입었던 세마포 옷을 벗어
거기 두고 24거룩한 곳에서 물로 그의
몸을 씻고 자기 옷을 입고 나와서 자기
의 번제와 백성의 번제를 드려 자기와
백성을 위하여 속죄하고 25속죄제물의
기름을 제단에서 불사를 것이요 26염소
를 아사셀에게 보낸 자는 그의 옷을 빨
고 물로 그의 몸을 씻은 후에 진영에 들
어갈 것이며 27속죄제 수송아지와 속죄
제 염소의 피를 성소로 들여다가 속죄
하였은즉 그 가죽과 고기와 똥을 밖으
로 내다가 불사를 것이요 28불사른 자
는 그의 옷을 빨고 물로 그의 몸을 씻은
후에 진영에 들어갈지니라

29너희는 영원히 이 규례를 지킬지니
라 일곱째 달 곧 그 달 십일에 너희는
스스로 괴롭게 하고 아무 일도 하지 말
되 본토인이든지 너희 중에 거류하는
거류민이든지 그리하라 30이 날에 너
희를 위하여 속죄하여 너희를 정결하
게 하리니 너희의 모든 죄에서 너희가
여호와 앞에 정결하리라 31이는 너희에
게 안식일 중의 안식일인즉 너희는 스
스로 괴롭게 할지니 영원히 지킬 규례
라 32기름 부음을 받고 위임되어 자기
의 아버지를 대신하여 제사장의 직분
을 행하는 제사장은 속죄하되 세마포

비움

침묵으로 기도하며 나를 비웁니다. 성령의 임재를 구하며, 죄를 회개하며, 마음의 걱정이나 복잡한 생각을 내려놓습니다. 삼위일체 하나님께 가는 길이 다시금 열립니다.

채움

말씀이 나를 가득 채웁니다. 성령의 이끄심에 따라 본문을 관찰하며 깨닫고, 그것을 내 마음에 새겨 내 삶과 세계에 연결합니다. 묵상한 말씀이 삶이 되도록 기도합니다.

나눔

말씀대로 살아갑니다. 오늘 그리고 앞으로 내가 실천할 것들을 구체적으로 적습니다. 가정과 교회, 사회와 오늘의 세계에서 어떻게 말씀이 작동될 것인지 적고 실행합니다.

옷 곧 거룩한 옷을 입고 33지성소를 속
죄하며 회막과 제단을 속죄하고 또 제
사장들과 백성의 회중을 위하여 속죄
할지니 34이는 너희가 영원히 지킬 규
례라 이스라엘 자손의 모든 죄를 위하
여 일 년에 한 번 속죄할 것이니라 아론
이 여호와께서 모세에게 명령하신 대
로 행하니라

비움

침묵으로 기도하며 나를 비웁니다. 성령의 임재를 구하며, 죄를 회개하며, 마음의 걱정이나 복잡한 생각을 내려놓습니다. 삼위일체 하나님께 가는 길이 다시금 열립니다.

채움

말씀이 나를 가득 채웁니다. 성령의 이끄심에 따라 본문을 관찰하며 깨닫고, 그것을 내 마음에 새겨 내 삶과 세계에 연결합니다. 묵상한 말씀이 삶이 되도록 기도합니다.

나눔

말씀대로 살아갑니다. 오늘 그리고 앞으로 내가 실천할 것들을 구체적으로 적습니다. 가정과 교회, 사회와 오늘의 세계에서 어떻게 말씀이 작동될 것인지 적고 실행합니다.

ㅇㅁㅅ메줄
동 네 세 메 줄

동네세메줄성경 1

9

레위기

17-27장

레위기 17장

1여호와께서 모세에게 말씀하여 이
르시되 2아론과 그의 아들들과 이스라
엘의 모든 자손에게 말하여 그들에게
이르기를 여호와의 명령이 이러하시다
하라 3이스라엘 집의 모든 사람이 소나
어린 양이나 염소를 진영 안에서 잡든
지 진영 밖에서 잡든지 4먼저 회막 문
으로 끌고 가서 여호와의 성막 앞에서
여호와께 예물로 드리지 아니하는 자
는 피 흘린 자로 여길 것이라 그가 피
를 흘렸은즉 자기 백성 중에서 끊어지
리라 5그런즉 이스라엘 자손이 들에서
잡던 그들의 제물을 회막 문 여호와께
로 끌고 가서 제사장에게 주어 화목제
로 여호와께 드려야 할 것이요 6제사장
은 그 피를 회막 문 여호와의 제단에 뿌
리고 그 기름을 불살라 여호와께 향기
로운 냄새가 되게 할 것이라 7그들은 전
에 음란하게 섬기던 숫염소에게 다시
제사하지 말 것이니라 이는 그들이 대
대로 지킬 영원한 규례니라

8너는 또 그들에게 이르라 이스라엘
집 사람이나 혹은 그들 중에 거류하는
거류민이 번제나 제물을 드리되 9회막
문으로 가져다가 여호와께 드리지 아
니하면 그는 백성 중에서 끊어지리라

10이스라엘 집 사람이나 그들 중에
거류하는 거류민 중에 무슨 피든지 먹
는 자가 있으면 내가 그 피를 먹는 그
사람에게는 내 얼굴을 대하여 그를 백
성 중에서 끊으리니 11육체의 생명은
피에 있음이라 내가 이 피를 너희에게
주어 제단에 뿌려 너희의 생명을 위하
여 속죄하게 하였나니 생명이 피에 있
으므로 피가 죄를 속하느니라 12그러므
로 내가 이스라엘 자손에게 말하기를
너희 중에 아무도 피를 먹지 말며 너희
중에 거류하는 거류민이라도 피를 먹
지 말라 하였나니 13모든 이스라엘 자
손이나 그들 중에 거류하는 거류민이
먹을 만한 짐승이나 새를 사냥하여 잡
거든 그것의 피를 흘리고 흙으로 덮을
지니라 14모든 생물은 그 피가 생명과
일체라 그러므로 내가 이스라엘 자손
에게 이르기를 너희는 어떤 육체의 피
든지 먹지 말라 하였나니 모든 육체의
생명은 그것의 피인즉 그 피를 먹는 모
든 자는 끊어지리라 15또 스스로 죽은
것이나 들짐승에게 찢겨 죽은 것을 먹
은 모든 자는 본토인이거나 거류민이
거나 그의 옷을 빨고 물로 몸을 씻을 것
이며 저녁까지 부정하고 그 후에는 정
하려니와 16그가 빨지 아니하거나 그의
몸을 물로 씻지 아니하면 그가 죄를 담
당하리라

레위기 18장

1여호와께서 모세에게 말씀하여 이
르시되 2너는 이스라엘 자손에게 말하
여 이르라 나는 여호와 너희의 하나님
이니라 3너희는 너희가 거주하던 애굽
땅의 풍속을 따르지 말며 내가 너희를
인도할 가나안 땅의 풍속과 규례도 행

비움

침묵으로 기도하며 나를 비웁니다. 성령의 임재를 구하며, 죄를 회개하며, 마음의 걱정이나 복잡한 생각을 내려놓습니다. 삼위일체 하나님께 가는 길이 다시금 열립니다.

채움

말씀이 나를 가득 채웁니다. 성령의 이끄심에 따라 본문을 관찰하며 깨닫고, 그것을 내 마음에 새겨 내 삶과 세계에 연결합니다. 묵상한 말씀이 삶이 되도록 기도합니다.

나눔

말씀대로 살아갑니다. 오늘 그리고 앞으로 내가 실천할 것들을 구체적으로 적습니다. 가정과 교회, 사회와 오늘의 세계에서 어떻게 말씀이 작동될 것인지 적고 실행합니다.

하지 말고 4너희는 내 법도를 따르며 내
규례를 지켜 그대로 행하라 나는 너희
의 하나님 여호와이니라 5너희는 내 규
례와 법도를 지키라 사람이 이를 행하
면 그로 말미암아 살리라 나는 여호와
이니라

6각 사람은 자기의 살붙이를 가까이
하여 그의 하체를 범하지 말라 나는 여
호와이니라 7네 어머니의 하체는 곧 네
아버지의 하체이니 너는 범하지 말라
그는 네 어머니인즉 너는 그의 하체를
범하지 말지니라 8너는 네 아버지의 아
내의 하체를 범하지 말라 이는 네 아버
지의 하체니라 9너는 네 자매 곧 네 아
버지의 딸이나 네 어머니의 딸이나 집
에서나 다른 곳에서 출생하였음을 막
론하고 그들의 하체를 범하지 말지니
라 10네 손녀나 네 외손녀의 하체를 범
하지 말라 이는 네 하체니라 11네 아버
지의 아내가 네 아버지에게 낳은 딸은
네 누이니 너는 그의 하체를 범하지 말
지니라 12너는 네 고모의 하체를 범하
지 말라 그는 네 아버지의 살붙이니라
13너는 네 이모의 하체를 범하지 말라
그는 네 어머니의 살붙이니라 14너는
네 아버지 형제의 아내를 가까이 하여
그의 하체를 범하지 말라 그는 네 숙모
니라 15너는 네 며느리의 하체를 범하
지 말라 그는 네 아들의 아내이니 그의
하체를 범하지 말지니라 16너는 네 형
제의 아내의 하체를 범하지 말라 이는
네 형제의 하체니라 17너는 여인과 그
여인의 딸의 하체를 아울러 범하지 말
며 또 그 여인의 손녀나 외손녀를 아울
러 데려다가 그의 하체를 범하지 말라
그들은 그의 살붙이이니 이는 악행이
니라 18너는 아내가 생존할 동안에 그
의 자매를 데려다가 그의 하체를 범하
여 그로 질투하게 하지 말지니라

19너는 여인이 월경으로 불결한 동
안에 그에게 가까이 하여 그의 하체를
범하지 말지니라 20너는 네 이웃의 아
내와 동침하여 설정하므로 그 여자와
함께 자기를 더럽히지 말지니라 21너
는 결단코 자녀를 몰렉에게 주어 불
로 통과하게 함으로 네 하나님의 이름
을 욕되게 하지 말라 나는 여호와이니
라 22너는 여자와 동침함 같이 남자와
동침하지 말라 이는 가증한 일이니라
23너는 짐승과 교합하여 자기를 더럽히
지 말며 여자는 짐승 앞에 서서 그것과
교접하지 말라 이는 문란한 일이니라

24너희는 이 모든 일로 스스로 더럽
히지 말라 내가 너희 앞에서 쫓아내는
족속들이 이 모든 일로 말미암아 더러
워졌고 25그 땅도 더러워졌으므로 내가
그 악으로 말미암아 벌하고 그 땅도 스
스로 그 주민을 토하여 내느니라 26그
러므로 너희 곧 너희의 동족이나 혹은
너희 중에 거류하는 거류민이나 내 규
례와 내 법도를 지키고 이런 가증한 일
의 하나라도 행하지 말라 27너희 전에
있던 그 땅 주민이 이 모든 가증한 일을

비움

침묵으로 기도하며 나를 비웁니다. 성령의 임재를 구하며, 죄를 회개하며, 마음의 걱정이나 복잡한 생각을 내려놓습니다. 삼위일체 하나님께 가는 길이 다시금 열립니다.

채움

말씀이 나를 가득 채웁니다. 성령의 이끄심에 따라 본문을 관찰하며 깨닫고, 그것을 내 마음에 새겨 내 삶과 세계에 연결합니다. 묵상한 말씀이 삶이 되도록 기도합니다.

나눔

말씀대로 살아갑니다. 오늘 그리고 앞으로 내가 실천할 것들을 구체적으로 적습니다. 가정과 교회, 사회와 오늘의 세계에서 어떻게 말씀이 작동될 것인지 적고 실행합니다.

행하였고 그 땅도 더러워졌느니라 28너
희도 더럽히면 그 땅이 너희가 있기 전
주민을 토함 같이 너희를 토할까 하노
라 29이 가증한 모든 일을 행하는 자는
그 백성 중에서 끊어지리라 30그러므로
너희는 내 명령을 지키고 너희가 들어
가기 전에 행하던 가증한 풍속을 하나
라도 따름으로 스스로 더럽히지 말라
나는 너희의 하나님 여호와이니라

레위기 19장

1여호와께서 모세에게 말씀하여 이
르시되 2너는 이스라엘 자손의 온 회중
에게 말하여 이르라 너희는 거룩하라
이는 나 여호와 너희 하나님이 거룩함
이니라 3너희 각 사람은 부모를 경외하
고 나의 안식일을 지키라 나는 너희의
하나님 여호와이니라 4너희는 헛된 것
들에게로 향하지 말며 너희를 위하여
신상들을 부어 만들지 말라 나는 너희
의 하나님 여호와이니라

5너희는 화목제물을 여호와께 드릴
때에 기쁘게 받으시도록 드리고 6그 제
물은 드리는 날과 이튿날에 먹고 셋째
날까지 남았거든 불사르라 7셋째 날에
조금이라도 먹으면 가증한 것이 되어
기쁘게 받으심이 되지 못하고 8그것을
먹는 자는 여호와의 성물을 더럽힘으
로 말미암아 죄를 담당하리니 그가 그
의 백성 중에서 끊어지리라

9너희가 너희의 땅에서 곡식을 거둘
때에 너는 밭 모퉁이까지 다 거두지 말
고 네 떨어진 이삭도 줍지 말며 10네 포
도원의 열매를 다 따지 말며 네 포도원
에 떨어진 열매도 줍지 말고 가난한 사
람과 거류민을 위하여 버려두라 나는
너희의 하나님 여호와이니라

11너희는 도둑질하지 말며 속이지 말
며 서로 거짓말하지 말며 12너희는 내
이름으로 거짓 맹세함으로 네 하나님
의 이름을 욕되게 하지 말라 나는 여호
와이니라

13너는 네 이웃을 억압하지 말며 착
취하지 말며 품꾼의 삯을 아침까지 밤
새도록 네게 두지 말며 14너는 귀먹은
자를 저주하지 말며 맹인 앞에 장애물
을 놓지 말고 네 하나님을 경외하라 나
는 여호와이니라

15너희는 재판할 때에 불의를 행하지
말며 가난한 자의 편을 들지 말며 세력
있는 자라고 두둔하지 말고 공의로 사
람을 재판할지며 16너는 네 백성 중에
돌아다니며 사람을 비방하지 말며 네
이웃의 피를 흘려 이익을 도모하지 말
라 나는 여호와이니라

17너는 네 형제를 마음으로 미워하지
말며 네 이웃을 반드시 견책하라 그러
면 네가 그에 대하여 죄를 담당하지 아
니하리라 18원수를 갚지 말며 동포를
원망하지 말며 네 이웃 사랑하기를 네

☐ 비움

침묵으로 기도하며 나를 비웁니다. 성령의 임재를 구하며, 죄를 회개하며, 마음의 걱정이나 복잡한 생각을 내려놓습니다. 삼위일체 하나님께 가는 길이 다시금 열립니다.

■ 채움

말씀이 나를 가득 채웁니다. 성령의 이끄심에 따라 본문을 관찰하며 깨닫고, 그것을 내 마음에 새겨 내 삶과 세계에 연결합니다. 묵상한 말씀이 삶이 되도록 기도합니다.

나눔

말씀대로 살아갑니다. 오늘 그리고 앞으로 내가 실천할 것들을 구체적으로 적습니다. 가정과 교회, 사회와 오늘의 세계에서 어떻게 말씀이 작동될 것인지 적고 실행합니다.

자신과 같이 사랑하라 나는 여호와이
니라

19너희는 내 규례를 지킬지어다 네
가축을 다른 종류와 교미시키지 말며
네 밭에 두 종자를 섞어 뿌리지 말며 두
재료로 직조한 옷을 입지 말지며 20만
일 어떤 사람이 다른 사람과 정혼한 여
종 곧 아직 속량되거나 해방되지 못한
여인과 동침하여 설정하면 그것은 책
망을 받을 일이니라 그러나 그들은 죽
임을 당하지는 아니하리니 그 여인이
해방되지 못하였기 때문이니라 21그 남
자는 그 속건제물 곧 속건제 숫양을 회
막 문 여호와께로 끌고 올 것이요 22제
사장은 그가 범한 죄를 위하여 그 속건
제의 숫양으로 여호와 앞에 속죄할 것
이요 그리하면 그가 범한 죄를 사함 받
으리라

23너희가 그 땅에 들어가 각종 과목
을 심거든 그 열매는 아직 할례 받지 못
한 것으로 여기되 곧 삼 년 동안 너희는
그것을 할례 받지 못한 것으로 여겨 먹
지 말 것이요 24넷째 해에는 그 모든 과
실이 거룩하니 여호와께 드려 찬송할
것이며 25다섯째 해에는 그 열매를 먹
을지니 그리하면 너희에게 그 소산이
풍성하리라 나는 너희의 하나님 여호
와이니라

26너희는 무엇이든지 피째 먹지 말
며 점을 치지 말며 술법을 행하지 말며
27머리 가를 둥글게 깎지 말며 수염 끝
을 손상하지 말며 28죽은 자 때문에 너
희의 살에 문신을 하지 말며 무늬를 놓
지 말라 나는 여호와이니라

29네 딸을 더럽혀 창녀가 되게 하지
말라 음행이 전국에 퍼져 죄악이 가득
할까 하노라 30내 안식일을 지키고 내
성소를 귀히 여기라 나는 여호와이니라

31너희는 신접한 자와 박수를 믿지 말
며 그들을 추종하여 스스로 더럽히지
말라 나는 너희 하나님 여호와이니라

32너는 센 머리 앞에서 일어서고 노
인의 얼굴을 공경하며 네 하나님을 경
외하라 나는 여호와이니라

33거류민이 너희의 땅에 거류하여 함
께 있거든 너희는 그를 학대하지 말고
34너희와 함께 있는 거류민을 너희 중
에서 낳은 자 같이 여기며 자기 같이 사
랑하라 너희도 애굽 땅에서 거류민이
되었었느니라 나는 너희의 하나님 여
호와이니라

35너희는 재판할 때나 길이나 무게나
양을 잴 때 불의를 행하지 말고 36공평
한 저울과 공평한 추와 공평한 에바와
공평한 힌을 사용하라 나는 너희를 인
도하여 애굽 땅에서 나오게 한 너희의
하나님 여호와이니라 37너희는 내 모든
규례와 내 모든 법도를 지켜 행하라 나

비움

침묵으로 기도하며 나를 비웁니다. 성령의 임재를 구하며, 죄를 회개하며, 마음의 걱정이나 복잡한 생각을 내려놓습니다. 삼위일체 하나님께 가는 길이 다시금 열립니다.

채움

말씀이 나를 가득 채웁니다. 성령의 이끄심에 따라 본문을 관찰하며 깨닫고, 그것을 내 마음에 새겨 내 삶과 세계에 연결합니다. 묵상한 말씀이 삶이 되도록 기도합니다.

나눔

말씀대로 살아갑니다. 오늘 그리고 앞으로 내가 실천할 것들을 구체적으로 적습니다. 가정과 교회, 사회와 오늘의 세계에서 어떻게 말씀이 작동될 것인지 적고 실행합니다.

는 여호와이니라

레위기 20장

1여호와께서 모세에게 말씀하여 이
르시되 2너는 이스라엘 자손에게 또 이
르라 그가 이스라엘 자손이든지 이스라
엘에 거류하는 거류민이든지 그의 자식
을 몰렉에게 주면 반드시 죽이되 그 지
방 사람이 돌로 칠 것이요 3나도 그 사
람에게 진노하여 그를 그의 백성 중에
서 끊으리니 이는 그가 그의 자식을 몰
렉에게 주어서 내 성소를 더럽히고 내
성호를 욕되게 하였음이라 4그가 그의
자식을 몰렉에게 주는 것을 그 지방 사
람이 못 본 체하고 그를 죽이지 아니하
면 5내가 그 사람과 그의 권속에게 진노
하여 그와 그를 본받아 몰렉을 음란하
게 섬기는 모든 사람을 그들의 백성 중
에서 끊으리라

6접신한 자와 박수무당을 음란하게
따르는 자에게는 내가 진노하여 그를
그의 백성 중에서 끊으리니 7너희는 스
스로 깨끗하게 하여 거룩할지어다 나
는 너희의 하나님 여호와이니라 8너희
는 내 규례를 지켜 행하라 나는 너희를
거룩하게 하는 여호와이니라 9만일 누
구든지 자기의 아버지나 어머니를 저
주하는 자는 반드시 죽일지니 그가 자
기의 아버지나 어머니를 저주하였은즉
그의 피가 자기에게로 돌아가리라

10누구든지 남의 아내와 간음하는 자
곧 그의 이웃의 아내와 간음하는 자는
그 간부와 음부를 반드시 죽일지니라
11누구든지 그의 아버지의 아내와 동침
하는 자는 그의 아버지의 하체를 범하
였은즉 둘 다 반드시 죽일지니 그들의
피가 자기들에게로 돌아가리라 12누구
든지 그의 며느리와 동침하거든 둘 다
반드시 죽일지니 그들이 가증한 일을
행하였음이라 그들의 피가 자기들에게
로 돌아가리라 13누구든지 여인과 동침
하듯 남자와 동침하면 둘 다 가증한 일
을 행함인즉 반드시 죽일지니 자기의
피가 자기에게로 돌아가리라 14누구든
지 아내와 자기의 장모를 함께 데리고
살면 악행인즉 그와 그들을 함께 불사
를지니 이는 너희 중에 악행이 없게 하
려 함이니라 15남자가 짐승과 교합하면
반드시 죽이고 너희는 그 짐승도 죽일
것이며 16여자가 짐승에게 가까이 하여
교합하면 너는 여자와 짐승을 죽이되
그들을 반드시 죽일지니 그들의 피가
자기들에게로 돌아가리라

17누구든지 그의 자매 곧 그의 아버
지의 딸이나 그의 어머니의 딸을 데려
다가 그 여자의 하체를 보고 여자는 그
남자의 하체를 보면 부끄러운 일이라
그들의 민족 앞에서 그들이 끊어질지
니 그가 자기의 자매의 하체를 범하였
은즉 그가 그의 죄를 담당하리라 18누
구든지 월경 중의 여인과 동침하여 그
의 하체를 범하면 남자는 그 여인의 근
원을 드러냈고 여인은 자기의 피 근원

☐ 비움

침묵으로 기도하며 나를 비웁니다. 성령의 임재를 구하며, 죄를 회개하며, 마음의 걱정이나 복잡한 생각을 내려놓습니다. 삼위일체 하나님께 가는 길이 다시금 열립니다.

■ 채움

말씀이 나를 가득 채웁니다. 성령의 이끄심에 따라 본문을 관찰하며 깨닫고, 그것을 내 마음에 새겨 내 삶과 세계에 연결합니다. 묵상한 말씀이 삶이 되도록 기도합니다.

나눔

말씀대로 살아갑니다. 오늘 그리고 앞으로 내가 실천할 것들을 구체적으로 적습니다. 가정과 교회, 사회와 오늘의 세계에서 어떻게 말씀이 작동될 것인지 적고 실행합니다.

을 드러내었음인즉 둘 다 백성 중에서
끊어지리라 19네 이모나 고모의 하체
를 범하지 말지니 이는 살붙이의 하체
인즉 그들이 그들의 죄를 담당하리라
20누구든지 그의 숙모와 동침하면 그의
숙부의 하체를 범함이니 그들은 그들
의 죄를 담당하여 자식이 없이 죽으리
라 21누구든지 그의 형제의 아내를 데
리고 살면 더러운 일이라 그가 그의 형
제의 하체를 범함이니 그들에게 자식
이 없으리라

22너희는 나의 모든 규례와 법도를
지켜 행하라 그리하여야 내가 너희를
인도하여 거주하게 하는 땅이 너희를
토하지 아니하리라 23너희는 내가 너
희 앞에서 쫓아내는 족속의 풍속을 따
르지 말라 그들이 이 모든 일을 행하므
로 내가 그들을 가증히 여기노라 24내
가 전에 너희에게 이르기를 너희가 그
들의 땅을 기업으로 받을 것이라 내가
그 땅 곧 젖과 꿀이 흐르는 땅을 너희에
게 주어 유업을 삼게 하리라 하였노라
나는 너희를 만민 중에서 구별한 너희
의 하나님 여호와이니라 25너희는 짐승
이 정하고 부정함과 새가 정하고 부정
함을 구별하고 내가 너희를 위하여 부
정한 것으로 구별한 짐승이나 새나 땅
에 기는 것들로 너희의 몸을 더럽히지
말라 26너희는 나에게 거룩할지어다 이
는 나 여호와가 거룩하고 내가 또 너희
를 나의 소유로 삼으려고 너희를 만민
중에서 구별하였음이니라

27남자나 여자가 접신하거나 박수무
당이 되거든 반드시 죽일지니 곧 돌로
그를 치라 그들의 피가 자기들에게로
돌아가리라

레위기 21장

1여호와께서 모세에게 이르시되 아
론의 자손 제사장들에게 말하여 이르
라 그의 백성 중에서 죽은 자를 만짐으
로 말미암아 스스로를 더럽히지 말려
니와 2그의 살붙이인 그의 어머니나 그
의 아버지나 그의 아들이나 그의 딸이
나 그의 형제나 3출가하지 아니한 처녀
인 그의 자매로 말미암아서는 몸을 더
럽힐 수 있느니라 4제사장은 그의 백성
의 어른인즉 자신을 더럽혀 속되게 하
지 말지니라 5제사장들은 머리털을 깎
아 대머리 같게 하지 말며 자기의 수염
양쪽을 깎지 말며 살을 베지 말고 6그들
의 하나님께 대하여 거룩하고 그들의
하나님의 이름을 욕되게 하지 말 것이
며 그들은 여호와의 화제 곧 그들의 하
나님의 음식을 드리는 자인즉 거룩할
것이라 7그들은 부정한 창녀나 이혼 당
한 여인을 취하지 말지니 이는 그가 여
호와 하나님께 거룩함이니라 8너는 그
를 거룩히 여기라 그는 네 하나님의 음
식을 드림이니라 너는 그를 거룩히 여
기라 너희를 거룩하게 하는 나 여호와
는 거룩함이니라 9어떤 제사장의 딸이
든지 행음하여 자신을 속되게 하면 그
의 아버지를 속되게 함이니 그를 불사
를지니라

비움

침묵으로 기도하며 나를 비웁니다. 성령의 임재를 구하며, 죄를 회개하며, 마음의 걱정이나 복잡한 생각을 내려놓습니다. 삼위일체 하나님께 가는 길이 다시금 열립니다.

채움

말씀이 나를 가득 채웁니다. 성령의 이끄심에 따라 본문을 관찰하며 깨닫고, 그것을 내 마음에 새겨 내 삶과 세계에 연결합니다. 묵상한 말씀이 삶이 되도록 기도합니다.

나눔

말씀대로 살아갑니다. 오늘 그리고 앞으로 내가 실천할 것들을 구체적으로 적습니다. 가정과 교회, 사회와 오늘의 세계에서 어떻게 말씀이 작동될 것인지 적고 실행합니다.

10자기의 형제 중 관유로 부음을 받
고 위임되어 그 예복을 입은 대제사장
은 그의 머리를 풀지 말며 그의 옷을
찢지 말며 11어떤 시체에든지 가까이
하지 말지니 그의 부모로 말미암아서
도 더러워지게 하지 말며 12그 성소에
서 나오지 말며 그의 하나님의 성소를
속되게 하지 말라 이는 하나님께서 성
별하신 관유가 그 위에 있음이니라 나
는 여호와이니라 13그는 처녀를 데려다
가 아내를 삼을지니 14과부나 이혼 당
한 여자나 창녀 짓을 하는 더러운 여인
을 취하지 말고 자기 백성 중에서 처녀
를 취하여 아내를 삼아 15그의 자손이
그의 백성 중에서 속되게 하지 말지니
나는 그를 거룩하게 하는 여호와임이
니라

16여호와께서 모세에게 말씀하여 이
르시되 17아론에게 말하여 이르라 누구
든지 너의 자손 중 대대로 육체에 흠이
있는 자는 그 하나님의 음식을 드리려
고 가까이 오지 못할 것이니라 18누구
든지 흠이 있는 자는 가까이 하지 못할
지니 곧 맹인이나 다리 저는 자나 코가
불완전한 자나 지체가 더한 자나 19발
부러진 자나 손 부러진 자나 20등 굽은
자나 키 못 자란 자나 눈에 백막이 있는
자나 습진이나 버짐이 있는 자나 고환
상한 자나 21제사장 아론의 자손 중에
흠이 있는 자는 나와 여호와께 화제를
드리지 못할지니 그는 흠이 있은즉 나
와서 그의 하나님께 음식을 드리지 못
하느니라 22그는 그의 하나님의 음식이
지성물이든지 성물이든지 먹을 것이나
23휘장 안에 들어가지 못할 것이요 제
단에 가까이 하지 못할지니 이는 그가
흠이 있음이니라 이와 같이 그가 내 성
소를 더럽히지 못할 것은 나는 그들을
거룩하게 하는 여호와임이니라 24이와
같이 모세가 아론과 그의 아들들과 온
이스라엘 자손에게 말하였더라

레위기 22장

1여호와께서 모세에게 말씀하여 이
르시되 2아론과 그의 아들들에게 말하
여 그들로 이스라엘 자손이 내게 드리
는 그 성물에 대하여 스스로 구별하여
내 성호를 욕되게 함이 없게 하라 나는
여호와이니라 3그들에게 이르라 누구
든지 네 자손 중에 대대로 그의 몸이
부정하면서도 이스라엘 자손이 구별하
여 여호와께 드리는 성물에 가까이 하
는 자는 내 앞에서 끊어지리라 나는 여
호와이니라 4아론의 자손 중 나병 환자
나 유출병자는 그가 정결하기 전에는
그 성물을 먹지 말 것이요 시체의 부정
에 접촉된 자나 설정한 자나 5무릇 사람
을 부정하게 하는 벌레에 접촉된 모든
사람과 무슨 부정이든지 사람을 더럽
힐 만한 것에게 접촉된 자 6곧 이런 것
에 접촉된 자는 저녁까지 부정하니 그
의 몸을 물로 씻지 아니하면 그 성물을
먹지 못할지며 7해 질 때에야 정하리니
그 후에야 그 성물을 먹을 것이니라 이
는 자기의 음식이 됨이니라 8시체나 찢

비움

침묵으로 기도하며 나를 비웁니다. 성령의 임재를 구하며, 죄를 회개하며, 마음의 걱정이나 복잡한 생각을 내려놓습니다. 삼위일체 하나님께 가는 길이 다시금 열립니다.

채움

말씀이 나를 가득 채웁니다. 성령의 이끄심에 따라 본문을 관찰하며 깨닫고, 그것을 내 마음에 새겨 내 삶과 세계에 연결합니다. 묵상한 말씀이 삶이 되도록 기도합니다.

나눔

말씀대로 살아갑니다. 오늘 그리고 앞으로 내가 실천할 것들을 구체적으로 적습니다. 가정과 교회, 사회와 오늘의 세계에서 어떻게 말씀이 작동될 것인지 적고 실행합니다.

겨 죽은 짐승을 먹음으로 자기를 더럽
히지 말라 나는 여호와이니라 9그들은
내 명령을 지킬 것이니라 그것을 속되
게 하면 그로 말미암아 죄를 짓고 그 가
운데에서 죽을까 하노라 나는 그들을
거룩하게 하는 여호와이니라

10일반인은 성물을 먹지 못할 것이며
제사장의 객이나 품꾼도 다 성물을 먹
지 못할 것이니라 11그러나 제사장이
그의 돈으로 어떤 사람을 샀으면 그는
그것을 먹을 것이며 그의 집에서 출생
한 자도 그렇게 하여 그들이 제사장의
음식을 먹을 것이며 12제사장의 딸이
일반인에게 출가하였으면 거제의 성물
을 먹지 못하되 13만일 그가 과부가 되
든지 이혼을 당하든지 자식이 없이 그
의 친정에 돌아와서 젊었을 때와 같으
면 그는 그의 아버지 몫의 음식을 먹을
것이나 일반인은 먹지 못할 것이니라
14만일 누가 부지중에 성물을 먹으면
그 성물에 그것의 오분의 일을 더하여
제사장에게 줄지니라 15이스라엘 자손
이 여호와께 드리는 성물을 그들은 속
되게 하지 말지니 16그들이 성물을 먹
으면 그 죄로 인하여 형벌을 받게 할 것
이니라 나는 그 음식을 거룩하게 하는
여호와이니라

17여호와께서 모세에게 말씀하여 이
르시되 18아론과 그의 아들들과 이스라
엘 온 족속에게 말하여 이르라 이스라
엘 자손이나 그 중에 거류하는 자가 서
원제물이나 자원제물로 번제와 더불어
여호와께 예물로 드리려거든 19기쁘게
받으심이 되도록 소나 양이나 염소의
흠 없는 수컷으로 드릴지니 20흠 있는
것은 무엇이나 너희가 드리지 말 것은
그것이 기쁘게 받으심이 되지 못할 것
임이니라 21만일 누구든지 서원한 것
을 갚으려 하든지 자의로 예물을 드리
려 하여 소나 양으로 화목제물을 여호
와께 드리는 자는 기쁘게 받으심이 되
도록 아무 흠이 없는 온전한 것으로 할
지니 22너희는 눈 먼 것이나 상한 것이
나 지체에 베임을 당한 것이나 종기 있
는 것이나 습진 있는 것이나 비루먹은
것을 여호와께 드리지 말며 이런 것들
은 제단 위에 화제물로 여호와께 드리
지 말라 23소나 양의 지체가 더하거나
덜하거나 한 것은 너희가 자원제물로
는 쓰려니와 서원제물로 드리면 기쁘
게 받으심이 되지 못하리라 24너희는
고환이 상하였거나 치었거나 터졌거나
베임을 당한 것은 여호와께 드리지 말
며 너희의 땅에서는 이런 일을 행하지
도 말지며 25너희는 외국인에게서도 이
런 것을 받아 너희의 하나님의 음식으
로 드리지 말라 이는 결점이 있고 흠이
있는 것인즉 너희를 위하여 기쁘게 받
으심이 되지 못할 것임이니라

26여호와께서 모세에게 말씀하여 이
르시되 27수소나 양이나 염소가 나거든
이레 동안 그것의 어미와 같이 있게 하
라 여덟째 날 이후로는 여호와께 화제

☐ 비움

침묵으로 기도하며 나를 비웁니다. 성령의 임재를 구하며, 죄를 회개하며, 마음의 걱정이나 복잡한 생각을 내려놓습니다. 삼위일체 하나님께 가는 길이 다시금 열립니다.

■ 채움

말씀이 나를 가득 채웁니다. 성령의 이끄심에 따라 본문을 관찰하며 깨닫고, 그것을 내 마음에 새겨 내 삶과 세계에 연결합니다. 묵상한 말씀이 삶이 되도록 기도합니다.

나눔

말씀대로 살아갑니다. 오늘 그리고 앞으로 내가 실천할 것들을 구체적으로 적습니다. 가정과 교회, 사회와 오늘의 세계에서 어떻게 말씀이 작동될 것인지 적고 실행합니다.

로 예물을 드리면 기쁘게 받으심이 되
리라 28암소나 암양을 막론하고 어미와
새끼를 같은 날에 잡지 말지니라 29너
희가 여호와께 감사제물을 드리려거
든 너희가 기쁘게 받으심이 되도록 드
릴지며 30그 제물은 그 날에 먹고 이튿
날까지 두지 말라 나는 여호와이니라
31너희는 내 계명을 지키며 행하라 나
는 여호와이니라 32너희는 내 성호를
속되게 하지 말라 나는 이스라엘 자손
중에서 거룩하게 함을 받을 것이니라
나는 너희를 거룩하게 하는 여호와요
33너희의 하나님이 되려고 너희를 애굽
땅에서 인도하여 낸 자니 나는 여호와
이니라

레위기 23장

1여호와께서 모세에게 말씀하여 이
르시되 2이스라엘 자손에게 말하여 이
르라 이것이 나의 절기들이니 너희가
성회로 공포할 여호와의 절기들이니라
3엿새 동안은 일할 것이요 일곱째 날은
쉴 안식일이니 성회의 날이라 너희는
아무 일도 하지 말라 이는 너희가 거주
하는 각처에서 지킬 여호와의 안식일
이니라

4이것이 너희가 그 정한 때에 성회로
공포할 여호와의 절기들이니라 5첫째
달 열나흗날 저녁은 여호와의 유월절
이요 6이 달 열닷샛날은 여호와의 무교
절이니 이레 동안 너희는 무교병을 먹
을 것이요 7그 첫 날에는 너희가 성회로
모이고 아무 노동도 하지 말지며 8너희
는 이레 동안 여호와께 화제를 드릴 것
이요 일곱째 날에도 성회로 모이고 아
무 노동도 하지 말지니라

9여호와께서 모세에게 말씀하여 이
르시되 10이스라엘 자손에게 말하여 이
르라 너희는 내가 너희에게 주는 땅에
들어가서 너희의 곡물을 거둘 때에 너
희의 곡물의 첫 이삭 한 단을 제사장에
게로 가져갈 것이요 11제사장은 너희를
위하여 그 단을 여호와 앞에 기쁘게 받
으심이 되도록 흔들되 안식일 이튿날
에 흔들 것이며 12너희가 그 단을 흔드
는 날에 일 년 되고 흠 없는 숫양을 여
호와께 번제로 드리고 13그 소제로는
기름 섞은 고운 가루 십분의 이 에바
를 여호와께 드려 화제로 삼아 향기로
운 냄새가 되게 하고 전제로는 포도주
사분의 일 힌을 쓸 것이며 14너희는 너
희 하나님께 예물을 가져오는 그 날까
지 떡이든지 볶은 곡식이든지 생 이삭
이든지 먹지 말지니 이는 너희가 거주
하는 각처에서 대대로 지킬 영원한 규
례니라

15안식일 이튿날 곧 너희가 요제로
곡식단을 가져온 날부터 세어서 일곱
안식일의 수효를 채우고 16일곱 안식일
이튿날까지 합하여 오십 일을 계수하
여 새 소제를 여호와께 드리되 17너희
의 처소에서 십분의 이 에바로 만든 떡
두 개를 가져다가 흔들지니 이는 고운

비움

침묵으로 기도하며 나를 비웁니다. 성령의 임재를 구하며, 죄를 회개하며, 마음의 걱정이나 복잡한 생각을 내려놓습니다. 삼위일체 하나님께 가는 길이 다시금 열립니다.

채움

말씀이 나를 가득 채웁니다. 성령의 이끄심에 따라 본문을 관찰하며 깨닫고, 그것을 내 마음에 새겨 내 삶과 세계에 연결합니다. 묵상한 말씀이 삶이 되도록 기도합니다.

나눔

말씀대로 살아갑니다. 오늘 그리고 앞으로 내가 실천할 것들을 구체적으로 적습니다. 가정과 교회, 사회와 오늘의 세계에서 어떻게 말씀이 작동될 것인지 적고 실행합니다.

가루에 누룩을 넣어서 구운 것이요 이
는 첫 요제로 여호와께 드리는 것이며
18너희는 또 이 떡과 함께 일 년 된 흠
없는 어린 양 일곱 마리와 어린 수소 한
마리와 숫양 두 마리를 드리되 이것들
을 그 소제와 그 전제제물과 함께 여호
와께 드려서 번제로 삼을지니 이는 화
제라 여호와께 향기로운 냄새며 19또
숫염소 하나로 속죄제를 드리며 일 년
된 어린 숫양 두 마리를 화목제물로 드
릴 것이요 20제사장은 그 첫 이삭의 떡
과 함께 그 두 마리 어린 양을 여호와
앞에 흔들어서 요제를 삼을 것이요 이
것들은 여호와께 드리는 성물이니 제
사장에게 돌릴 것이며 21이 날에 너희
는 너희 중에 성회를 공포하고 어떤 노
동도 하지 말지니 이는 너희가 그 거주
하는 각처에서 대대로 지킬 영원한 규
례니라

22너희 땅의 곡물을 벨 때에 밭 모퉁
이까지 다 베지 말며 떨어진 것을 줍지
말고 그것을 가난한 자와 거류민을 위
하여 남겨두라 나는 너희의 하나님 여
호와이니라

23여호와께서 모세에게 말씀하여 이
르시되 24이스라엘 자손에게 말하여 이
르라 일곱째 달 곧 그 달 첫 날은 너희
에게 쉬는 날이 될지니 이는 나팔을 불
어 기념할 날이요 성회라 25어떤 노동
도 하지 말고 여호와께 화제를 드릴지
니라

26여호와께서 모세에게 말씀하여 이
르시되 27일곱째 달 열흘날은 속죄일이
니 너희는 성회를 열고 스스로 괴롭게
하며 여호와께 화제를 드리고 28이 날
에는 어떤 일도 하지 말 것은 너희를 위
하여 너희 하나님 여호와 앞에 속죄할
속죄일이 됨이니라 29이 날에 스스로
괴롭게 하지 아니하는 자는 그 백성 중
에서 끊어질 것이라 30이 날에 누구든
지 어떤 일이라도 하는 자는 내가 그의
백성 중에서 멸절시키리니 31너희는 아
무 일도 하지 말라 이는 너희가 거주하
는 각처에서 대대로 지킬 영원한 규례
니라 32이는 너희가 쉴 안식일이라 너
희는 스스로 괴롭게 하고 이 달 아흐렛
날 저녁 곧 그 저녁부터 이튿날 저녁까
지 안식을 지킬지니라

33여호와께서 모세에게 말씀하여 이
르시되 34이스라엘 자손에게 말하여 이
르라 일곱째 달 열닷샛날은 초막절이
니 여호와를 위하여 이레 동안 지킬 것
이라 35첫 날에는 성회로 모일지니 너
희는 아무 노동도 하지 말지며 36이레
동안에 너희는 여호와께 화제를 드릴
것이요 여덟째 날에도 너희는 성회로
모여서 여호와께 화제를 드릴지니 이
는 거룩한 대회라 너희는 어떤 노동도
하지 말지니라

37이것들은 여호와의 절기라 너희는
공포하여 성회를 열고 여호와께 화제
를 드릴지니 번제와 소제와 희생제물

비움

침묵으로 기도하며 나를 비웁니다. 성령의 임재를 구하며, 죄를 회개하며, 마음의 걱정이나 복잡한 생각을 내려놓습니다. 삼위일체 하나님께 가는 길이 다시금 열립니다.

채움

말씀이 나를 가득 채웁니다. 성령의 이끄심에 따라 본문을 관찰하며 깨닫고, 그것을 내 마음에 새겨 내 삶과 세계에 연결합니다. 묵상한 말씀이 삶이 되도록 기도합니다.

나눔

말씀대로 살아갑니다. 오늘 그리고 앞으로 내가 실천할 것들을 구체적으로 적습니다. 가정과 교회, 사회와 오늘의 세계에서 어떻게 말씀이 작동될 것인지 적고 실행합니다.

과 전제를 각각 그 날에 드릴지니 38이
는 여호와의 안식일 외에, 너희의 헌물
외에, 너희의 모든 서원제물 외에 또 너
희의 모든 자원제물 외에 너희가 여호
와께 드리는 것이니라

39너희가 토지 소산 거두기를 마치거
든 일곱째 달 열닷샛날부터 이레 동안
여호와의 절기를 지키되 첫 날에도 안
식하고 여덟째 날에도 안식할 것이요
40첫 날에는 너희가 아름다운 나무 실
과와 종려나무 가지와 무성한 나무 가
지와 시내 버들을 취하여 너희의 하나
님 여호와 앞에서 이레 동안 즐거워할
것이라 41너희는 매년 이레 동안 여호
와께 이 절기를 지킬지니 너희 대대의
영원한 규례라 너희는 일곱째 달에 이
를 지킬지니라 42너희는 이레 동안 초
막에 거주하되 이스라엘에서 난 자는
다 초막에 거주할지니 43이는 내가 이
스라엘 자손을 애굽 땅에서 인도하여
내던 때에 초막에 거주하게 한 줄을 너
희 대대로 알게 함이니라 나는 너희의
하나님 여호와이니라 44모세는 이와 같
이 여호와의 절기를 이스라엘 자손에
게 공포하였더라

레위기 24장

1여호와께서 모세에게 말씀하여 이
르시되 2이스라엘 자손에게 명령하여
불을 켜기 위하여 감람을 찧어낸 순결
한 기름을 네게로 가져오게 하여 계속
해서 등잔불을 켜 둘지며 3아론은 회막
안 증거궤 휘장 밖에서 저녁부터 아침
까지 여호와 앞에 항상 등잔불을 정리
할지니 이는 너희 대대로 지킬 영원한
규례라 4그는 여호와 앞에서 순결한 등
잔대 위의 등잔들을 항상 정리할지니라

5너는 고운 가루를 가져다가 떡 열두
개를 굽되 각 덩이를 십분의 이 에바로
하여 6여호와 앞 순결한 상 위에 두 줄
로 한 줄에 여섯씩 진설하고 7너는 또
정결한 유향을 그 각 줄 위에 두어 기념
물로 여호와께 화제를 삼을 것이며 8안
식일마다 이 떡을 여호와 앞에 항상 진
설할지니 이는 이스라엘 자손을 위한
것이요 영원한 언약이니라 9이 떡은 아
론과 그의 자손에게 돌리고 그들은 그
것을 거룩한 곳에서 먹을지니 이는 여
호와의 화제 중 그에게 돌리는 것으로
서 지극히 거룩함이니라 이는 영원한
규례니라

10이스라엘 자손 중에 그의 어머니
가 이스라엘 여인이요 그의 아버지는
애굽 사람인 어떤 사람이 나가서 한 이
스라엘 사람과 진영 중에서 싸우다가
11그 이스라엘 여인의 아들이 여호와
의 이름을 모독하며 저주하므로 무리
가 끌고 모세에게로 가니라 그의 어머
니의 이름은 슬로밋이요 단 지파 디브
리의 딸이었더라 12그들이 그를 가두고
여호와의 명령을 기다리더니 13여호와
께서 모세에게 말씀하여 이르시되 14그
저주한 사람을 진영 밖으로 끌어내어

□ 비움

침묵으로 기도하며 나를 비웁니다. 성령의 임재를 구하며, 죄를 회개하며, 마음의 걱정이나 복잡한 생각을 내려놓습니다. 삼위일체 하나님께 가는 길이 다시금 열립니다.

■ 채움

말씀이 나를 가득 채웁니다. 성령의 이끄심에 따라 본문을 관찰하며 깨닫고, 그것을 내 마음에 새겨 내 삶과 세계에 연결합니다. 묵상한 말씀이 삶이 되도록 기도합니다.

나눔

말씀대로 살아갑니다. 오늘 그리고 앞으로 내가 실천할 것들을 구체적으로 적습니다. 가정과 교회, 사회와 오늘의 세계에서 어떻게 말씀이 작동될 것인지 적고 실행합니다.

그것을 들은 모든 사람이 그들의 손을
그의 머리에 얹게 하고 온 회중이 돌로
그를 칠지니라 15너는 이스라엘 자손
에게 말하여 이르라 누구든지 그의 하
나님을 저주하면 죄를 담당할 것이요
16여호와의 이름을 모독하면 그를 반드
시 죽일지니 온 회중이 돌로 그를 칠 것
이니라 거류민이든지 본토인이든지 여
호와의 이름을 모독하면 그를 죽일지
니라 17사람을 쳐죽인 자는 반드시 죽
일 것이요 18짐승을 쳐죽인 자는 짐승
으로 짐승을 갚을 것이며 19사람이 만
일 그의 이웃에게 상해를 입혔으면 그
가 행한 대로 그에게 행할 것이니 20상
처에는 상처로, 눈에는 눈으로, 이에는
이로 갚을지라 남에게 상해를 입힌 그
대로 그에게 그렇게 할 것이며 21짐승
을 죽인 자는 그것을 물어 줄 것이요 사
람을 죽인 자는 죽일지니 22거류민에게
든지 본토인에게든지 그 법을 동일하
게 할 것은 나는 너희의 하나님 여호와
임이니라 23모세가 이스라엘 자손에게
말하니 그들이 그 저주한 자를 진영 밖
으로 끌어내어 돌로 쳤더라 이스라엘
자손이 여호와께서 모세에게 명령하신
대로 행하였더라

레위기 25장

1여호와께서 시내 산에서 모세에게
말씀하여 이르시되 2이스라엘 자손에
게 말하여 이르라 너희는 내가 너희에
게 주는 땅에 들어간 후에 그 땅으로 여
호와 앞에 안식하게 하라 3너는 육 년
동안 그 밭에 파종하며 육 년 동안 그
포도원을 가꾸어 그 소출을 거둘 것이
나 4일곱째 해에는 그 땅이 쉬어 안식하
게 할지니 여호와께 대한 안식이라 너
는 그 밭에 파종하거나 포도원을 가꾸
지 말며 5네가 거둔 후에 자라난 것을
거두지 말고 가꾸지 아니한 포도나무
가 맺은 열매를 거두지 말라 이는 땅의
안식년임이니라 6안식년의 소출은 너
희가 먹을 것이니 너와 네 남종과 네 여
종과 네 품꾼과 너와 함께 거류하는 자
들과 7네 가축과 네 땅에 있는 들짐승들
이 다 그 소출로 먹을 것을 삼을지니라

8너는 일곱 안식년을 계수할지니 이
는 칠 년이 일곱 번인즉 안식년 일곱 번
동안 곧 사십구 년이라 9일곱째 달 열흘
날은 속죄일이니 너는 뿔나팔 소리를
내되 전국에서 뿔나팔을 크게 불지며
10너희는 오십 년째 해를 거룩하게 하
여 그 땅에 있는 모든 주민을 위하여 자
유를 공포하라 이 해는 너희에게 희년
이니 너희는 각각 자기의 소유지로 돌
아가며 각각 자기의 가족에게로 돌아
갈지며 11그 오십 년째 해는 너희의 희
년이니 너희는 파종하지 말며 스스로
난 것을 거두지 말며 가꾸지 아니한 포
도를 거두지 말라 12이는 희년이니 너
희에게 거룩함이니라 너희는 밭의 소
출을 먹으리라

13이 희년에는 너희가 각기 자기의 소
유지로 돌아갈지라 14네 이웃에게 팔든

☐ 비움

침묵으로 기도하며 나를 비웁니다. 성령의 임재를 구하며, 죄를 회개하며, 마음의 걱정이나 복잡한 생각을 내려놓습니다. 삼위일체 하나님께 가는 길이 다시금 열립니다.

■ 채움

말씀이 나를 가득 채웁니다. 성령의 이끄심에 따라 본문을 관찰하며 깨닫고, 그것을 내 마음에 새겨 내 삶과 세계에 연결합니다. 묵상한 말씀이 삶이 되도록 기도합니다.

나눔

말씀대로 살아갑니다. 오늘 그리고 앞으로 내가 실천할 것들을 구체적으로 적습니다. 가정과 교회, 사회와 오늘의 세계에서 어떻게 말씀이 작동될 것인지 적고 실행합니다.

지 네 이웃의 손에서 사거든 너희 각 사
람은 그의 형제를 속이지 말라 15그 희
년 후의 연수를 따라서 너는 이웃에게
서 살 것이요 그도 소출을 얻을 연수를
따라서 네게 팔 것인즉 16연수가 많으
면 너는 그것의 값을 많이 매기고 연수
가 적으면 너는 그것의 값을 적게 매길
지니 곧 그가 소출의 다소를 따라서 네
게 팔 것이라 17너희 각 사람은 자기 이
웃을 속이지 말고 네 하나님을 경외하
라 나는 너희의 하나님 여호와이니라

18너희는 내 규례를 행하며 내 법도
를 지켜 행하라 그리하면 너희가 그 땅
에 안전하게 거주할 것이라 19땅은 그
것의 열매를 내리니 너희가 배불리 먹
고 거기 안전하게 거주하리라 20만일
너희가 말하기를 우리가 만일 일곱째
해에 심지도 못하고 소출을 거두지도
못하면 우리가 무엇을 먹으리요 하겠
으나 21내가 명령하여 여섯째 해에 내
복을 너희에게 주어 그 소출이 삼 년 동
안 쓰기에 족하게 하리라 22너희가 여
덟째 해에는 파종하려니와 묵은 소출
을 먹을 것이며 아홉째 해에 그 땅에 소
출이 들어오기까지 너희는 묵은 것을
먹으리라

23토지를 영구히 팔지 말 것은 토지
는 다 내 것임이니라 너희는 거류민이
요 동거하는 자로서 나와 함께 있느니
라 24너희 기업의 온 땅에서 그 토지 무
르기를 허락할지니 25만일 네 형제가
가난하여 그의 기업 중에서 얼마를 팔
았으면 그에게 가까운 기업 무를 자가
와서 그의 형제가 판 것을 무를 것이
요 26만일 그것을 무를 사람이 없고 자
기가 부유하게 되어 무를 힘이 있으면
27그 판 해를 계수하여 그 남은 값을 산
자에게 주고 자기의 소유지로 돌릴 것
이니라 28그러나 자기가 무를 힘이 없
으면 그 판 것이 희년에 이르기까지 산
자의 손에 있다가 희년에 이르러 돌아
올지니 그것이 곧 그의 기업으로 돌아
갈 것이니라

29성벽 있는 성 내의 가옥을 팔았으
면 판 지 만 일 년 안에는 무를 수 있
나니 곧 그 기한 안에 무르려니와 30일
년 안에 무르지 못하면 그 성 안의 가
옥은 산 자의 소유로 확정되어 대대로
영구히 그에게 속하고 희년에라도 돌
려보내지 아니할 것이니라 31그러나 성
벽이 둘리지 아니한 촌락의 가옥은 나
라의 전토와 같이 물러 주기도 할 것이
요 희년에 돌려보내기도 할 것이니라
32레위 족속의 성읍 곧 그들의 소유의
성읍의 가옥은 레위 사람이 언제든지
무를 수 있으나 33만일 레위 사람이 무
르지 아니하면 그의 소유 성읍의 판 가
옥은 희년에 돌려 보낼지니 이는 레위
사람의 성읍의 가옥은 이스라엘 자손
중에서 받은 그들의 기업이 됨이니라
34그러나 그들의 성읍 주위에 있는 들
판은 그들의 영원한 소유지이니 팔지
못할지니라

비움

침묵으로 기도하며 나를 비웁니다. 성령의 임재를 구하며, 죄를 회개하며, 마음의 걱정이나 복잡한 생각을 내려놓습니다. 삼위일체 하나님께 가는 길이 다시금 열립니다.

채움

말씀이 나를 가득 채웁니다. 성령의 이끄심에 따라 본문을 관찰하며 깨닫고, 그것을 내 마음에 새겨 내 삶과 세계에 연결합니다. 묵상한 말씀이 삶이 되도록 기도합니다.

나눔

말씀대로 살아갑니다. 오늘 그리고 앞으로 내가 실천할 것들을 구체적으로 적습니다. 가정과 교회, 사회와 오늘의 세계에서 어떻게 말씀이 작동될 것인지 적고 실행합니다.

[35]네 형제가 가난하게 되어 빈 손으
로 네 곁에 있거든 너는 그를 도와 거류
민이나 동거인처럼 너와 함께 생활하
게 하되 [36]너는 그에게 이자를 받지 말
고 네 하나님을 경외하여 네 형제로 너
와 함께 생활하게 할 것인즉 [37]너는 그
에게 이자를 위하여 돈을 꾸어 주지 말
고 이익을 위하여 네 양식을 꾸어 주지
말라 [38]나는 너희의 하나님이 되며 또
가나안 땅을 너희에게 주려고 애굽 땅
에서 너희를 인도하여 낸 너희의 하나
님 여호와이니라

[39]너와 함께 있는 네 형제가 가난하게
되어 네게 몸이 팔리거든 너는 그를 종
으로 부리지 말고 [40]품꾼이나 동거인과
같이 함께 있게 하여 희년까지 너를 섬
기게 하라 [41]그 때에는 그와 그의 자녀
가 함께 네게서 떠나 그의 가족과 그의
조상의 기업으로 돌아가게 하라 [42]그들
은 내가 애굽 땅에서 인도하여 낸 내 종
들이니 종으로 팔지 말 것이라 [43]너는
그를 엄하게 부리지 말고 네 하나님을
경외하라 [44]네 종은 남녀를 막론하고 네
사방 이방인 중에서 취할지니 남녀 종
은 이런 자 중에서 사올 것이며 [45]또 너
희 중에 거류하는 동거인들의 자녀 중
에서도 너희가 사올 수 있고 또 그들이
너희와 함께 있어서 너희 땅에서 가정
을 이룬 자들 중에서도 그리 할 수 있
은즉 그들이 너희의 소유가 될지니라
[46]너희는 그들을 너희 후손에게 기업으
로 주어 소유가 되게 할 것이라 이방인
중에서는 너희가 영원한 종을 삼으려니
와 너희 동족 이스라엘 자손은 너희가
피차 엄하게 부리지 말지니라

[47]만일 너와 함께 있는 거류민이나 동
거인은 부유하게 되고 그와 함께 있는
네 형제는 가난하게 되므로 그가 너와
함께 있는 거류민이나 동거인 또는 거류
민의 가족의 후손에게 팔리면 [48]그가 팔
린 후에 그에게는 속량 받을 권리가 있
나니 그의 형제 중 하나가 그를 속량하
거나 [49]또는 그의 삼촌이나 그의 삼촌의
아들이 그를 속량하거나 그의 가족 중
그의 살붙이 중에서 그를 속량할 것이
요 그가 부유하게 되면 스스로 속량하되
[50]자기 몸이 팔린 해로부터 희년까지를
그 산 자와 계산하여 그 연수를 따라서
그 몸의 값을 정할 때에 그 사람을 섬긴
날을 그 사람에게 고용된 날로 여길 것
이라 [51]만일 남은 해가 많으면 그 연수대
로 팔린 값에서 속량하는 값을 그 사람
에게 도로 주고 [52]만일 희년까지 남은 해
가 적으면 그 사람과 계산하여 그 연수
대로 속량하는 그 값을 그에게 도로 줄
지며 [53]주인은 그를 매년의 삯꾼과 같이
여기고 네 목전에서 엄하게 부리지 말지
니라 [54]그가 이같이 속량되지 못하면 희
년에 이르러는 그와 그의 자녀가 자유하
리니 [55]이스라엘 자손은 나의 종들이 됨
이라 그들은 내가 애굽 땅에서 인도하
여 낸 내 종이요 나는 너희의 하나님 여
호와이니라

비움

침묵으로 기도하며 나를 비웁니다. 성령의 임재를 구하며, 죄를 회개하며, 마음의 걱정이나 복잡한 생각을 내려놓습니다. 삼위일체 하나님께 가는 길이 다시금 열립니다.

채움

말씀이 나를 가득 채웁니다. 성령의 이끄심에 따라 본문을 관찰하며 깨닫고, 그것을 내 마음에 새겨 내 삶과 세계에 연결합니다. 묵상한 말씀이 삶이 되도록 기도합니다.

나눔

말씀대로 살아갑니다. 오늘 그리고 앞으로 내가 실천할 것들을 구체적으로 적습니다. 가정과 교회, 사회와 오늘의 세계에서 어떻게 말씀이 작동될 것인지 적고 실행합니다.

레위기 26장

1너희는 자기를 위하여 우상을 만들지
말지니 조각한 것이나 주상을 세우지
말며 너희 땅에 조각한 석상을 세우고
그에게 경배하지 말라 나는 너희의 하
나님 여호와임이니라 2너희는 내 안식
일을 지키며 내 성소를 경외하라 나는
여호와이니라

3너희가 내 규례와 계명을 준행하면
4내가 너희에게 철따라 비를 주리니 땅
은 그 산물을 내고 밭의 나무는 열매를
맺으리라 5너희의 타작은 포도 딸 때까
지 미치며 너희의 포도 따는 것은 파종
할 때까지 미치리니 너희가 음식을 배
불리 먹고 너희의 땅에 안전하게 거주
하리라 6내가 그 땅에 평화를 줄 것인즉
너희가 누울 때 너희를 두렵게 할 자가
없을 것이며 내가 사나운 짐승을 그 땅
에서 제할 것이요 칼이 너희의 땅에 두
루 행하지 아니할 것이며 7너희의 원수
들을 쫓으리니 그들이 너희 앞에서 칼
에 엎드러질 것이라 8또 너희 다섯이 백
을 쫓고 너희 백이 만을 쫓으리니 너희
대적들이 너희 앞에서 칼에 엎드러질
것이며 9내가 너희를 돌보아 너희를 번
성하게 하고 너희를 창대하게 할 것이
며 내가 너희와 함께 한 내 언약을 이행
하리라 10너희는 오래 두었던 묵은 곡
식을 먹다가 새 곡식으로 말미암아 묵
은 곡식을 치우게 될 것이며 11내가 내
성막을 너희 중에 세우리니 내 마음이
너희를 싫어하지 아니할 것이며 12나는
너희 중에 행하여 너희의 하나님이 되
고 너희는 내 백성이 될 것이니라 13나
는 너희를 애굽 땅에서 인도해 내어 그
들에게 종된 것을 면하게 한 너희의 하
나님 여호와이니라 내가 너희의 멍에
의 빗장을 부수고 너희를 바로 서서 걷
게 하였느니라

14그러나 너희가 내게 청종하지 아
니하여 이 모든 명령을 준행하지 아니
하며 15내 규례를 멸시하며 마음에 내
법도를 싫어하여 내 모든 계명을 준행
하지 아니하며 내 언약을 배반할진대
16내가 이같이 너희에게 행하리니 곧
내가 너희에게 놀라운 재앙을 내려 폐
병과 열병으로 눈이 어둡고 생명이 쇠
약하게 할 것이요 너희가 파종한 것은
헛되리니 너희의 대적이 그것을 먹을
것임이며 17내가 너희를 치리니 너희
가 너희의 대적에게 패할 것이요 너희
를 미워하는 자가 너희를 다스릴 것이
며 너희는 쫓는 자가 없어도 도망하리
라 18또 만일 너희가 그렇게까지 되어
도 내게 청종하지 아니하면 너희의 죄
로 말미암아 내가 너희를 일곱 배나 더
징벌하리라 19내가 너희의 세력으로 말
미암은 교만을 꺾고 너희의 하늘을 철
과 같게 하며 너희 땅을 놋과 같게 하리
니 20너희의 수고가 헛될지라 땅은 그
산물을 내지 아니하고 땅의 나무는 그
열매를 맺지 아니하리라

21너희가 나를 거슬러 내게 청종하

비움

침묵으로 기도하며 나를 비웁니다. 성령의 임재를 구하며, 죄를 회개하며, 마음의 걱정이나 복잡한 생각을 내려놓습니다. 삼위일체 하나님께 가는 길이 다시금 열립니다.

채움

말씀이 나를 가득 채웁니다. 성령의 이끄심에 따라 본문을 관찰하며 깨닫고, 그것을 내 마음에 새겨 내 삶과 세계에 연결합니다. 묵상한 말씀이 삶이 되도록 기도합니다.

나눔

말씀대로 살아갑니다. 오늘 그리고 앞으로 내가 실천할 것들을 구체적으로 적습니다. 가정과 교회, 사회와 오늘의 세계에서 어떻게 말씀이 작동될 것인지 적고 실행합니다.

지 아니할진대 내가 너희의 죄대로 너
희에게 일곱 배나 더 재앙을 내릴 것이
라 22내가 들짐승을 너희 중에 보내리
니 그것들이 너희의 자녀를 움키고 너
희 가축을 멸하며 너희의 수효를 줄이
리니 너희의 길들이 황폐하리라

23이런 일을 당하여도 너희가 내게
로 돌아오지 아니하고 내게 대항할진
대 24나 곧 나도 너희에게 대항하여 너
희 죄로 말미암아 너희를 칠 배나 더 치
리라 25내가 칼을 너희에게로 가져다가
언약을 어긴 원수를 갚을 것이며 너희
가 성읍에 모일지라도 너희 중에 염병
을 보내고 너희를 대적의 손에 넘길 것
이며 26내가 너희가 의뢰하는 양식을
끊을 때에 열 여인이 한 화덕에서 너희
떡을 구워 저울에 달아 주리니 너희가
먹어도 배부르지 아니하리라

27너희가 이같이 될지라도 내게 청종
하지 아니하고 내게 대항할진대 28내
가 진노로 너희에게 대항하되 너희의
죄로 말미암아 칠 배나 더 징벌하리
니 29너희가 아들의 살을 먹을 것이요
딸의 살을 먹을 것이며 30내가 너희의
산당들을 헐며 너희의 분향단들을 부
수고 너희의 시체들을 부서진 우상들
위에 던지고 내 마음이 너희를 싫어할
것이며 31내가 너희의 성읍을 황폐하
게 하고 너희의 성소들을 황량하게 할
것이요 너희의 향기로운 냄새를 내가
흠향하지 아니하고 32그 땅을 황무하
게 하리니 거기 거주하는 너희의 원수
들이 그것으로 말미암아 놀랄 것이며
33내가 너희를 여러 민족 중에 흩을 것
이요 내가 칼을 빼어 너희를 따르게 하
리니 너희의 땅이 황무하며 너희의 성
읍이 황폐하리라

34너희가 원수의 땅에 살 동안에 너
희의 본토가 황무할 것이므로 땅이 안
식을 누릴 것이라 그 때에 땅이 안식을
누리리니 35너희가 그 땅에 거주하는
동안 너희가 안식할 때에 땅은 쉬지 못
하였으나 그 땅이 황무할 동안에는 쉬
게 되리라 36너희 남은 자에게는 그 원
수들의 땅에서 내가 그들의 마음을 약
하게 하리니 그들은 바람에 불린 잎사
귀 소리에도 놀라 도망하기를 칼을 피
하여 도망하듯 할 것이요 쫓는 자가 없
어도 엎드러질 것이라 37그들은 쫓는
자가 없어도 칼 앞에 있음 같이 서로 짓
밟혀 넘어지리니 너희가 원수들을 맞
설 힘이 없을 것이요 38너희가 여러 민
족 중에서 망하리니 너희의 원수들의
땅이 너희를 삼킬 것이라 39너희 남은
자가 너희의 원수들의 땅에서 자기의
죄로 말미암아 쇠잔하며 그 조상의 죄
로 말미암아 그 조상 같이 쇠잔하리라

40그들이 나를 거스른 잘못으로 자기
의 죄악과 그들의 조상의 죄악을 자복
하고 또 그들이 내게 대항하므로 41나
도 그들에게 대항하여 내가 그들을 그
들의 원수들의 땅으로 끌어 갔음을 깨

비움

침묵으로 기도하며 나를 비웁니다. 성령의 임재를 구하며, 죄를 회개하며, 마음의 걱정이나 복잡한 생각을 내려놓습니다. 삼위일체 하나님께 가는 길이 다시금 열립니다.

채움

말씀이 나를 가득 채웁니다. 성령의 이끄심에 따라 본문을 관찰하며 깨닫고, 그것을 내 마음에 새겨 내 삶과 세계에 연결합니다. 묵상한 말씀이 삶이 되도록 기도합니다.

나눔

말씀대로 살아갑니다. 오늘 그리고 앞으로 내가 실천할 것들을 구체적으로 적습니다. 가정과 교회, 사회와 오늘의 세계에서 어떻게 말씀이 작동될 것인지 적고 실행합니다.

닫고 그 할례 받지 아니한 그들의 마음
이 낮아져서 그들의 죄악의 형벌을 기
쁘게 받으면 42내가 야곱과 맺은 내 언
약과 이삭과 맺은 내 언약을 기억하며
아브라함과 맺은 내 언약을 기억하고
그 땅을 기억하리라 43그들이 내 법도
를 싫어하며 내 규례를 멸시하였으므로
그 땅을 떠나서 사람이 없을 때에 그 땅
은 황폐하여 안식을 누릴 것이요 그들
은 자기 죄악의 형벌을 기쁘게 받으리
라 44그런즉 그들이 그들의 원수들의 땅
에 있을 때에 내가 그들을 내버리지 아
니하며 미워하지 아니하며 아주 멸하지
아니하고 그들과 맺은 내 언약을 폐하
지 아니하리니 나는 여호와 그들의 하
나님이 됨이니라 45내가 그들의 하나님
이 되기 위하여 민족들이 보는 앞에서
애굽 땅으로부터 그들을 인도하여 낸
그들의 조상과의 언약을 그들을 위하여
기억하리라 나는 여호와이니라

46이것은 여호와께서 시내 산에서 자
기와 이스라엘 자손 사이에 모세를 통
하여 세우신 규례와 법도와 율법이니라

레위기 27장

1여호와께서 모세에게 말씀하여 이르
시되 2이스라엘 자손에게 말하여 이르
라 만일 어떤 사람이 사람의 값을 여호
와께 드리기로 분명히 서원하였으면 너
는 그 값을 정할지니 3네가 정한 값은 스
무 살로부터 예순 살까지는 남자면 성
소의 세겔로 은 오십 세겔로 하고 4여자
면 그 값을 삼십 세겔로 하며 5다섯 살로
부터 스무 살까지는 남자면 그 값을 이
십 세겔로 하고 여자면 열 세겔로 하며
6일 개월로부터 다섯 살까지는 남자면
그 값을 은 다섯 세겔로 하고 여자면 그
값을 은 삼 세겔로 하며 7예순 살 이상은
남자면 그 값을 십오 세겔로 하고 여자
는 열 세겔로 하라 8그러나 서원자가 가
난하여 네가 정한 값을 감당하지 못하
겠으면 그를 제사장 앞으로 데리고 갈
것이요 제사장은 그 값을 정하되 그 서
원자의 형편대로 값을 정할지니라

9사람이 서원하는 예물로 여호와께
드리는 것이 가축이면 여호와께 드릴
때는 다 거룩하니 10그것을 변경하여
우열간 바꾸지 못할 것이요 혹 가축으
로 가축을 바꾸면 둘 다 거룩할 것이며
11부정하여 여호와께 예물로 드리지 못
할 가축이면 그 가축을 제사장 앞으로
끌어갈 것이요 12제사장은 우열간에 값
을 정할지니 그 값이 제사장의 정한 대
로 될 것이며 13만일 그가 그것을 무르
려면 네가 정한 값에 그 오분의 일을 더
할지니라

14만일 어떤 사람이 자기 집을 성별
하여 여호와께 드리려하면 제사장이
그 우열간에 값을 정할지니 그 값은 제
사장이 정한 대로 될 것이며 15만일 그
사람이 자기 집을 무르려면 네가 값을
정한 돈에 그 오분의 일을 더할지니 그
리하면 자기 소유가 되리라

□ 비움

침묵으로 기도하며 나를 비웁니다. 성령의 임재를 구하며, 죄를 회개하며, 마음의 걱정이나 복잡한 생각을 내려놓습니다. 삼위일체 하나님께 가는 길이 다시금 열립니다.

■ 채움

말씀이 나를 가득 채웁니다. 성령의 이끄심에 따라 본문을 관찰하며 깨닫고, 그것을 내 마음에 새겨 내 삶과 세계에 연결합니다. 묵상한 말씀이 삶이 되도록 기도합니다.

▦ 나눔

말씀대로 살아갑니다. 오늘 그리고 앞으로 내가 실천할 것들을 구체적으로 적습니다. 가정과 교회, 사회와 오늘의 세계에서 어떻게 말씀이 작동될 것인지 적고 실행합니다.

16만일 어떤 사람이 자기 기업된 밭
얼마를 성별하여 여호와께 드리려하
면 마지기 수대로 네가 값을 정하되 보
리 한 호멜지기에는 은 오십 세겔로 계
산할지며 17만일 그가 그 밭을 희년부
터 성별하여 드렸으면 그 값을 네가 정
한 대로 할 것이요 18만일 그 밭을 희년
후에 성별하여 드렸으면 제사장이 다
음 희년까지 남은 연수를 따라 그 값을
계산하고 정한 값에서 그 값에 상당하
게 감할 것이며 19만일 밭을 성별하여
드린 자가 그것을 무르려면 네가 값을
정한 돈에 그 오분의 일을 더할지니 그
리하면 그것이 자기 소유가 될 것이요
20만일 그가 그 밭을 무르지 아니하려
거나 타인에게 팔았으면 다시는 무르
지 못하고 21희년이 되어서 그 밭이 돌
아오게 될 때에는 여호와께 바친 성물
이 되어 영영히 드린 땅과 같이 제사장
의 기업이 될 것이며 22만일 사람에게
샀고 자기 기업이 아닌 밭을 여호와께
성별하여 드렸으면 23너는 값을 정하고
제사장은 그를 위하여 희년까지 계산
하고 그는 네가 값을 정한 돈을 그 날에
여호와께 드려 성물로 삼을지며 24그가
판 밭은 희년에 그 판 사람 곧 그 땅의
원주인에게로 되돌아갈지니라 25또 네
가 정한 모든 값은 성소의 세겔로 하되
이십 게라를 한 세겔로 할지니라

26오직 가축 중의 처음 난 것은 여호
와께 드릴 첫 것이라 소나 양은 여호와
의 것이니 누구든지 그것으로는 성별하
여 드리지 못할 것이며 27만일 부정한
짐승이면 네가 정한 값에 그 오분의 일
을 더하여 무를 것이요 만일 무르지 아
니하려면 네가 정한 값대로 팔지니라

28어떤 사람이 자기 소유 중에서 오
직 여호와께 온전히 바친 모든 것은 사
람이든지 가축이든지 기업의 밭이든지
팔지도 못하고 무르지도 못하나니 바
친 것은 다 여호와께 지극히 거룩함이
며 29온전히 바쳐진 그 사람은 다시 무
르지 못하나니 반드시 죽일지니라

30그리고 그 땅의 십분의 일 곧 그 땅
의 곡식이나 나무의 열매는 그 십분의
일은 여호와의 것이니 여호와의 성물
이라 31또 만일 어떤 사람이 그의 십일
조를 무르려면 그것에 오분의 일을 더
할 것이요 32모든 소나 양의 십일조는
목자의 지팡이 아래로 통과하는 것의
열 번째의 것마다 여호와의 성물이 되
리라 33그 우열을 가리거나 바꾸거나
하지 말라 바꾸면 둘 다 거룩하리니 무
르지 못하리라

34이것은 여호와께서 시내 산에서 이
스라엘 자손을 위하여 모세에게 명령
하신 계명이니라

☐ 비움

침묵으로 기도하며 나를 비웁니다. 성령의 임재를 구하며, 죄를 회개하며, 마음의 걱정이나 복잡한 생각을 내려놓습니다. 삼위일체 하나님께 가는 길이 다시금 열립니다.

■ 채움

말씀이 나를 가득 채웁니다. 성령의 이끄심에 따라 본문을 관찰하며 깨닫고, 그것을 내 마음에 새겨 내 삶과 세계에 연결합니다. 묵상한 말씀이 삶이 되도록 기도합니다.

나눔

말씀대로 살아갑니다. 오늘 그리고 앞으로 내가 실천할 것들을 구체적으로 적습니다. 가정과 교회, 사회와 오늘의 세계에서 어떻게 말씀이 작동될 것인지 적고 실행합니다.

동네세메줄성경 구성

- 동네세메줄성경은 구약 7권, 신약 3권, 총 10권으로 구성되어 있습니다.
- 누가복음과 사도행전은 누가가 기록한 책으로 누가복음은 전편이고 사도행전은 후편입니다. 누가복음의 마지막 장과 사도행전의 첫 장에 이 점이 명백히 기록되어 있습니다. 두 책을 이어서 읽고 묵상하는 것이 유익하므로 성경의 순서를 바꾸었습니다.

▪ 총 10권으로 구성

1권	창세기/ 출애굽기/ 레위기
2권	민수기/ 신명기/ 여호수아/ 사사기
3권	룻기/ 사무엘상·하/ 열왕기상·하
4권	역대상·하/ 에스라/ 느헤미야/ 에스더/ 욥기
5권	시편/ 잠언/ 전도서/ 아가
6권	이사야/ 예레미야/ 예레미야애가
7권	에스겔/ 다니엘/ 호세아/ 요엘/ 아모스/ 오바댜/ 요나/ 미가/ 나훔/ 하박국 스바냐/ 학개/ 스가랴/ 말라기
8권	마태복음/ 마가복음/ 요한복음
9권	누가복음/ 사도행전/ 로마서
10권	고린도전·후서/ 갈라디아서/ 에베소서/ 빌립보서/ 골로새서/ 데살로니가전·후서 디모데전·후서/ 디도서/ 빌레몬서/ 히브리서/ 야고보서/ 베드로전·후서 요한1·2·3서/ 유다서/ 요한계시록

▪ 100개의 섹션으로 분류

1권	1	창세기 1장 1절-11장 26절	6	출애굽기 15장 22절-24장 18절
	2	창세기 11장 27절-25장 18절	7	출애굽기 25장 1절-40장 38절
	3	창세기 25장 19절-36장 43절	8	레위기 1-16장
	4	창세기 37장 1절-50장 26절	9	레위기 17-27장
	5	출애굽기 1장 1절-15장 21절		

2권	10	민수기 1장 1절-20장 13절	15	여호수아 1-12장
	11	민수기 20장 14절-36장 13절	16	여호수아 13-24장
	12	신명기 1-11장	17	사사기 1장 1절-10장 5절
	13	신명기 12-26장	18	사사기 10장 6절-21장 25절
	14	신명기 27-34장		

3권	19	룻기 1장 1절-사무엘상 15장 35절	24	열왕기상 12장 1절-22장 40절
	20	사무엘상 16-31장	25	열왕기상 22장 41절 -열왕기하 9장 37절
	21	사무엘하 1-8장		
	22	사무엘하 9-24장	26	열왕기하 10장 1절-17장 41절
	23	열왕기상 1-11장	27	열왕기하 18-25장

권	번호	범위	번호	범위
4권	28	역대상 1-16장	34	느헤미야 1-13장
	29	역대상 17-29장	35	에스더 1-10장
	30	역대하 1-9장	36	욥기 1-14장
	31	역대하 10-24장	37	욥기 15-27장
	32	역대하 25-36장	38	욥기 28-42장
	33	에스라 1-10장		
5권	39	시편 1-20편	46	시편 121-136편
	40	시편 21-41편	47	시편 137-150편
	41	시편 42-56편	48	잠언 1-9장
	42	시편 57-72편	49	잠언 10장 1절-22장 16절
	43	시편 73-89편	50	잠언 22장 17절-31장 31절
	44	시편 90-106편	51	전도서 1-12장
	45	시편 107-120편	52	아가 1-8장
6권	53	이사야 1-12장	58	예레미야 1-10장
	54	이사야 13-27장	59	예레미야 11-20장
	55	이사야 28-39장	60	예레미야 21-33장
	56	이사야 40-55장	61	예레미야 34-45장
	57	이사야 56-66장	62	예레미야 46장-예레미야애가 5장
7권	63	에스겔 1-11장	68	호세아 1-14장
	64	에스겔 12-24장	69	요엘 1장-아모스 9장
	65	에스겔 25-32장	70	오바댜 1장-미가 7장
	66	에스겔 33-48장	71	나훔 1장-학개 2장
	67	다니엘 1-12장	72	스가랴 1장-말라기 4장
8권	73	마태복음 1장 1절-11장 1절	77	마가복음 11-16장
	74	마태복음 11장 2절-20장 34절	78	요한복음 1-12장
	75	마태복음 21장 1절-28장 20절	79	요한복음 13-21장
	76	마가복음 1-10장		
9권	80	누가복음 1-11장	84	사도행전 19장 21절-28장 31절
	81	누가복음 12-24장	85	로마서 1-8장
	82	사도행전 1장 1절-9장 31절	86	로마서 9-16장
	83	사도행전 9장 32절-19장 20절		
10권	87	고린도전서 1-7장	94	디모데전서 1장-디도서 3장
	88	고린도전서 8-16장	95	빌레몬서 1장-히브리서 13장
	89	고린도후서 1-13장	96	야고보서 1-5장
	90	갈라디아서 1-6장	97	베드로전서 1장-베드로후서 3장
	91	에베소서 1-6장	98	요한1서 1장-유다서 1장
	92	빌립보서 1장-골로새서 4장	99	요한계시록 1-10장
	93	데살로니가전서 1장 -데살로니가후서 3장	100	요한계시록 11-22장